INTELLECTUAL
PROPERTY RIGHT

知识产权

夏　露◎主编

中国财经出版传媒集团

经济科学出版社
Economic Science Press

图书在版编目（CIP）数据

知识产权 / 夏露主编. —北京：经济科学出版社，
2022.1
ISBN 978 - 7 - 5218 - 3409 - 3

Ⅰ. ①知…　Ⅱ. ①夏…　Ⅲ. ①知识产权 – 研究
Ⅳ. ①D913. 04

中国版本图书馆 CIP 数据核字（2022）第 020612 号

责任编辑：杨　洋　赵　岩
责任校对：徐　昕
责任印制：王世伟

知识产权

夏露　主编

经济科学出版社出版、发行　新华书店经销
社址：北京市海淀区阜成路甲 28 号　邮编：100142
总编部电话：010 – 88191217　发行部电话：010 – 88191540
网址：www. esp. com. cn
电子邮箱：esp@ esp. com. cn
天猫网店：经济科学出版社旗舰店
网址：http://jjkxcbs. tmall. com
北京季蜂印刷有限公司印装
787 × 1092　16 开　17. 25 印张　330000 字
2022 年 2 月第 1 版　2022 年 2 月第 1 次印刷
ISBN 978 - 7 - 5218 - 3409 - 3　定价：58. 00 元

前言
PREFACE

知识产权，又称智力成果权，是指一切人们的智力活动创造的成果和工商业标记及制止不正当竞争依法所享有的权利的总称。本教材内容包括：绪论、著作权、专利权、商标权、制止不正当竞争、其他知识产权六部分，其中，绪论部分包含知识产权概念、特征，知识产权管理和国际保护；著作权包含主体、客体和内容，著作权的取得、利用、转移和保护，软件著作权；专利权包含主体、客体和内容，专利权的取得、许可与转让，专利权的保护；商标权包含商标的法律要求，注册管理，商标权使用与保护；制止不正当竞争包括与知识产权有关的不正当竞争和商业秘密权；其他知识产权包含企业名称权、地理标志权、植物新品种权、域名权、集成电路布图设计权。

本书条理清晰、易于理解，在写作中，笔者注意解决了以下三个方面的问题，并形成本书的特点：

一是突出重点。有别于偏重概念性教材，也有别于偏重于立法规定的教材，本教材内容侧重知识产权制度和技术创新管理理论与实践的融合，即基于中国和国际知识产权制度及典型案例，阐释技术创新过程中的著作权、专利权、商标权、制止不正当竞争、其他知识产权等知识产权确认、利用和保护。

二是资料新且翔实。2019 年、2020 年，我国分别完成了《中华人民共和国商标法》《中华人民共和国专利法》的第四次修订、《中华人民共和国著作权法》第三次修订，修订源于国家经济高速发展和建设创新型国家的内在需要，是在内力驱动下进行的主动改变与创新。本书以最新的立法规定为依据，对知识产权内容做全新的诠释，构建"基础理论—前沿动态—实务应用"三位一体的知识产权理论和实践知识体系。

三是理论联系实际。每章均有新闻摘录或案例研究形式的引例，将知识产权规定与案例结合，注重法学理论的研究，又重视结合实例进行分析，用有说服力的案例，论证各章节关键知识点上的理论问题，并提出个人的见解；书后有延伸性网络资源及复习思考教辅资源。

本书内容全面系统又简明扼要，符合时代精神和特色，同时突出实用性和实践性，旨在达到三个目标：

目标一：让读者了解知识产权理论和实务前沿发展动态，熟悉著作权、专利权、商标权、商业秘密、网上知识产权等的创造、利用和保护。

目标二：让读者系统掌握知识产权知识，并能运用知识产权基本原理分析、思考和解决实际问题，提高个案（归属权、侵权、合同、行政纠纷）处理能力。

目标三：让读者形成创新理念，进而能运用知识产权促进和保障企业、科研院所等创新主体获得和保持竞争优势，以及有效开展知识产权管理的能力。

本书由夏露担任主编，拟订编写大纲，负责教材整体框架设计，对全书进行总纂；杨爱葵、刘晓坷、陈红军、袁建中协助完成教材审阅。本书编写的分工（按章节先后为序）如下：第一章、第三章由夏露撰写；第二章由杨爱葵撰写；第四章由刘晓坷撰写；第五章由陈红军撰写；第六章由袁建中撰写。

知识产权是一种无形财产，一种精神财富，知识产权旨在保护智力创造者合法权益，促进科学技术和文化事业的全面发展。本书为读者提供知识产权制度、管理、战略多维度的解读视角和思考空间，适合有科技和管理背景的人员学习知识产权制度和管理实践，引导读者学会运用知识产权。如果使用中有任何问题、建议或意见，欢迎反馈，我们在今后会吸收意见与建议，不断提高编写水平。

夏　露

2021 年 12 月

目 录
Contents

第一章

绪 论

引言

全球经济一体化背景下，谁拥有最前沿的技术，谁就最具竞争力。2021 年 2 月 1 日，《求是》杂志发表习近平总书记文章"全面加强知识产权保护工作激发创新活力推动构建新发展格局"，文章提出"知识产权保护工作关系国家治理体系和治理能力现代化，关系高质量发展，关系人民生活幸福，关系国家对外开放大局，关系国家安全"，将知识产权保护的重要意义上升到前所未有的高度。知识产权保护已成为创新驱动发展的"刚需"，国际贸易的"标配"，"当前，我国正在从知识产权引进大国向知识产权创造大国转变，知识产权工作正在从追求数量向提高质量转变"①，习近平总书记精准标注了当前我国知识产权保护工作的历史坐标。

保护知识产权，不仅是树立国际信用、扩大国际合作的需要，更是激励国内自主创新的需要，保护知识产权，就是尊重劳动、尊重知识、尊重人才、尊重创造。加强我国知识产权制度建设，提高知识产权创造、管理、保护、运用能力，是增强自主创新能力、建设创新型国家的需要，是完善社会主义市场经济体制、规范市场秩序和建立诚信社会的需要，是增强企业市场竞争力、提高国家核心竞争力的需要，也是扩大对外开放、实现互利共赢的需要。

进入新发展阶段，推动高质量发展是保持经济持续健康发展的必然要求，创新是引领发展的第一动力，知识产权作为国家发展战略性资源和国际竞争力核心要素的作用更加凸显。实施知识产权强国战略，回应新技术、新经济、新形势对

---

① 杨延超. 全面加强知识产权保护激发全社会创新活力［N］. 经济参考报，2021 – 11 – 10.

知识产权制度变革提出的挑战，加快推进知识产权改革发展，协调好政府与市场、国内与国际，以及知识产权数量与质量、需求与供给的联动关系，全面提升我国知识产权综合实力，大力激发全社会创新活力，建设中国特色、世界水平的知识产权强国，对于提升国家核心竞争力，扩大高水平对外开放，实现更高质量、更有效率、更加公平、更可持续、更为安全的发展，满足人民日益增长的美好生活需要，具有重要意义。[①]

第一节 知识产权概述

一、知识产权的概念和特征

（一）知识产权的概念

知识产权（intellectual property）原意为"知识（财产）所有权"或者"智慧（财产）所有权"。《社会科学新辞典》一书中定义，"知识产权是基于脑力劳动成果所产生的各种排他性的无形财产权利"。《现代经济词典》中定义为："知识产权是人们在科学、技术、文化、艺术等领域，从事智力劳动创造的成果在法律上确认的产权。"一些识别性标记权利（商标、商号、原产地名称等）同样是知识产权保护的客体，这些标识之所以受保护并不主要因为其是智力成果，而是经营者对其标识广告宣传、维权管理等，这一过程中投入创造性劳动。知识产权在西方国家，特别在大陆法国家被称为"无体财产权""知识的所有权"；在中国台湾地区被称为"智慧财产权"；在中国大陆曾被翻译为"智力成果权"，现称为"知识产权"，列入财产权之中（与物权、债权并列）。按照通行的理论，知识产权保护的对象是一种无体的、时间上具有相对永存性的、可无限次再现或复制的"知识"或者"智力成果"，包含智力成果权和识别性标记权两个方面。因此，有学者认为，"知识产权是人们对于自己的智力活动创造的成果和经营管理活动中的标记、信誉依法享有的权利。"[②] "知识产权是指在科学、技术、文化、艺术、工商等领域内，人们基于自己的智力创造性成果和经营管理活动中标

---

① 中共中央、国务院印发的《知识产权强国建设纲要（2021－2035年）》，2021年9月22日.
② 吴汉东. 知识产权法学（第7版）［M］. 北京：北京大学出版社，2019：1.

记、商誉、经验、知识而依法享有的专有权利。"[1]

本书认为，知识产权也称为智力产权、智力成果权，是指一切人们的智力活动创造的成果和工商业标记及制止不正当竞争依法所享有的权利的总称。

知识产权在形式上可以被看作是一种正当的垄断权，这种合法垄断由知识产权法直接赋予，知识产权是基于人们创造的智力成果而产生的私权，为维持市场经济秩序，规范权利主体的竞争行为，在竞争过程中，以知识产权保护增强权利主体的竞争力。

知识产权由人身权利和财产权利两部分构成，也称之为精神权利和经济权利。所谓人身权利，是指权利同取得智力成果的人的人身不可分离，是人身关系在法律上的反映，例如，作者在其作品上署名的权利或对其作品的发表权、修改权等，即为精神权利。所谓财产权是指智力成果被法律承认以后，权利人可利用这些智力成果取得报酬或者得到奖励的权利，这种权利也称之为经济权利，它是指智力创造性劳动取得的成果，并且是由智力劳动者对其成果依法享有的一种权利。知识产权是智力劳动产生的成果所有权，依照各国法律赋予符合条件的著作者及发明者或成果拥有者在一定期限内享有独占权利，如同物权对人们权利的保护一样，只有将"知识"或者"智力成果"产权化才能有效地保护人类的劳动成果，并为之带来经济利益，才能激发起整个社会的创造欲望，进而推动人类社会的发展进步。

（二）知识产权的特征

知识产权属于私权是公民享有的一种民事权利，与其他民事权利相比，知识产权有其独特之处。学者们从不同的角度出发，总结出知识产权的诸多法律特征，如专有性、法定性、时间性、地域性、无形性、人身财产双重性、可复制性等。在知识产权的诸多特征中，专有性、法定性、时间性、地域性特征比较突出。

1. 专有性

知识产权的专有性是指知识产权所有人对其知识产权具有独占权。作为一种利益平衡的结果，知识产权所有者对自己的知识产权在一定时间内享有垄断性的权利，表现为两个方面，一是知识产权所有人独占地享有其权利，这种权利受到法律保护；二是同样的智力成果只能有一个成为知识产权保护对象，不允许两个或两个以上的同一属性的知识产权同时并存。

---

[1]　冯晓青. 企业知识产权战略（第4版）[M]. 北京：知识产权出版社，2015：2.

2. 法定性

知识产权的法定性，创造性成果的产权必须依法确认，由法律直接认定。与其他民事权利相比，知识产权需要由主管机关依法定条件和程序授予或确认而产生。例如，专利权的获得需要经过申请，报主管机关审查批准，并由国家发给专利证书予以确认；商标权的产生，绝大多数国家都要求依照法定程序申请注册，并取得注册证后方可为有效，而其他民事权利往往根据一定的法律事实即可设定和取得。

3. 时间性

除了商业秘密外，各种知识产权的保护都是有时效的，保护期届满则该创新知识纳入公有领域。知识产权保护不是目的，促进人类的创新和进步才是设置知识产权制度的初衷，各种创新知识最终都应由人类共享。各国结合自身的国情，在具体知识产权保护期的规定上是不同的。依据我国现有法律，发明专利的保护期为20年，实用新型专利的保护期为10年，外观设计专利的保护期为15年，均自专利申请之日起算；著作财产权的保护期为50年，一般截至作者死后第50年的12月31日；注册商标的保护期为10年，自核准注册之日起算，期满后要维持商标权须依法办理续展手续。

4. 地域性

知识产权在空间上的效力不是无限的，而是具有严格的领土性或区域性，其效力仅限于本国本区域境内。由于各国国情不同，对知识产权的认定条件和认定程序不同，因而各国不可能自动承认依照别国法律产生的知识产权，按照一国法律获得承认和保护的知识产权，只在该国发生法律效力。著作权和商业秘密不需要办理确权手续，其权利不受地域性约束，其他知识产权的产生通常需要依据一国法律程序确认，不具有域外效力。目前，国际社会正积极推动知识产权保护区域一体化和全球一体化，另外，网络信息发展、网络知识产权的地域性特点被淡化。

二、知识产权保护的客体

知识产权的客体，又称为保护对象，既是一个理论问题，又涉及各国法律和国际公约的规定。

（一）国际法上规定的客体

根据《建立世界知识产权组织公约》和世界贸易组织《与贸易有关的知识产权协议》（TRIPS协议）。其中，《建立世界知识产权组织公约》（1967年）

第 2 条第 8 款规定，知识产权包括有关下列项目的权利，即 8 类保护客体：

（1）文学艺术和科学作品；

（2）表演艺术家、录音和广播的演出；

（3）在人类一切活动领域内的发明；

（4）科学发现；

（5）工业品外观设计；

（6）商标、服务标记和商号名称及标识；

（7）制止不正当竞争；

（8）所有其他在工业、科学、文学或艺术领域中的智能活动产生的产权。

"科学发现"本身不能在工农业生产中直接应用，即不具有财产性质，许多国家不把它作为知识产权的对象，只作为民事权利关系对象，承认和保护其发现者的人身权和获得物质与精神奖励的权利，迄今为止，世界所有国家与国际条约都不承认科学发现的知识客体地位。

根据《与贸易有关的知识产权协定》，知识产权包括有关下列项目的权利，即 7 类保护客体：

（1）著作权与邻接权；

（2）商标权；

（3）地理标志权；

（4）工业品外观设计权；

（5）专利权；

（6）集成电路布线图设计权；

（7）未披露的信息专有权。

《与贸易有关的知识产权协定》是世界贸易组织管辖的一项多边贸易协定，共七个部分 73 条，规定了最低保护要求，并涉及对限制竞争行为的控制问题，规定和强化知识产权执法程序，有条件地将不同类型的成员加以区别对待。该协定宗旨是促进对知识产权在国际贸易范围内更充分、有效的保护，以使权利人能够从其创造发明中获益，受到激励，维护其在创造发明方面利益；减少知识产权保护对国际贸易的扭曲与阻碍，确保知识产权协定的实施及程序不对合法贸易构成壁垒。

（二）国内法上规定的客体

民事主体依法享有知识产权，知识产权是权利人依法就保护对象，即客体享有的专有权利。

根据《中华人民共和国民法典》第一百二十三条规定，我国确认的知识产权保护对象，包括：作品；发明、实用新型、外观设计；商标；地理标志；商业秘密；集成电路布图设计；植物新品种；法律规定的其他客体。可以划分为两类，即著作权和工业产权。

1. 著作权

著作权，也称为版权、文学产权，是指自然人、法人或者其他组织对文学、艺术和科学作品依法享有的财产权利和精神权利的总称，是原创作者依法对其作品所享有的一种民事权利，包括人身权利和财产权利。

著作权法首先保护的是文字著作，但又远远不止于"著作"，音乐、舞蹈、电影、电视、工程设计、地图、计算机软件、演员的表演实况等，凡是有可能被复制、翻版或盗版的智力创作成果，都在被保护之列。以纸张、磁带、电影胶带等形式对作品的复制，属于有载体的复制；以表演等形式对作品的复制，属于无载体的复制。也正因为如此，保护这类成果的法律，又称之为"版权法"，法律中，"著作权"与"版权"是同义语。文学、音乐、戏剧、绘画、雕塑、摄影和电影摄影等作品组成版权，版权是法律上规定的某一单位或个人对某项著作享有印刷出版和销售的权利，任何人要复制、翻译、改编或演出等均需要得到版权所有人的许可。

2. 工业产权

工业产权是指人们依法对应用于商品生产和流通中的创造发明和显著标记等智力成果，在一定地区和期限内享有的专有权，包括专利权、商标权、制止不正当竞争等。

（1）专利权。

专利权，是国家专利机关依法授予专利申请人在法定期限内对其发明创造享有的专有权，我国专利法保护的专利权客体是指发明、实用新型和外观设计。未经专利权人许可，实施其专利即侵犯其专利权，引起纠纷的，由当事人协商解决；不愿协商或者协商不成的，专利权人或利害关系人可以向人民法院起诉，也可以请求管理专利工作的部门处理。当然，也存在不侵权的例外，如先使用权和科研目的的使用等。专利保护采取司法和行政执法"两条途径、平行运作、司法保障"的保护模式。

（2）商标权。

商标权是指商标主管机关依法授予商标所有人对其注册商标受国家法律保护的专有权。商标包括商品商标和服务商标，是用以区别商品和服务不同来源的商业性标志，由文字、图形、字母、数字、三维标志、颜色组合和声音等，以及上述要素的组合构成。商标是产业活动中的一种识别标志，商标权的作用主要在于维护产业活动中的秩序。商标法保护注册商标权人的专用权，虽然《中华人民共和国商标法》主要目的是保护注册商标权人的利益，但这一目的，又首先通过保护消费者的利益去实现，在这一点上，《中华人民共和国商标法》《中华人民共和国消费者权益保护法》《中华人民共和国反不正当竞争法》有交叉，这三部法都主要规范商品与服务在市场上的流通。

【案例 1-1】

红牛维他命饮料有限公司与天丝医药保健有限公司"红牛"商标权权属纠纷案

天丝医药保健有限公司（以下简称"泰国天丝公司"）与案外人签订合资合同，约定成立合资公司，即红牛维他命饮料有限公司（以下简称"红牛公司"），泰国天丝公司为红牛公司提供产品配方、工艺技术、商标和后续改进技术。约定，红牛公司产品使用的商标是泰国天丝公司的资产。经查，17枚"红牛"系列商标的商标权人均为泰国天丝公司。其后，泰国天丝公司与红牛公司先后就红牛系列商标签订多份商标许可使用合同，红牛公司支付了许可使用费。此后，红牛公司针对"红牛"系列商标产品市场推广和广告投入。红牛公司和泰国天丝公司均对"红牛"系列商标进行过维权及诉讼事宜。

红牛公司向北京市高级人民法院提起诉讼，请求确认其享有"红牛"商标权，并判令泰国天丝公司支付广告宣传费 37.53 亿元。一审法院判决驳回红牛公司诉讼请求，红牛公司不服，上诉至最高人民法院。二审终审驳回上诉、维持原判（最高人民法院〔2020〕最高法民终 394 号民事判决书）。

解析：原始取得与继受取得是获得注册商标专用权的两种方式，判断是否构成继受取得，应当审查当事人之间是否就权属变更，并根据当事人的真实意思表示及实际履行情况综合判断。本案是许可使用关系，被许可人使用并宣传商标，或维护被许可使用商标声誉的行为，均不能当然地成为获得商标权所有权的事实基础。本案判决厘清了商标转让与商标许可使用的法律界限，裁判规则对同类案件具有示范意义，释放出平等保护国内外经营者合法权益的积极信号，是司法服务高质量发展，助力改善优化营商环境的生动实践。

资料来源："红牛"商标权权属纠纷案［EB/OL］. 中国法院网，2021-4-23.

（3）制止不正当竞争权（含商业秘密权）。

制止不正当竞争权是一种广义的知识产权，不正当竞争行为至少应具备两个条件，第一，在经济活动中实施的竞争行为，竞争对手必须是经济活动中具有竞争利害关系的双方或多方；第二，使用不正当竞争的手段，例如，弄虚作假、损人利己、夸大欺骗等，其本质表现为违法性和反道德性。制止不正当竞争权与著作权、专利权及商标权都有联系，可以在其他知识产权不予保护或者保护不充分的领域发挥作用，实现其灵活的司法补救，成为其他知识产权的重要补充，它还涉及生产、经营、销售、广告、营业秘密、专有技术、管理等领域，超出了知识产权的范围。

商业秘密是指不为公众所知悉、能为权利人带来经济利益，具有实用性并经权利人采取保密措施的技术信息和经营信息。商业秘密是企业的财产权利，商业秘密权民事主体对属于商业秘密的技术信息或经营信息依法享有的权利。

（4）植物新品种权。

植物新品种是指经过人工培育的或者对发现的野生植物加以开发，具备新颖性、特异性、一致性、稳定性，并有适当的命名的植物新品种。植物新品种权是指完成育种的单位或个人对其授权的品种依法享有的排他使用权。完成育种的单位和个人对其授权的品种，享有排他的独占权，即拥有植物新品种权。我国植物新品种保护由国家林业和草原局、农业农村部两个部门来进行的。根据两部门在植物新品种保护工作上的分工，国家林业和草原局负责林木、竹、木质藤本、木本观赏植物（包括木本花卉）、果树（干果部分）及木本油料、饮料、调料、木本药材等植物新品种保护工作。目前，我国对植物品种权的保护还仅限于植物品种的繁殖材料。对植物育种人权利的保护，其保护的对象不是植物品种本身，而是植物育种者应当享有的权利。

（5）企业名称权。

企业名称权，即商号权，指企业依法对其登记注册的名称所享有的权利。企业的企业名称权不等同于个人的姓名权（人格权的一种），由于企业的营利性，企业不仅依法享有决定、使用、变更自己名称，排除他人非法侵害的权利，企业还有依法转让自己名称的权利。

（6）地理标志。

地理标志是指用于商品上的具有特殊地理来源和与原产地相关的品质或声誉的标记。地理标志产品是指产自特定地域，所具有的质量、声誉或其他特性本质上取决于该产地的自然因素和人文因素，经审核批准以地理名称进行命名的产品。地理标志是鉴别原产于一成员国领土或该领土的一个地区或一地点的产品的标志，但标志产品的质量、声誉或其他确定的特性主要决定于其原产地，因此，地理标志主要用于鉴别某一产品的产地，即是该产品的产地标志。

（7）集成电路布图设计。

集成电路布图设计是指集成电路中至少有一个是有源元件的两个以上元件和部分或者全部互联线路的三维配置，或者为制造集成电路而准备的上述三维配置。即确定用以制造集成电路的电子元件在一个传导材料中的几何图形排列和连接的布局设计。集成电路布图设计权是指通过申请注册后，依法获得的利用集成电路设计布图实现布图设计价值得到商业利益的权利。集成电路布图设计权包括复制权和商业利用权。

三、知识经济与知识产权

当今社会已经由以工业为基础的时代，进入以知识为基础的时代。在这个社会中，知识产权、软资源和其他迅速增长的无形财产，构成了创造财富的主体资源。知识经济带来的是财产结构的重大变化，企业固定资本、金融资本的重要性已经让位于企业所拥有的知识财产。随着经济全球化进程的加快，知识已经打破了国界，在全球范围内流动，促进了全球的经济发展。纵观全球范围的经济合作，无论是生产领域的合作，还是贸易领域的合作，无论是货物贸易，还是服务贸易，许多都是以知识产权，即专利权、商标权、版权等知识产权为核心的[①]，知识经济与知识产权的密切性不言而喻。

1. 知识经济带来经济发展方式的转变

知识经济是建立在知识和信息的生产、分配和使用之上的经济。真正的生产资料不再是以资金、设备和原材料为主，而是人的知识，知识正成为真正的资本和首要的财富，知识经济时代，要想拥有持久的竞争力，必须拥有垄断性的资源，而自然资源是可以替代和跨国流动的，因而难以是垄断性的。对自然资源的拥有数量已不再是竞争的主要优势，无形的资源——知识，才是国家和企业最大的财富，经济增长离不开知识的占有和使用，经济发展方式由要素驱动向创新驱动转变。拥有自主知识产权优势，是一个企业和国家能长期取得垄断利润的关键，随着知识经济的进一步深入，知识资源的重要性越来越大，作用也越来越突出。知识资源正在取代实物资产和金融资产而成为最重要、最大的企业资产。

2. 知识经济发展促使知识产权不断完善和进步

知识经济时代是基于知识对经济增长的贡献越来越大的判断得出。知识经济

---

① 吴汉东. 保护知识产权就是保护创新［N］. 长江日报，2020-12-25.

是指建立在知识与信息的生产、存储、使用和消费之上的经济，是一种新兴的经济形态，它有着自己独特的以知识的生产、传播与利用为基础，知识经济以智力资源为首要依托，以知识为本。在知识经济的支撑下，知识产品得以迅速发展。

3. 知识产权保护为知识经济发展提供保障

知识经济的竞争本质上是知识产权的竞争，知识资源成为垄断性资源的前提是将知识资源转化为自己所有的知识产权，当前市场主体之间的竞争实质上就体现为知识的竞争，知识产权越来越成为市场竞争的有力武器。全球企业都非常重视知识产权的获取与保护，知识产权已成为企业在全球争夺市场、谋求更大利润的重要手段。知识产品创造经济价值的公平竞争需要知识产权保护，知识产权鼓励和刺激知识的生产、传播和利用为目的，确认和保护特定的知识产品拥有者的专有权，对知识产权保护营造和调控公平良好的环境去促进和保障经济健康稳定的增长。

第二节　知识产权立法与国际保护

知识产权法是民商法的重要组成部分，为完成人的权益提供保障。知识产权在本质上是一种私权，知识产权制度是对私人利益与公共利益的平衡，其制度安排是一国公共政策的具体表现，知识产权法通过赋予主体专有性权利，限制他人随意使用，进而保护权利人的合法权利。①

一、我国知识产权立法

我国知识产权立法始于清朝末年，在北洋政府和国民党统治时期有所发展，但知识产权法律制度都没有得到有效实施。中华人民共和国成立后，由于多方面的原因，知识产权立法工作一直处于停滞状态。改革开放以后，我国全面启动知识产权立法工作，中国知识产权保护法律制度的基本框架完成于 20 世纪 80 ~ 90 年代，1990 年，在关税与贸易总协定多边贸易谈判中，世界各国达成《与贸易

---

① 吴汉东. 知识产权法学（第 7 版）［M］. 北京：北京大学出版社，2019：24.

相关的知识产权协定》草案，标志着保护知识产权新的国际标准形成。特别是进入 21 世纪后，知识产权在我国受到了前所未有的关注。

（一）知识产权基本法律

2020 年 5 月 28 日，第十三届全国人民代表大会第三次会议通过《中华人民共和国民法典》，2021 年 1 月 1 日生效，该法规定债务人或者第三人有权处分的可以转让的注册商标专用权、专利权、著作权等知识产权可以出质；订立技术合同，应当有利于知识产权的保护和科学技术的进步，促进科学技术成果的研发、转化、应用和推广；集成电路布图设计专有权、植物新品种权、计算机软件著作权等其他知识产权的转让和许可；夫妻的共同财产包括知识产权的收益等。

1990 年 9 月 7 日，第七届全国人民代表大会常务委员会第十五次会议通过《中华人民共和国著作权法》，2001 年 10 月 27 日第九届全国人民代表大会常务委员会第二十四次会议《关于修改〈中华人民共和国著作权法〉的决定》第一次修正，2010 年 2 月 26 日，第十一届全国人民代表大会常务委员会第十三次会议《关于修改〈中华人民共和国著作权法〉的决定》第二次修正。2020 年 11 月 11 日，第十三届全国人民代表大会常务委员会第二十三次会议通过《全国人民代表大会常务委员会关于修改〈中华人民共和国著作权法〉的决定》第三次修正，自 2021 年 6 月 1 日起施行。

1984 年 3 月 12 日，第六届全国人民代表大会常务委员会第四次会议通过《中华人民共和国专利法》，根据 1992 年 9 月 4 日第七届全国人民代表大会常务委员会第二十七次会议《关于修改〈中华人民共和国专利法〉的决定》第一次修正，根据 2000 年 8 月 25 日第九届全国人民代表大会常务委员会第十七次会议《关于修改〈中华人民共和国专利法〉的决定》第二次修正，根据 2008 年 12 月 27 日第十一届全国人民代表大会常务委员会第六次会议《关于修改〈中华人民共和国专利法〉的决定》第三次修正，2020 年 10 月 17 日，第十三届全国人民代表大会常务委员会第二十二次会议通过修改《中华人民共和国专利法》的决定，自 2021 年 6 月 1 日起施行。

1982 年 8 月 23 日，第五届全国人民代表大会常务委员会第二十四次会议通过《中华人民共和国商标法》，根据 1993 年 2 月 22 日第七届全国人民代表大会常务委员会第三十次会议《关于修改〈中华人民共和国商标法〉的决定》第一次修正，根据 2001 年 10 月 27 日第九届全国人民代表大会常务委员会第二十四次会议《关于修改〈中华人民共和国商标法〉的决定》第二次修正，根据 2013 年 8 月 30 日第十二届全国人民代表大会常务委员会第四次会议《关于修改〈中华人民共和国商标法〉的决定》第三次修正，根据 2019 年 4 月 23 日第十三届全国人民代表大会常务委员会第十次会议《关于修改〈中华人民共和国建筑法〉等八部法律的决定》第四次修正。

1993 年 9 月 2 日，第八届全国人民代表大会常务委员会第三次会议通过《中华人民共和国反不正当竞争法》，2017 年 11 月 4 日第十二届全国人民代表大会常务委员会第三十次会议修订，根据 2019 年 4 月 23 日第十三届全国人民代表大会常务委员会第十次会议《关于修改〈中华人民共和国建筑法〉等八部法律的决定》修正。

（二）行政法规部门规章

2001 年 12 月 20 日，中华人民共和国国务院令第 339 号公布《计算机软件保护条例》，2011 年 1 月 8 日《国务院关于废止和修改部分行政法规的决定》第一次修订，据 2013 年 1 月 30 日中华人民共和国国务院令第 632 号《国务院关于修改〈计算机软件保护条例〉的决定》第二次修订。

2001 年 6 月 15 日，中华人民共和国国务院令第 306 号公布《中华人民共和国专利法实施细则》，根据 2002 年 12 月 28 日《国务院关于修改〈中华人民共和国专利法实施细则〉的决定》第一次修订，根据 2010 年 1 月 9 日《国务院关于修改〈中华人民共和国专利法实施细则〉的决定》第二次修订。1991 年 3 月 4 日，中华人民共和国国务院令第 76 号发布《专利代理条例》，2018 年 9 月 6 日国务院第 23 次常务会议修订通过，自 2019 年 3 月 1 日起施行。

2003 年 4 月 17 日，原国家工商行政管理总局令第 5 号发布《驰名商标认定和保护规定》，根据 2014 年 7 月 3 日原国家工商行政管理总局令第 66 号修订，自 2014 年 8 月 2 日施行。

1997 年 3 月 20 日，中华人民共和国国务院令第 213 号公布《中华人民共和国植物新品种保护条例》，根据 2013 年 1 月 31 日《国务院关于修改〈中华人民共和国植物新品种保护条例〉的决定》第一次修订，根据 2014 年 7 月 29 日《国务院关于修改部分行政法规的决定》第二次修订。

1991 年 7 月 22 日，原国家工商行政管理局令第 7 号公布《企业名称登记管理规定》，根据 2012 年 11 月 9 日中华人民共和国国务院令第 628 号《国务院关于修改和废止部分行政法规的决定》修订。规定，经核准登记的企业名称在规定地域范围内享有专用权。

2005 年 5 月 16 日，原国家质量监督检验检疫总局审议通过《地理标志产品保护规定》，自 2005 年 7 月 15 日起施行。2007 年 12 月 6 日，原农业部第 15 次常务会议审议通过《农产品地理标志管理办法》，自 2008 年 2 月 1 日起施行。2020 年 4 月 3 日，国家知识产权局发布《地理标志专用标志使用管理办法（试行)》，自发布之日起施行。

2017 年 8 月 16 日，工业和信息化部通过《互联网域名管理办法》，自 2017 年 11 月 1 日起施行，为域名的注册管理确立了了全新的规则体系。

2001 年 3 月 28 日国务院第 36 次常务会议通过《集成电路布图设计保护条例》，自 2001 年 10 月 1 日起施行。

二、知识产权国际保护

知识产权立法在西方国家有近 400 年的历史，一般认为，英国于 1624 年制定《垄断法规》是世界上第一部专利法，1709 年制定《为鼓励知识创作而授予作者及购买者就其已印刷成册的图书在一定期限内之权利法》（又名"安娜法令"）是世界上第一部著作权法，法国于 1857 年制定《关于以使用原则和不审查原则为内容的制造标记和商标的法律》是世界上第一部商标法。随着经济全球化进程的加快和科学技术的迅猛发展，知识产权制度在经济和社会活动中的地位得到历史性提升，知识产权保护的程度越来越高。知识产权是法定权利，也是一国公共政策的产物，其权利范围和内容完全取决于本国法律规定，而各国有关知识产权的获得和保护的规定又各不相同。随着经济，特别是信息技术的发展，智力成果的跨国流动趋势加强，各国知识产权权利人越来越希望在本国获得保护的知识产权在国外也得到承认和保护，以最大限度地保障自己的权利和利益，知识产权国际组织和条约应运而生。

（一）知识产权国际保护组织和条约

据《保护工业产权巴黎公约》成立的国际局与据《保护文学艺术作品伯尔尼公约》成立的国际局联合，1893 年组成国际知识产权保护联合局。1967 年在斯德哥尔摩正式成立世界知识产权组织，该组织于 1974 年成为联合国专门机构之一，世界知识产权组织的宗旨是通过国际合作与其他国际组织进行协作，以促进在全世界范围内保护知识产权，以及保证各知识产权同盟间的行政合作。

随着贸易中知识产权保护的重要性日益增强，世界各地在保护和实施知识产权方面的巨大差别成为国际经济关系紧张的一个根源。为增进秩序和可预测性及更加系统地解决纠纷，1986 ~ 1994 年著名的乌拉圭回合贸易谈判期间，人们曾谋求为知识产权制定新的国际贸易规则，其结果是出台了一项分属于世界贸易组织（WTO）的国际协定：《关于与贸易有关的知识产权方面的协定》（TRIPS）。TRIPS 努力缩小世界各地在保护这些权利的办法上的差距，将它们置于共同的国际规则之下，并联系和借鉴以前协定，特别是《巴黎商标及版权公约》和

《伯尔尼商标及版权公约》项下达成的义务，在出现有关知识产权的贸易纠纷时，诉诸 WTO 纠纷解决系统。

TRIPS 协定是《贸易有关的知识产权协议》的简称，该协定于 1994 年与世贸组织及其他协定一并缔结，是迄今为止在知识产权法律和制度方面影响最大的国际公约，其签署之路始于 1883 年创立的《巴黎工业产权保护公约》，已起草了许多附加国际公约和协定，并且与具有合作关系的国家的政府创建了两个全球性组织和五个区域性组织（见表 1 – 1）。

表 1 – 1　　　　　　　　全球和区域知识产权保护组织

简称	全称	成立年份
知识产权组织	世界知识产权组织（日内瓦）	1893
世贸组织	世界贸易组织（日内瓦）	1995
非工产权组织	非洲区域工业产权组织（哈拉雷）	1976
欧专局	欧洲专利局（慕尼黑）	1977
欧亚局	欧亚专利局	1993
海湾专利局	海湾合作委员会专利局（利雅得）	1996
非知识产权组织	非洲知识产权组织（雅温得）	1962

资料来源：作者整理而得。

欧洲专利局、欧亚专利局、海湾合作委员会专利局三个组织的创建与有关地区内更广泛的经济一体化项目相关，尽管非洲知识产权组织和非洲区域工业产权组织的情况也是如此，但共同的殖民历史遗产（有着共同的官方语言、司法标准等）对其创建也发挥了主导作用。

南亚、东南亚、东亚、太平洋地区、美洲没有地区性知识产权组织。不过东南亚签署了一个部长级知识产权问题框架协定，该协定建立了定期举行会议的工作组，并最终实行共同的商标注册制；安第斯地区经过努力，制定了安第斯条约六国关于知识产权的共同法律。

从维护国家整体经济利益考虑，每一个国家都主张将本国具有竞争优势的创造性成果纳入知识产权保护的范畴。例如，发达国家纷纷将数据库、商业方法作为知识产权保护，而发展中国家尽力促成遗传资源、传统知识的知识产权保护。随着科技的发展和社会的不断进步，知识产权的保护对象日益扩大，各国之间的共识也将越来越广泛，这是一个总趋势。在协调各国知识产权冲突的进程中，一些与知识产权有关的国际组织和知识产权国际条约必将发挥越来越重要的作用。表 1 – 2 为知识产权国际保护的主要条约。

表 1 – 2　　　　　　　　　知识产权国际保护的主要条约

简称	全称	签署年份
《伯尔尼公约》	《伯尔尼保护文学和艺术品公约》（版权）	1886
《建立世界知识产权组织公约》	《建立世界知识产权组织公约》	1967
《海牙协定》	《工业设计国际注册海牙协定》	1999
《马德里协定》	《商标国际注册马德里协定》及《议定书》（商标）	1891
《巴黎公约》	《保护工业产权巴黎公约》	1883
《专利条约》	《专利合作条约》	1970
《世界版权公约》	《世界版权公约》	1952
《植物新品种公约》	《保护植物新品种国际公约》	1961

资料来源：上海情报服务平台。

（二）中国加入的知识产权保护国际组织和条约

1893 年，国际知识产权保护联合局成立，1967 年，正式成立世界知识产权组织，该组织于 1974 年成为联合国专门机构之一，我国于 1980 年 6 月 3 日成为该组织正式成员国。1989 年世界知识产权组织在美国华盛顿召开的外交会议上通过《关于集成电路的知识产权保护条约》，中国是该条约首批签字国之一。1984 年 12 月 19 日，中国政府向世界知识产权组织递交了《保护工业产权巴黎公约》（以下简称《巴黎公约》）加入书，自 1985 年 3 月 19 日起，中国成为《巴黎公约》的成员国。1989 年 7 月 4 日，中国政府向世界知识产权组织递交了《商标国际注册马德里协定》（以下简称《马德里协定》）的加入书，自 1989 年 10 月 4 日起，中国成为《马德里协定》成员国。1992 年 7 月 10 日和 7 月 30 日，中国政府分别向世界知识产权组织和联合国教育、科学、文化组织递交了《保护文学和艺术作品伯尔尼公约》（以下简称《伯尔尼公约》）和《世界版权公约》的加入书，1992 年 10 月，中国成为《伯尔尼公约》和《世界版权公约》成员国。1993 年 1 月 4 日，中国政府向世界知识产权组织递交了《保护录音制品制作者防止未经许可复制其录音制品公约》（以下简称《录音制品公约》）的加入书，自 1993 年 4 月 30 日起，中国成为《录音制品公约》的成员国。1993 年 9 月 15 日，中国政府向世界知识产权组织递交了《专利合作条约》的加入书，自 1994 年 1 月 1 日起，中国成为《专利合作条约》成员国，国家知识产权局是《专利合作条约》的受理局、国际检索单位和国际初步审查单位。上述历史事实仅是中国知识产权立法和参加相关国际组织活动的部分记录，证明中国高度重视知识产权保护的立场和态度。中国加入的国际公约条约如表 1 – 3 所示。

表 1-3　　　　　　　　　　　中国加入的国际公约条约

序号	条约名称	加入时间
1	世界知识产权组织公约	1980 年 6 月 3 日
2	保护工业产权巴黎公约	1985 年 3 月 19 日
3	关于集成电路知识产权保护条约	1997 年 7 月 3 日
4	商标国际注册马德里协定	1989 年 10 月 4 日
5	保护文学和艺术作品伯尔尼公约	1992 年 10 月 15 日
6	世界版权公约	1992 年 10 月 30 日
7	保护音像制作者防止非法复制公约	1993 年 4 月 30 日
8	专利合作条约	1994 年 1 月 1 日
9	商标注册商品和服务分类尼斯协定	1984 年 8 月 9 日
10	国际承认用于专利程序微生物保存布达佩斯条约	1995 年 7 月 1 日
11	建立工业品外观设计国际分类洛伽诺协定	1996 年 9 月 19 日
12	国际专利分类斯特拉斯堡协定	1997 年 6 月 19 日
13	国际植物品种保护公约	1999 年 4 月 23 日
14	世界贸易组织与贸易有关的知识产权协定	2001 年 12 月 11 日

资料来源：作者整理而得。

【案例 1-2】

OPPO 公司"禁诉令"案

OPPO 广东移动通信有限公司、OPPO 广东移动通信有限公司深圳分公司（统称"OPPO 公司"）应夏普株式会社要求进行标准必要专利许可谈判。谈判过程中，夏普株式会社在境外针对 OPPO 公司提起专利侵权诉讼。OPPO 公司认为，夏普株式会社单方面就谈判范围内的专利提起诉讼并要求禁令的行为违反了 FRAND 义务，遂向广东省深圳市中级人民法院提起诉讼，请求法院就夏普株式会社拥有的相关标准必要专利对 OPPO 公司进行许可的全球费率做出裁判。同时，鉴于夏普株式会社可能以"域外禁令"胁迫其进行谈判，OPPO 公司提出行为保全申请。一审法院裁定，夏普株式会社在本案终审判决做出之前，不得向其他国家、地区就本案所涉专利对 OPPO 公司提出新的诉讼或司法禁令，如有违反处每日罚款人民币 100 万元（广东省深圳市中级人民法院〔2020〕粤 03 民初 689 号之一民事裁定书）。在一审法院发出"禁诉令"后 7 小时，德国慕尼黑第一地区法院向 OPPO 公司下达了"反禁诉令"，要求 OPPO 公司向中国法院申请撤回禁诉令。一审法院围绕"禁诉令"和"反禁诉令"，进行了法庭调查，固定了夏普株式会社违反行为保全裁定的事实和证据，并向其释明违反中国法院裁判的严重法律后果。最终，夏普株式会社无条件撤回了本案中的复议申请和向德国法院申请的"反禁诉令"，同时表示将充分尊重和严格遵守中国法院的生效裁决。

解析：本案颁发全球"禁诉令"、成功化解"反禁诉令"，表明了中国司法机关的鲜明态度，为企业公平参与国际市场竞争提供了有力司法保障，对中国从"国际知识产权规则跟随者"转变为"国际知识产权规则引导者"具有重要的推动意义。

资料来源：OPPO"禁诉令"案［EB/OL］.中国法院网，2014-4-23.

第三节　知识产权战略

一、知识产权战略的概念和作用

（一）概念

国内学者对知识产权概念有不同界定，吴汉东认为[1]，知识产权战略是指运用知识产权及其制度去寻求在市场竞争中处于有利地位的战略；文希凯认为[2]，知识产权战略是运用知识产权制度和知识产权资源，为获取竞争优势而进行的总体性谋划；冯晓青认为[3]，知识产权战略是指运用知识产权保护制度，为充分维护自己的合法权益，获得与保护竞争优势并遏制竞争对手，谋求最佳经济效益而进行的总体性谋划。

本书认为，知识产权战略是战略主体以知识产权作为战略资源，充分利用知识产权制度，谋求或保持竞争优势的总体谋划。相对于知识产权制度，知识产权战略实质上属于在制度的背景下和框架内对如何有效地运用和实施知识产权制度的研究。也就是说，知识产权制度是知识产权战略的基础，规定了知识

---

① 吴汉东.知识产权制度变革与发展研究［M］.北京：经济科学出版社，2013：35.
② 文希凯.专利法教程（第3版）［M］.北京：知识产权出版社，2013：22.
③ 冯晓青.技术创新与企业知识产权战略［M］.北京：知识产权出版社，2015：97.

产权战略的性质和内容，知识产权战略是知识产权制度的综合设计规划和整体运用。

（二）作用

保护知识产权为何如此重要。习近平总书记在党的十九大报告中指出，创新是引领发展的第一动力，是建设现代化经济体系的战略支撑，科技创新是驱动发展的第一动力。在第二届"一带一路"国际合作高峰论坛开幕式上，习近平总书记指出："加强知识产权保护，不仅是维护内外资企业合法权益的需要，更是推进创新型国家建设、推动高质量发展的内在要求。"[①] 创新成果的转化运用、良好营商环境的营造、国际交往的顺利开展、消费者合法权益的保护，无不需要知识产权制度保驾护航，保护知识产权就是保护创新。21 世纪知识经济新时代，知识是生产诸要素中最重要的要素，知识产权战略成为国家发展的第一战略储备，在提升国家综合实力和国际竞争力方面具有重要作用。

1. 知识产权战略决定着国家社会发展的强大动力

跨越式发展离不开社会广泛参与和创新，离不开各个领域的发明创造及其应用，创新与发明的权益得到有效保护，将激发个人和企业的积极性和创新激情，促进科研开发专业队伍与业余队伍的壮大。

2. 知识产权战略决定着经济运行的有序进行

通过营造公平竞争的法律环境，在保护市场的同时，知识产权逐渐发展成为"政府主导、专家参与、面向企业、重在过程"模式，在法制轨道上有序运行。

3. 知识产权战略决定着国家社会发展的高效实现

跨越式发展强调时间和效率，党的十八大提出"创新驱动发展"战略、党的十九大提出"加快建设创新型国家"，知识产权战略更加明晰了现有科技创新状态，减少重复劳动。

4. 知识产权战略决定着竞争力和影响力

科技发展，人类消费质量提高，国际国内市场的竞争焦点，已从价格转向质量、品种、款式、加工程度等非价格因素，转向需求的多样化、系列化、品牌化竞争，知识产权成为推动一国经济快速发展的巨大资本。

5. 知识产权战略决定着"后发效应"的顺利发挥

发展中国家的赶超离不开对国外先进技术的引进，有效的知识产权保护，一方面可以使我们处在国际技术转移的公平市场之中；另一方面使国外先进技术的

---

① 习近平. 强化知识产权全链条保护推进创新型国家建设［EB/OL］. 中国社会科学网，2021 - 4 - 26.

持有者能放心地将技术引入市场，从而消除开放引进中的障碍和顾虑，激发"后发效应"。

二、知识产权战略类型

根据不同标准，知识产权战略有不同分类。根据战略的制定和实施主体不同，可分为国家战略、区域战略、企业战略；根据战略客体的不同，可分为专利战略、商标战略、版权战略、商业秘密战略。本章以战略的制定和实施主体不同，列举知识产权战略的三个层次。

（一）国家知识产权战略

国家知识产权战略是指通过加快建设和不断提高知识产权的创造、管理、实施和保护能力，加快建设和不断完善现代知识产权制度，加快造就庞大的高素质知识产权人才队伍，以促进经济社会发展目标实现的一种总体谋划。

2006 年，中央提出《国家知识产权战略》，我国专利战略发展正式步入快车道。知识产权战略属于国家长期发展战略，《国家知识产权战略纲要》强调：要综合运用财政、金融、投资等政策导向，引导和支持国内市场主体创造和运用知识产权；要以国家战略需求为导向，在高端领域超前部署，掌握一批核心技术专利，支撑我国高技术产业与新兴产业发展。

习近平总书记为国家知识产权战略指明了方向："全面建设社会主义现代化国家，必须从国家战略高度和进入新发展阶段要求出发，全面加强知识产权保护工作，促进建设现代化经济体系，激发全社会创新活力，推动构建新发展格局。"①

为统筹推进知识产权强国建设，全面提升知识产权创造、运用、保护、管理和服务水平，充分发挥知识产权制度在社会主义现代化建设中的重要作用，2021 年 9 月 22 日，中共中央、国务院印发了《知识产权强国建设纲要（2021—2035 年）》。

目前，国家知识产权战略方面，制定有 5 项战略，包含知识产权普及战略，此战略基于我国基本国情，旨在让公众了解知识产权及相应规则，国家知识产权战略，不是单指知识产权事业自身的发展战略，也不是单指知识产权保护战略，它是一个从整个国家的宏观层面来考量覆盖多领域的战略；知识产权创新战略，该战略目的是保护知识产权，知识产权战略与国家经济发展模式、研发体系等密切相关，从战略高度制定宏观指导政策，提供高质量高效率的行政服务，激励公

---

① 习近平. 全面加强知识产权保护工作激发创新活力推动构建新发展格局 ［J］. 求是，2021（3）.

众积极创新，防止知识产权被滥用；知识产权应用战略，此战略应用于经济社会长远发展，在知识产权以外的政策制定中，如税收、广告等，引导企业从追求短期效益转向增加研发投入、增加创新能力的长期效益；知识产权保护战略，此战略用于保护知识产权所有人合法权利，近年来，一系列知识产权法律法规的出台，基本解决了国家层面对知识产权制度的认知和行业层面知识产权保护的制度问题；知识产权人才战略，培养高素质专利人员，熟悉相关法律法规，具有足够丰富的实践经验，能积极地协助企业做好专利的申请。

（二）区域知识产权战略

在科技进步和经济发展及知识产权资源方面，不同区域存在较大差异，针对不同区域的实际情况，有不同的侧重点，总体包含如下战略内容。

1. 推动科教融合与知识产权的综合运用

开放共享科技基础设施，加强人才交流合作与培养，加快科技成果示范推广应用。制定科学、合理的科技资源使用评价标准和监督奖惩办法，保证科技资源利用效率最大化。以知识产权为纽带，以资本为要素，完善科技成果转移转化激励政策，畅通创新价值链，实现创新资源的合理配置、高效利用、利益共享。引导和推动企业综合运用各类知识产权，加强专利、商标、版权等知识产权的协调运作。充分发挥专利的技术支撑和商标的市场价值实现作用，加强专利保护推动技术创新，培育知名商标提升产品附加值，实现技术创新专利化、专利成果品牌化。

2. 加快专利技术产业化

加快建设一批以中心城市为依托的国家专利技术展示交易中心，促进自主创新成果的知识产权化、商品化和产业化。对中小企业、民营企业及发明人实施专利技术给予重点支持，促进一批具有良好市场前景的实用专利技术产业化。鼓励企业对具有市场前景的专利成果深度开发，以提高密集型商品出口比例，最终实现地方科技结构的优化升级。

3. 发展知识产权服务区域市场

建立创新调查制度，逐步完善创新能力要素数据库建设，有针对性地调动全社会各方面的力量，开展各种形式的、广泛的创新合作，尤其要重视科技社团作用。逐步制定创新服务检验检测标准，提高科技服务业的质量和水平，实现知识产权的市场价值。

（三）企业知识产权战略

企业知识产权战略，是指企业为获取与保持市场竞争优势，运用知识产权制度进行确权、保护与运用，为企业谋取最佳经济效益的策略和手段。企业要在高质量发展的市场竞争中保持优势地位，要重视知识产权获取的谋篇布局，运用知识产权方法，制定和实施与企业实际相符合的知识产权战略，包括企业专利战略与商标战略。

2021 年 4 月，国务院国资委、国家知识产权局定《关于推进中央企业知识产权工作高质量发展的指导意见》，明确要求中央企业深入实施创新驱动发展战略，到 2025 年，基本建立适应高质量发展需要的中央企业知识产权工作体系。市场竞争优势的初级阶段主要通过廉价的劳动力成本、高能耗和产品价格等优势获得市场份额，这种市场竞争优势薄弱，有局限性，企业后续发展空间有限。市场竞争优势高级阶段则通过商标品牌、客户维护、科技创新等高附加值无形资产价值来实现，知识产权战略已成为现代企业发展的核心战略，企业知识产权战略重在引导企业在市场竞争中自我增强知识产权创造、利用、管理与经营能力，在企业赢取市场竞争优势中所起的作用越来越大，在规范和引导企业的科技创新中起到核心的作用。

依据企业知识产权战略工作落实流程，包括：

1. 获取战略

企业知识产权战略与行业技术发展、市场经营环境、竞争者格局、国家相关政策和法律等因素的变化密切相关，需要对企业进行准确的定位，掌握企业发展的方向、目标、发展战略、外部环境等，获取知识产权，可以源于企业研发或购买他人知识产权，管理中制订知识产权获取工作计划、方式和途径。

2. 维护战略

持续改进知识产权管理体系，建立企业知识产权分类管理档案，对企业自身持有的专利进行认证和评估，确定其维护成本和价值，做好资源的配置优化，根据价值选择维持或放弃，同时做好技术产权秘密保护，借此促进企业的经济增长。

3. 运用战略

规范企业生产经营全流程，针对知识产权研发、设权、维权等实现符合企业特点的知识产权多样化运用，通过引进技术、提升技术商业价值、提升企业自身竞争实力、获取使用许可费用等，组织企业知识产权战略的实施。

4. 保护战略

通过知识产权布局，让知识产权战略运行拥有一个良好的环境，在风险管理、争议处理等方面，保护激励发明和创新知识成果；在重点业务领域有针对性地树立技术竞争或市场壁垒，主动应对竞争对手。

本章练习题

一、单项选择题

1. 知识产权包括（　　　）和（　　　）两部分。

A. 专利权　著作权　　　　　　　　B. 工业产权　著作权

C. 商标权　专利权　　　　　　　　D. 专利权　制止不正当竞争权

2. 知识产权的保护对象是（　　　）。

A. 无形财产权　　　　　　　　　　B. 人身权

C. 物　　　　　　　　　　　　　　D. 信息

3. 关于知识产权法的性质，下列表述正确的是（　　　）。

A. 知识产权法是一个独立的法律部门　B. 知识产权法属于民法

C. 知识产权法属于经济法　　　　　　D. 知识产权法属于刑法

4. 知识产权与相关财产权的本质区别在于（　　　）。

A. 权利的无形性　　　　　　　　　B. 权利客体的非物质性

C. 权利具有时间性　　　　　　　　D. 权利具有专有性

5. 世界知识产权组织于 1974 年成为联合国组织系统的一个专门机构，其总部位于（　　　）。

A. 瑞士日内瓦　　　　　　　　　　B. 瑞士洛桑

C. 美国纽约　　　　　　　　　　　D. 美国华盛顿

6. 世界知识产权组织简称为（　　　）。

A. WCT　　　　　　　　　　　　　B. WIPO

C. WTO　　　　　　　　　　　　　D. WPPT

7. 一般而言，知识产权受时间性和地域性的限制，但是（　　　）不具有此特征。

A. 商标权　　　　　　　　　　　　B. 著作权

C. 商业秘密　　　　　　　　　　　D. 著作权

8. 将反不正当竞争行为纳入知识产权国际公约体系的国际条约是（　　　）。

A. 巴黎公约　　　　　　　　　　　B. 罗马公约

C. 伯尔尼公约　　　　　　　　　　D. 世界知识产权组织公约

二、简答题

1. 知识产权的概念和特征。

2. 知识产权与其他民事财产权利（物权、债权）的区别。

3. 国内法上确立的知识产权客体。

4. 企业知识产权战略内容。

第二章

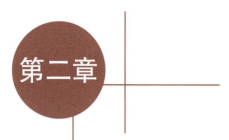

著作权

第二章
课件

2014 年 4 月 8 日，《宫锁连城》作为于正《宫》系列收官之作，在湖南卫视开播首日即突破卫视收视率。一周后，琼瑶微博称，《宫锁连城》抄袭其作品《梅花烙》，要求该剧停播。2014 年 5 月，琼瑶对于正及《宫锁连城》制作方、出品方、投资方提起侵权诉讼，要求停止侵权，赔偿经济损失 2000 万元，并公开道歉。于正发文否认，称只是巧合。

2014 年底，北京市第三中级人民法院经审理作出一审判决，认为于正《宫锁连城》使用的人物设置、人物关系等，超越了对《梅花烙》作品合理借鉴，构成侵权，判令于正公开道歉，各方连带赔偿琼瑶 500 万元。于正迟迟不履行判决内容，2018 年 4 月 26 日，北京市第三中级人民法院对本案予以强制执行，在《法制日报》刊登案件内容作为公告，公告费用由于正承担。

2020 年 12 月 31 日，就《宫锁连城》侵犯《梅花烙》版权一事，于正公开发出道歉函向琼瑶道歉。琼瑶微博表示："该判决是一次历史性、标杆性宣判，对保护原创，意义深远而伟大。"

解析：本案涉及著作权的客体及归属，《中华人民共和国著作权法》保护客体的作品具有两个属性：一是作品是思想和感情的表达；二是作品具有独创性，在判断此类侵权中两作品的实质性相似问题时，应当跳脱出对以往受著作权法保护的"表达"的认定，此处的"表达"不仅体现在文字上，更多时候是在人物设置上的选择、人物关系上的编排及由此引出的故事情节选取上的近似，还有一些非寻常细节上的重合也能体现原作品作为电视剧剧本改编来源的事实。

关于侵害改编权的认定，本案是综合考虑这些因素后作出了侵权的认定的。

《中华人民共和国著作权法》第十条第十四项规定，改编权即改变作品，创作出具有独创性的新作品的权利。侵害改编权的行为认定通常遵循"接触"+"实质性相似"的判断思路，即侵权人接触到被侵权作品且与被侵权人作品具有实质性相似。改编也会体现改编者一定的独创性，但改编权也是著作权人的权利之一，改编应当取得原作者的合法有效授权。

对于此案的判决结果，85.26%网友表示支持，其中56.76%网友认为《宫锁连城》抄袭明显，应该停播；28.5%网友认为应该遏制电视剧山寨之风。另有7.77%网友表示反对判决结果，其中4.01%的网友认为《宫锁连城》只是部分借鉴，难说抄袭；3.76%的网友认为琼瑶如此高调有炒作之嫌。6.97%的网友表示对本案没有任何看法。调查显示将近9成的受访网友对判定五名被告侵犯琼瑶改编权、摄制权结果表示认可，赞同对抄袭剧停播。

资料来源：影视作品知识产权案例解析，琼瑶诉于正《宫锁连城》著作权侵权案［J］.创意世界杂志，2021（1）.

第一节　著作权制度概述

一、著作权的概念和特征

（一）著作权的概念

著作权，也称版权，指作者或其他著作权人依法对文学、艺术和科学等作品享有的各项专有权利的总称。

著作权保护的起点是作品的创作，根据著作权法的规定，作品一旦创作完成，就产生了受法律保护的著作权。作品指文学、艺术和科学领域内，具有独创性并能以某种有形形式复制的智力创作成果。受著作权法保护的作品包括：文字作品；口述作品；音乐、戏剧、曲艺、舞蹈、杂技艺术作品；美术、建筑作品；摄影作品；电影作品和以类似摄制电影的方法创作的作品；工程设计图、产品设计图、地图、示意图等图形作品和模型作品；计算机软件；法律、行政法规规定的其他作品。

著作权分为著作人身权与著作财产权，其中，著作人身权包括公开发表权、姓名表示权及禁止他人以扭曲、变更方式利用损害著作人名誉的权利。

（二）著作权的特征

1. 著作权的产生和保护具有自动性

现代各国著作权法大多对著作权采取"创作保护主义"原则，即作品一经创作产生，无论是否发表，著作权即自动产生，即受著作权法保护，与须经国家主管机关审查批准方能得到法律保护的专利权、商标权不同。

2. 著作权主体范围具有广泛性

与专利权、商标权相比较，著作权主体的范围更加广泛，根据《中华人民共和国著作权法》规定，自然人、法人、非法人单位，以及国家都可以成为著作权的主体，未成年人和外国人也可以成为著作权的主体。

3. 著作权的客体具有多样性和广泛性

著作权客体——作品的表现形式多种多样，范围十分广泛，包括文字作品、口头作品、音乐作品、戏曲作品、曲艺作品、舞蹈作品、美术作品、计算机软件、民间文学艺术作品等。比专利权、商标权的客体种类多，范围广。

4. 著作权的内容具有丰富性和复杂性

由著作权客体的多样性和广泛性所决定，著作权中所包含的人身权和财产权具有丰富性和复杂性。其中，人身权主要有署名权、发表权、修改权、保护作品完整权等；财产权主要有复制权、发行权、获得报酬权、演绎权等。

二、著 作 权 立 法

1990 年 9 月 7 日，第七届全国人民代表大会常务委员会第十五次会议通过《中华人民共和国著作权法》，2001 年 10 月 27 日第九届全国人民代表大会常务委员会第二十四次会议《关于修改〈中华人民共和国著作权法〉的决定》第一次修正，2010 年 2 月 26 日，第十一届全国人民代表大会常务委员会第十三次会议《关于修改〈中华人民共和国著作权法〉的决定》第二次修正。2020 年 11 月 11 日，第十三届全国人民代表大会常务委员会第二十三次会议通过《全国人民代表大会常务委员会关于修改〈中华人民共和国著作权法〉的决定》第三次修正，自 2021 年 6 月 1 日起施行。新修改的《著作权法》大幅提高侵权法定赔偿额上限，明确惩罚性赔偿原则，规定了一系列惩罚措施，提高著作权侵权违法成本。

2001 年 12 月 20 日，中华人民共和国国务院令第 339 号公布《计算机软件保护条例》，2011 年 1 月 8 日《国务院关于废止和修改部分行政法规的决定》第一次修订，据 2013 年 1 月 30 日中华人民共和国国务院令第 632 号《国务院关于修改〈计算机软件保护条例〉的决定》第二次修订，旨在加强对开发和应用正版软件网络著作权保护技术，依法保护软件知识产权。

第二节　著作权的主体、客体和内容

一、著作权的主体

著作权主体，又称著作权人，主要是作者，也可以是除作者之外的其他依照著作权法享有著作权的公民、法人或其他组织。

著作权保护过程中，作者与著作权人二者容易混淆，因此，有必要对这两个相似的概念进行区分。著作权保护的起点是作品的创作，而创作作品的人只能是自然人，无论是法人还是其他组织都不可能成为创作作品的人，都不可能成为作者。以文字作品和音乐作品为例，创作作品的人只能是写下相关文字或者音符、配词的自然人；以电影作品为例，创作电影作品的一定是脚本作者、编剧、导演、摄影者、词曲作者、美工和后期制作者；以计算机程序或者工程设计图纸为例，运用计算机语言编写程序者或者运用工程原理设计相关图纸者，一定是计算机程序编写人员或者工程设计人员。

根据著作权的归属原则，即《中华人民共和国著作权法》第十一条规定"著作权属于作者，本法另有规定的除外"，可以将著作权的主体划分为一般的著作权主体和特殊作品的著作权主体。

（一）一般的著作权主体

1. 根据著作权取得方式的不同，分为原始主体与继受主体

著作权原始主体，是直接基于文学、艺术和科学作品创作活动而发生著作权的权利主体。《中华人民共和国著作权法》（以下简称《著作权法》）第十一条规定，判定作者的方法是"如无相反证明，在作品上署名的公民、法人或其他组织为作者"。认为，作者是直接创作作品且具有直接的思维能力的自然人，作者实际创作了作品。其中的"创作"是设计并完成文学艺术形式的行为，从构思到表达完成全过程。《著作权法》第十一条规定，原则上，只有自然人才可以成为作者。但是，在某些情况下，法人和其他组织可以被视为作者，称之为拟制作

者。由法人或其他组织主持，代表法人或其他组织意志创作，并由法人或其他组织承担责任的作品，法人或其他组织视为作者。由法人或者其他组织主持创作，即代表法人或者其他组织的人员负责组织该项创作，而不是由该法人或者其他组织的工作人员自发进行；创作思想和表达方式代表、体现法人或者其他组织的意志，一般是依法或者按照章程而体现出来；由法人或者其他组织承担责任，而不是由执笔人负责。常见的法人作品如政府工作报告、单位工作总结等。

著作权继受主体是指通过受让、继承、受赠或法律规定的其他方式取得全部或以部分著作权的人。继受主体可以是自然人、法人、国家，多数大陆法系国家，著作权被视为作者个人的专属专利，不能转让，因而不允许通过权利转让程序而继受取得著作权成为著作权继受主体。但这并不妨碍继受主体通过继承等其他方式继受取得著作权。英美法系国家则允许通过权利转让程序而继受取得版权成为版权继受主体。在英美法系国家，版权的转让可以是全部转让，亦可部分转让。全部转让的，受让人可对于该受让作品享有作者可能有的一切经济权利。部分转让的，受让人只就受让部分享有经济权利。

2. 根据主体所具有的国籍不同，分为内国主体与外国主体

内国主体，又称本国著作权主体，包括本国公民、本国法人及本国其他组织。

外国人、无国籍人在中国成为著作权主体的条件：外国人的作品首先在中国境内发表的，在中国享有著作权；外国人在中国境外发表的作品，根据作者的所属国同中国签订的协议或者共同参加的国际条约享有著作权；未与中国签订协议或者共同参加国际条约的国家的作者以及无国籍人的作品首次在中国参加的国际条约的成员国出版的，或者在成员国和非成员国同时出版的，享有《中华人民共和国著作权法》的保护。

（二）特殊作品的著作权主体

1. 合作作品的权利主体

两人以上合作创作的作品是合作作品。合作作品的作者共同享有著作权。其中，无法分割的合作作品之著作权，适用财产共同共有原则，由合作作者共有。对著作权的行使，有规定的按照规定，有约定的依从约定。约定不得违反著作权法，既无规定又无约定的，则按财产共有原则处理。合作作品可以分割使用的，作者对自己创作的部分可以单独行使著作权。但是，行使该权利时，不得构成对合作作品整体著作权的侵害。

2. 职务作品的权利主体

公民为完成法人或者其他组织工作任务所创作的作品是职务作品。职务作品的著作权有约定的从约定，无约定的，一般而言，著作权属作者个人所有，但法人或其他组织有权在其业务范围内优先使用。但是主要利用法人或其他社会组织的物质技术条件创作，并由法人或者其他社会组织承担责任的工程设计图、产品设计图、计算机软件、地图等职务作品及法律、行政法规规定或者合同约定著作权由法人或其他社会组织享有的职务作品，作者享有署名权，其他权利由法人或其他社会组织享有。

3. 演绎作品的权利主体

演绎作品是根据另外一件前已存在的作品所创作的作品。中国著作权法规定演绎作品的著作权归属于演绎人，但是演绎人在利用演绎作品时要受到一定的限制：除法律另有规定的情况，演绎他人的原创作品应该事先得到原创作者的许可并支付相应的报酬；演绎作品的著作权人在行使其著作权时，不能侵犯原作者作品的著作权；第三人在对演绎作品进行利用或进行再演绎时，应征的原创作者和演绎作者的双重许可。

4. 汇编作品的权利主体

汇编作品是汇编若干作品、作品的片段或者不构成作品的数据或者其他材料，对其内容的选择或者编排体现独创性的作品。汇编作品的著作权由汇编人享有，汇编人可以是自然人，也可以是法人或其他组织，在实践中，法人和其他组织比较常见。同时，汇编作品的著作权人在行使汇编作品著作权时，不得侵犯原作品作者的著作权。也就是说，汇编人在对单个作品进行汇编创作时，如果这些单个作品仍享有著作权，则应征的原作者的同意并向其支付报酬。

5. 委托作品的权利主体

委托作品是根据作者与某一个人或法人签订的委托合同所创作的作品。委托作品的著作权归属由委托人和受托人通过合同约定，合同约定不明确或未约定的，著作权属于受托人。

6. 影视作品的权利主体

影视作品是电影作品和以类似摄制电影的方法创作的作品。影视作品的著作权归制片人享有，但是导演、编剧、作词、作曲、摄影等享有署名权和获得报酬权。影视作品中的剧本、音乐等可单独使用的作品的作者有权单独行使其著作权。

7. 原件所有权转移的作品的权利主体

作品的原件所有权转移后，作者不再享有该原件的所有权，但是其仍然享有作品的著作权。同时，作品原件所有权转移时著作权中的展览权随之转移，即由原件所有权人享有作品的展览权。

8. 作者身份不明的作品的权利主体

作者身份不明的作品的著作权除署名权外，由其原件所有人行使；作者身份确定后，由作者或者其继承人行使。

9. 自传体作品的权利主体

著作权归属由双方当事人约定，如果没有约定或者约定不明确的，著作权归自传者享有，写作人或整理人可以获得一定的报酬。

10. 民间文学艺术作品的权利主体

目前《中华人民共和国著作权法》并没有对民间文学艺术作品的归属作出明确的规定，《著作权法》第六条规定"民间文学艺术作品的保护由国务院另行规定著作权保护办法"。

【案例 2 – 1】

"葫芦娃"角色形象著作权权属纠纷案

胡进庆、吴云初是上海美术电影制片厂的职工，20 世纪 80 年代，上海美术电影制片厂指派胡进庆、吴云初担任国产系列动画片"葫芦兄弟"的造型设计，二人共同创作了"葫芦兄弟"角色造型形象。胡进庆、吴云初认为，"葫芦兄弟"形象作为美术作品可以独立于影片而由作者享有著作权，该美术作品属于一般职务作品，在双方未就著作权进行约定的情况下，"葫芦兄弟"角色造型形象的美术作品著作权应归二人所有，遂诉至上海市黄浦区人民法院。

一审法院判决驳回胡进庆、吴云初的诉讼请求。胡进庆、吴云初不服，提起上诉。上海市第二中级人民法院二审认为，双方当事人的确没有就系争作品的著作权归属签订书面合同，但这是特定历史条件下的行为，故应深入探究当事人行为时所采取的具体形式及其真实意思表示。针对动画电影的整个创作而言，完成工作任务所创作的成果归属于单位，是符合当时人们的普遍认知的。从诚信角度出发，上诉人不应在事后作出相反的意思表示，主张系争角色造型美术作品的著作权。

解析：本案涉及动画造型著作权的认定，法人作品与职务作品、一般职务作品与特殊职务作品的比较和区分等法律问题以及计划经济时代著作权归属的司法政策问题。本案判决综合考虑了作品创作之时的特定历史条件和规章制度以及当事人的具体行为及其真实意思表示等各个层面，认定由单位职工创作的动画角色造型属于"特殊职务作品"，单位享有除署名权之外的著作权。

资料来源："葫芦娃"作者诉美影厂败诉 [EB/OL]. 人民网，2013 – 5 – 7.

二、著作权的客体

著作权的客体是作品。纵观国际条约及各国立法例，对于著作权法保护客体的规定，主要有两种类型，一种是单纯的列举式规定，常见于国际公约，如《保护文学艺术作品伯尔尼公约》第 2 条、《世界版权公约》第 1 条、《与贸易有关的知识产权协议》第 9 条等；另一种是先规定"作品"的定义，再列举作品类型，常见于各国的著作权立法之中，如中国、美国、德国、法国、日本等国家均采取该方式明确规定著作权的客体。

（一）作品及其法律特征

作品是指文学、艺术和科学领域内具有独创性并能以某种形式复制的智力创作成果。其具有如下法律特征：

1. 独创性

这里的"独创性"是著作权法意义上的独创性，它的实质是指该作品是作者独立创作完成的，而不是抄袭来的。它不要求该作品表达的思想主题是"独创"的，是新颖别致、绝无仅有的，它强调的是作者须是独立思考，运用自己的技巧、方法独立完成作品的创作，只要作品不是剽窃来的，即使作品中表达的思想与别的作品雷同，也是受著作权法保护的。正是从这个意义上说，著作权法保护的是作者思想的个体表现形式，而不保护思想本身。这就是在世界著作权理论上所称的"思想自由"，如爱因斯坦发现了相对论原理，著作权法并不保护这种发现，只是视情况保护记述这种原理的著作物，而作为其原理则可以说是属于公众的。同样，著作权法虽然规定禁止擅自复制他人的著作物，但并不禁止使用著作物中的思想。尽管这种思想具有独创性，是极其重要的智力产物，也不能保护某人首次提出的这种思想。

2. 可复制性

即能够以某种物质形式复制下来，包括：（1）作品创作必须以一定的形式表现出来，也就是要有一定的物质形式来表现。作品必须是作者表现了思想感情的著作物，单纯的机械制品之类的物品，不能构成著作物，未被表现出来的思想感情也不是享有著作权的客体。法律只对法律行为进行规定和制约，创作作品必须表现出来才有现实意义和法律意义，仅仅停留在头脑中意念里的"创作"即俗称的"腹稿"，不享有著作权。此外，必须明确受著作权法保护的表现形式，并不仅指书本、画稿、乐谱这样的载体或固定物。因为只有那上面被固定的、可以说是无形的思想情感的表现，才是著作物。也就是说，固定物的存在并不是著作物取得保护的必要条件。作者将创作的作品表现出来，并不一定以某种有形形式固定下来，只要有客观的、物质的表现即可，如口述作品、舞蹈、哑剧作品也是著作权法保护的客体。（2）作品必须可以被感知。感知作品是指通过人的感觉器官在人脑中形成直接映像。例如，通过眼观、耳听、手摸等方法，在人的大脑中形成直接映像。这里的感知，仅仅是针对作品表现形式的，对作品反映的思想内容的"感知"，不是著作权法所要求的。（3）必须能够复制。不论作者创作作品的直接目的是什么，要实现作品的艺术的、科学的或商品的价值，就必须使作品进入流通。流通中传播作品的主要手段就是对作品以出版、录制等方式进行复制。以上三个方面，构成可复制性的全部内容。

（二）一般作品的分类

根据作品的表现形式，可以将一般作品分为如下类别：（1）文字作品指小说、诗词、散文、论文等以文字形式表现的作品；（2）口述作品指即兴的演说、授课等以口头语言形式表现的作品；（3）音乐作品指歌曲、乐曲等能够演唱或者演奏的带词或者不带词的作品；（4）戏剧作品指戏曲、话剧、歌剧、舞剧等供舞台演出的作品；（5）曲艺作品指相声小品、快板快书、鼓曲唱曲、评书评话、弹词等以说唱为主要形式表演的作品；（6）舞蹈作品指通过连续的动作、姿势、表情等表现思想情感的作品；（7）杂技艺术作品指杂技、魔术、马戏、滑稽等通过形体和动作表现的作品；（8）美术作品指绘画、书法、雕塑等以线条、色彩或者其他方式构成的有审美意义的平面或者立体的造型艺术作品；（9）实用艺术作品指具有实际用途并有审美意义的作品；（10）建筑作品指以建筑物或者构筑物形式表现的有审美意义的作品，包括作为其施工基础的平面图、设计图、草图和模型；（11）摄影作品指借助器械在感光材料或者其他介质上记录客观物体形象的艺术作品；（12）视听作品指由一系列有伴音或者无伴音的画面组成，并且借助技术设备向公众传播的作品；（13）图形作品指为施工、生产绘制的工程设计图、产品设计图，以及反映地理现象、说明事物原理或者结构的地图、示意图等作品；（14）立体作品指为生产产品或者展示地理地形而制作的三维作品；（15）计算机程序指为了得到某种结果而可以由计算机等具有信息处理能力的装置执行的代码化指令序列，或者可以被自动转换成代码化指令序列的符号化指令序列或者符号化语句序列，同一计算机程序的源程序和目标程序为同一作品；（16）其他文学、艺术和科学作品。

（三）不予以保护的作品

不予著作权保护的作品即著作权法的排除领域，《中华人民共和国著作权法》规定不适用于著作权法保护的类型：

1. 不受著作权法保护的作品

《中华人民共和国著作权法》第四条规定："著作权人行使著作权，不得违反宪法和法律，不得损害公共利益。国家对作品的出版、传播依法进行监督管理"。即违背一般法律规定原则的作品；违背社会公德和社会伦理的作品；故意妨害公共秩序的作品不受著作权法的保护。

2. 立法、行政和司法性质的文件

法律、法规、国家机关的决议、决定、命令和其他具有立法、行政、司法性质的文件，及其官方正式译文都不适用著作权法保护。其目的在于使这些作品尽可能广泛地、不受阻碍的传播，以利于公众使用，规范公民的社会行为，维护正常的社会秩序。

3. 时事新闻

时事新闻是指通过报纸、期刊、电台、电视台等传播媒介报道的单纯事实消息，由于缺乏独创性，并且需要迅速在全世界传播，也不适用著作权法保护。但如果在新闻内容中融入了作者的思想观点或者形象描写，如新闻综述、新闻评论、报告文学等则适用著作权法保护。

4. 历法、通用数表、通用表格及公式

这类作品通常没有创造性特征或只具有社会一般常识性特点，属于人类改造自然、改造社会的共同精神财富，不能为任何人所专有，故不适用《中华人民共和国著作权法》保护。

三、著作权的内容

根据《中华人民共和国著作权法》，狭义的著作权包括人身权和财产权，广义的著作权还包括邻接权。

（一）著作权中的人身权

著作人身权是作者基于作品依法享有的以人身利益为内容的权利，是与著作财产权相对应的人身权。民法中一般的人身权多以民事主体的生命存续为前提，每个人无差别地享有；著作人身权则以创作出文学艺术作品前提而产生，也不因创作者生命终结而消失。著作人身权包括四项内容：

1. 发表权

发表权即决定作品是否公之于众的权利。发表权只能行使一次，且通常不能转移，凡作者表示，不准发表的作品，作者去世后，他人不应违背作者意志发表；作者生前对作品发表与否没有明确意思表示的，推定其同意发表；著作权无人继承的，由作品原件合法所有人行使。由于作品是作者人格的反应，是否向公众披露，应当由作者决断，任何人擅自发表他人作品，都属于侵权。如果因作品而产生的权利涉及第三人的，发表权往往受到第三人权利的制约。

2. 署名权

署名权即决定是否表明作者身份以及如何表明作者身份的权利。作者有权署名，也有权不署名；有权署真名，也有权署假名或笔名。作者既有权禁止未参加创作的人在自己的作品上署名，也有权禁止自己的名字被署在他人的作品上。署名权不得转让、继承，署名权的保护不受时间的限制，具有永久性。

3. 修改权

修改权即自己修改或者授权他人修改作品的权利。修改权会受到一定的限制。著作权法规定，报社、杂志社可以对作者投稿的作品作文字性的修改、删节，而无须征得作者的同意，但不能改变作品基本内容和表现形式。修改权不能对抗物权。如作者想修改物权已经转移给他人的美术作品，必须取得该物权人的同意。

4. 保护作品完整权

保护作品完整权即保护作品不受歪曲、篡改的权利。保护作品完整权包括两方面内容：其一，作品本身遭受了改动；其二，作品本身并未改动，但对作品进行了其他使用。保护作品完整权侧重于保护作者的思想与其作品所表达出来的思想的同一性，其他人不得通过歪曲、篡改等方式改动作品而造成读者对作品以及作者思想观点的误读。歪曲是指故意改变事物的本来面目或对事物作不正确的反映，含有贬义；篡改是指用作伪的手段对经典、理论、政策等进行改动或曲解。侵害保护作品完整权要求行为人基于主观故意而曲解作品，使作品所表达之意与作者所想表达之意大相径庭。

（二）著作权中的财产权

著作财产权，是著作权人基于对作品的利用给其带来的财产收益权。理论上，所有对作品的商业性利用，都应当给著作权人带来财产收益。《中华人民共和国著作权法》中规定的著作财产权包括：

1. 复制权

《中华人民共和国著作权法》第十条第五项规定："复制权，是指以印刷、复印、录音、录像、翻录、翻拍等方式将作品制作成一份或多份的权利。"复制有广义、狭义之分，狭义的复制，指以印刷、照相、复写、影印、录音、录像或其他行为做成与原作品同一形态的复制，如将文书加以手抄、印刷、照相，将绘画、雕刻加以摹拓，将录音带、录像带加以翻版录制，等等。广义的复制，还包括对著作加以若干改变，即不是再制与原著作之形态完全相同之物，仅其旨趣具有同一性，如将草图、图样做成美术品与建筑物，音乐著作之录音，将小说改编成剧本、拍成电影，编辑数篇论文，本国文翻译成外国文，雕刻制成绘画，绘画制成照片或风景明信片，模型制成美术工艺品，等等。最广义的复制，还包括无形复制在内，如将剧本、乐谱予以上演、演奏或播送，讲稿的演说或讲义文稿之朗读。

2. 发行权

发行权分为广义和狭义两种概念。狭义上的发行权是指作者所享有的许可或者禁止他人以出售、赠予和散发等方式发行自己作品的原件或复制品的权利。《中华人民共和国著作权法》便是采纳了发行权的狭义概念。《中华人民共和国著作权法》第十条第六项规定：发行权即以出售或赠与方式向公众提供作品的原件或复印件的权利。广义上的发行权概念在狭义发行权概念的基础上还包括了出租、出借等权利，其是指权利人通过销售或其他转移所有权的方式或者通过出租、租借、借阅等方式，将作品的复制件或原件提供给公众的权利。世界上亦有许多国家在立法上采纳了发行权的广义概念，例如，美国1976年版权法第106条，韩国1987年著作权法第20条，德国1965年著作权法第17条。

3. 出租权

出租权是有偿许可他人临时使用视听作品、计算机程序或者包含作品的录音制品的原件或者复制件的权利，计算机程序不是出租的主要标的的除外；著作权的内容，根据《著作权法》第十条第七款、第四十一条、第四十六条和第五十二条的规定，可概括如下：著作权人有权出租其作品复制件；著作权人有权许可他人出租其作品复制件，非经著作权人同意，任何人不得出租其作品复制件，法律另有规定除外；著作权人有权从出租其复制件人那获得一定报酬。

4. 展览权

展览权公开陈列美术作品、摄影作品的原件或者复制件的权利。《著作权法》规定，美术作品的原件所有权转移后，展览权归作品的原件所有权所有。同时，行使作品的展览权应与肖像权、隐私权相协调，如果作品的内容涉及他人的隐私，则在展览该作品时应注意不得侵犯他人的隐私。

5. 表演权

表演权以各种方式公开表演作品,以及通过技术设备向公众传播作品的表演的权利;表演权,即公演权、上演权。表演他人作品应征得著作权人的许可。但免费表演已发表的作品可以不经著作权人的许可,不向其支付报酬,但应当指出作者的姓名、作品名称,且不得侵犯著作权人的其他权利。

6. 放映权

放映权是通过放映机、幻灯机等技术设备公开再现美术、摄影、电影和以类似摄制电影的方法创作的作品等的权利。

7. 广播权

广播权是以无线方式公开广播或者传播作品,以有线传播或者转播的方式向公众传播广播的作品,以及通过扩音器或者其他传送符号、声音、图像的类似工具向公众传播广播的作品的权利。

8. 信息网络传播权

信息网络传播权是以无线或者有线方式向公众提供作品,使公众可以在其个人选定的时间和地点获得作品,以及通过技术设备向公众传播以前述方式提供的作品的权利。

9. 改编权

改编权是将作品改变成视听作品以外的不同体裁、种类或者形式的新作品,以及对计算机程序进行增补、删节,改变指令、语句顺序或者其他变动的权利。

10. 翻译权

翻译权是将作品从一种语言文字转换成另一种语言文字的权利。《著作权法》规定,将中国公民、法人或其他组织已经发表的以汉语言文字创作的作品翻译成少数民族语言文字作品在国内出版发行,不侵犯著作权人的著作权,主要是指不侵犯著作权人的翻译权。另外,《伯尔尼公约》《世界版权公约》规定:在一定条件下,对外国人的作品,可由政府强制许可翻译,无须征得外国著作权人的同意。

11. 摄制权

摄制权是以摄制电影或者以类似摄制电影的方法将作品固定在载体上的权利。

12. 汇编权

汇编权是将作品或者作品的片段通过选择或者编排,汇集成新作品的权利。

13. 应当由著作权人享有的其他权利

信息网络传播权的保护办法由国务院另行规定。

【案例2-2】

著作权财产权案

2017年11月，李某创作一篇散文在A杂志上发表，好评如潮。一个月后，该篇散文被B报社全文转载，B报社随后以其转载稿费标准向李某支付了稿费。2018年3月，张某将李某在A杂志上发表的散文收入自己主编散文集《散文佳作欣赏》中，由C出版社出版。D网站于2018年4月将上述散文集全文上载。李某得知后向法院起诉，诉B报、张某和C出版社、D网站侵犯著作权。据《著作权法》规定，B报社、张某和C出版社、D网站是否侵犯了李某的著作权？

解析：（1）B报社没有侵犯李某著作权。作品刊登后，除著作权人声明不得转载、摘编的以外，其他报刊可以转载，或者作为文摘、资料刊登，但应当按照规定向著作权人支付报酬。

（2）张某和C出版社侵犯李某著作权。利用他人的作品，必须按照规定或约定向权利人支付报酬，否则即是侵犯他人著作财产权的行为。出版改编、翻译、汇编已有作品产生的作品，应当向改编、翻译、汇编作品的著作权人和原作品的著作权人支付报酬。

（3）D网站侵犯李某著作权。D网站未经甲同意，擅自利用其散文上载，是侵犯著作权的行为。

（三）著作权中的邻接权

邻接权，亦称作品传播者权，指作品的传播者在传播作品的过程中，对其付出的创造性劳动成果依法享有特定的专有权利的统称。狭义邻接权，包括出版者权、音像制作者权及广播电视组织权三类。广义的邻接权，是把一切传播作品的媒介所享有的专有权一律归入其中，其基本内容包括："出版者对其出版的图书和报刊享有的权利，表演者对其表演享有的权利，录音录像制作者对其制作的录音录像制品享有的权利，广播电台、电视台对其制作的广播、电视节目享有的权利。"

1. 出版者权

出版者权即出版者对其出版的图书、期刊的版式设计享有的专有使用权，还包括按合同约定享有的专有出版权以及经著作权人同意对作品修改删节的权利。出版者对其出版的图书、期刊的版式设计享有的专有使用权的保护期为十年，截至使用该版式设计的图书、期刊首次出版后第十年的12月31日。

出版者的权利：

在合同约定的期限和地域范围内，图书出版者有权出版并发行约定的作品。

在合同约定的期限和地域范围内，图书出版者享有以同种文字的原版、修订版出版图书的专利。《著作权法》第三十二条第三款：图书出版者重印、再版作品的，应当通知著作权人，并支付报酬。图书脱销后，图书出版者拒绝重印、再版的，著作权人有权终止合同。

图书出版者对其出版的图书的版式设计享有专有使用权。《著作权法》第三十六条：出版者有权许可或者禁止他人使用其出版的图书、期刊的版式设计。

出版者的义务：

按合同约定或国家规定向著作权人支付报酬；

按照合同约定的出版质量、期限出版图书；

重版、再版作品的，应当通知著作权人，并支付报酬；出版改编、翻译、注释、整理已有作品而产生的作品，应当取得演绎作品的著作权人和原作品的著作权人许可，并支付报酬；

对出版行为的授权、稿件来源的署名、所编辑出版物的内容等尽合理的注意义务，避免出版行为侵犯他人的著作权等民事权利。

2. 表演者权

表演者权是指表演者依法对其表演所享有的权利。表演者权的内容包括：表演者对其表演享有表明表演者身份；保护表演形象不受歪曲；许可他人从现场直播和公开传送其现场表演，并获得报酬；许可他人录音录像，并获得报酬；许可他人复制、发行录有其表演的录音录像制品，并获得报酬；许可他人通过信息网络向公众传播其表演，并获得报酬等权利。表演者对其表演享有的表明表演者身份、保护表演形象不受歪曲的权利保护期不受限制，其他表演者权的保护期为五十年，截至该表演发生后第五十年的 12 月 31 日。

3. 录音录像制品制作者权

录音录像制品制作者权即录音录像制作者对其制作的录音录像制品，享有许可他人复制、发行、出租、通过信息网络向公众传播并获得报酬的权利。录音录像制品制作者对其制作的录音录像制品享有的保护期为五十年，截至该制品首次制作完成后第五十年的 12 月 31 日。

4. 广播电视组织权

广播电台、电视台有禁止未经其许可的下列行为：将其播放的广播、电视转播；将其播放的广播、电视录制在音像载体上以及复制音像载体。广播电台、电视台对其享有的广播电视组织权的保护期为五十年，截至该广播、电视首次播放后第五十年的 12 月 31 日。

第三节　著作权的取得、利用、转移和保护

一、著作权的取得

（一）著作权取得的基本规则——自动取得

著作权的自动取得，也称无手续取得，是指作者在完成其作品创作之时即依法享有著作权而无须进行任何登记或者事先获得批准。

在已经建立制的国家，大多数实行这一原则。《伯尔尼公约》确认了自动取得原则，《伯尔尼公约》第 5 条（2）规定："享有和行使这些权利不需要履行任何手续，也不论作品起源国是否存在保护。因此，除本公约条款外，保护的程度以及为保护作者权利而向其提供的补救方法完全由被要求给以保护的国家的法律规定。"目前，多数的大陆法系国家采用的是与《伯尔尼公约》精神相一致的自动取得原则。法国 1791 颁布的《表演权法》及 1793 年颁布的《作者权法》都明确宣布，作品自创作完成后就受到保护，作者不需要履行其他登记手续。随着国际交流的广泛展开，越来越多的国家参与到国际性的组织或加入国际性的条约，并对本国著作权法做了有效的修改，以消除明显的冲突。

《中华人民共和国著作权法实施条例》（以下简称《著作权法实施条例》）规定：著作权自作品创作完成之日起产生。基于作者的智力创作作品就可以取得著作权，权利的取得不受行为能力和年龄的限制，可见中国在著作权的取得上遵循的是著作权自动取得原则。

（二）著作权的取得的条件

著作权自动取得即著作权取得不履行任何手续，但不意味着著作权不需要具备条件。

1. 先决条件

各国的著作权法均规定了一个先决条件，即作品的作者必须是该国著作权法的"合格人"，否则不予保护。所谓的"合格人"，一般包括本国公民和在一定条件下的外国公民，本国公民只要创作了作品就受著作权法的保护，而外国公民则一般需要具备一些条件，如作品第一次在本国出版，作品第一次在与本国签订有双边协定的国家或者与本国参加了同一个国际著作权公约的国家出版等。

2. 实质条件

实质条件是法律以文学艺术作品的产生作为取得著作权的唯一的法律事实。实质条件有两种标准：

（1）只要特定的思想或情感被赋予一定的文学艺术形式，这种形式无论是作品的全部还是其中的局部，也不问该作品是否已经采取了一定物质形式被固定下来，都可以依法被认为是受保护的作品。

（2）除了具备作为作品的一般条件，即表现为某种文学艺术形式外，还要求这种形式通过物质载体被固定下来，才可以获得著作权法保护。

（三）著作权取得的途径

1. 原始取得

原始取得是指权利的取得不是以他人已存权利为取得基础，而是初始性地取得权利的情形。通过原始取得所获得的著作权是完整的著作权，包括人身权和财产权的全部著作权的权能。

著作权的原始取得主要包括：（1）自然人因创作行为取得著作权。（2）法人等组织因法律规定取得著作权。在主持体现其意志的创作活动的情况下，可以根据法律的直接规定原始性获得著作权。（3）自然人或法人等组织因法律推定取得著作权。当自然人是否实施了创作行为有争议时，或者法人等组织是否符合法律规定的被视为作者条件有纷争时，在没有充分证据否定于作品上署名的自然人或者法人等组织是作者的情况下，法律直接推定在作品上署名的自然人或法人等组织是作者。

2. 继受取得

继受取得是指权利的取得是以他人既存权利为基础的派生性取得权利的情形。通过继受取得的著作权是部分的著作权，即仅涉及著作权中的财产权，除非法律有明确的规定。

著作权的继受取得主要包括：（1）因约定取得。根据《著作权法》第十八条规定，职工为完成工作任务所创作的作品为职务作品，其著作权归属由当事人约定。当事人没有约定或者约定不明的，职务作品的著作权由职工享有，但工程设计图、产品设计图、地图、计算机程序以及受聘于报刊社或者通讯社的记者为完成报道任务创作的作品的著作权由单位享有，作者享有署名权。职务作品的著作权由职工享有的，单位可以在其业务范围内免费使用该作品。第十九条规定，受委托创作的作品，其著作权归属由当事人约定。当事人没有约定或者约定不明的，委托作品的著作权由受托人享有，但委托人在约定的使用范围内可以免费使用该作品；当事人没有约定使用范围的，委托人可以在委托创作的特定目的范围内免费使用该作品。（2）因继承取得。根据《著作权法》规定，第一，只有著作权中的财产权利才能依照继承法的规定继承，著作权中的人身权不能作为继承的标的。由于著作权法规定作者的署名权、修改权和保护作品完整权的保护不受时间限制，那么，作者死后由谁来行使上述三项人身权？按照《著作权法实施条例》第20条的规定，作者死亡后，其著作权中的署名权、修改权和保护作品完整权应由作者的继承人或者受遗赠人保护。著作权无人继承又无人受遗赠的，其署名权、修改权和保护作品完整权应由著作权行政管理部门保护。第二，合作作者之一死亡后，其对合作作品享有的使用权和获得报酬权无人继承又无人受遗赠的，由其他合作作者享有。第三，国家享有的著作权，由著作权行政管理部门代表国家行使。第四，作者生前未发表的作品，如果作者未明确表示不发表，作者死亡后50年内，其发表权可由继承人或者受遗赠人行使；没有继承人又无人受遗赠的，由作品原件的合法所有人行使。

二、著作权的合理使用和法定许可

（一）著作权的合理使用

著作权合理使用，是指在特定的条件下，法律允许他人自由使用享有著作权的作品，而不必征得权利人的许可，不向其支付报酬的合法行为。著作权合理使用作为对著作权进行限制的制度，其核心和实质就是对利益的协调和平衡。

1. 合理使用的情形

《著作权法》第二十二条规定，在下列情况下利用作品，可以不经著作权人许可，不向其支付报酬，但应当指明作者姓名、作品名称，并且不得侵犯著作权人依照本法享有的其他权利：（1）为个人学习、研究或者欣赏，利用他人已经发表的作品；（2）为介绍、评论某一作品或者说明某一问题，在作品中适当引用他人已经发表的作品；（3）为报道时事新闻，在报纸、期刊、广播电台、电视台等媒体中不可避免地再现或者引用已经发表的作品；（4）报纸、期刊、广播电台、电视台等媒体刊登或者播放其他报纸、期刊、广播电台、电视台等媒体已经发表的关于政治、经济、宗教问题的时事性文章，但作者声明不许刊登、播放的除外；（5）报纸、期刊、广播电台、电视台等媒体刊登或者播放在公众集会上发表的讲话，但作者声明不许刊登、播放的除外；（6）为学校课堂教学或者科学研究，翻译或者少量复制已经发表的作品，供教学或者科研人员利用，但不得出版发行；（7）国家机关为执行公务在合理范围内利用已经发表的作品；（8）图书馆、档案馆、纪念馆、博物馆、美术馆等为陈列或者保存版本的需要，复制本馆收藏的作品；（9）免费表演已经发表的作品，该表演未向公众收取费用，也未向表演者支付报酬；（10）对设置或者陈列在室外公共场所的艺术作品进行临摹、绘画、摄影、录像；（11）将中国公民、法人或者其他组织已经发表的以汉语言文字创作的作品翻译成少数民族语言文字作品在国内出版发行；（12）将已经发表的作品改成盲文出版。

2. 合理使用的限制

著作权法所称已经发表的作品，是指著作权人自行或者许可他人公之于众的作品。利用他人作品的，应当指明作者姓名、作品名称；但是，当事人另有约定或者由于作品利用方式的特性无法指明的除外。依照著作权法有关规定，利用可以不经著作权人许可的已经发表的作品的，不得影响该作品的正常利用，也不得不合理地损害著作权人的合法利益。

"著作权法中的合理使用，从著作权人方面来看，是对其著作权范围的限定；从著作权人以外的人（即使用者）来看，则是使用他人作品而享有利益的一项权利。"合理使用应包括：使用要有法律依据；基于正当理由；不需经作者与著作权人同意；不支付报酬；不构成侵权，是合法行为。

（二）著作权的法定许可

著作权的法定许可，是指依法律直接规定，以特定的方式使用他人已发表的作品可以不经著作权人的许可，但应当向著作权人支付使用费。具体情形：（1）为实施九年制义务教育和国家教育规划而编写出版教科书，除作者事先声明不许使用的外，可以不经著作权人许可，在教科书中汇编已经发表的作品片段或者短小的文字作品、音乐作品或者单幅的美术作品、摄影作品，但应当按照规定支付报酬，指明作者姓名、作品名称，并且不得侵犯著作权人依照著作权法享有的其他权利；（2）作品在报刊刊登后，除著作权人声明不得转载、摘编的外，其他报刊可以转载或者作为文摘、资料刊登；（3）录音制作者使用他人已经合法录制为录音制品的音乐作品制作录音制品，可以不经著作权人许可，但应当按照规定支付报酬；著作权人声明不许使用的不得使用；（4）广播电台、电视台播放他人已发表的作品；（5）广播电台、电视台播放已经出版的录音制品，可以不经著作权人许可，但应当支付报酬。当事人另有约定的除外。

（三）著作权的合理使用以及法定许可的区别

著作权的合理使用以及法定许可的区别如表2-1所示。

表 2 – 1　　　　　　　　　　著作权的合理使用与法定许可

	合理使用	法定许可
性质	一般应是非商业性使用	商业性使用
适用对象	原则上只适用于已经发表的作品，但有例外	只适用于已经发表的作品，无例外
是否支付报酬	不需要	需要
是否有保留权	在合理使用情况下，法律大多未赋予著作权人以保留权	对于大多数法定许可使用，法律赋予了著作权人以保留权，即著作权人可事先声明否定法定许可利用的适用
适用主体	不仅适用于对著作物权人权利的限制，也适用于对邻接权人权利的限制	只有在涉及教科书编写时才可以对邻接权人的权利进行限制，其他法定许可使用方式不适用于对邻接权人的权利的限制

【案例 2 – 3】

著作权纠纷案

2017 年 1 月，《AAA》杂志发表了作曲家樊某创作的音乐作品《清晨》。2017 年 2 月，A 艺术学院的学生小林看到该音乐作品后，为完成王教授布置的作业，就将该作品改编成通俗歌曲，命名为《一抹朝阳》，并将其提交给王教授。小林并未在作业中标明该歌曲改编自樊某的音乐作品《清晨》。王教授是一位歌唱演员，正在筹划举办个人巡回演唱会，看到学生小林提交的作业《一抹朝阳》，王教授决定在其个人巡回演唱会中演唱该歌曲。王教授未将该决定告知其学生小林。

2018 年 3 月，王教授举行演唱会，该演唱会免费。演唱中，王教授向观众表明该《一抹朝阳》为其学生小林所创作，并对其表示感谢。王教授的演唱会引起 BBB 音像公司的关注。

2018 年 4 月，BBB 音像公司与王教授签约录制了以王教授演唱会为内容的数字化制品，公开发行。其合同约定，数字化制品的录制、发行所涉及的著作权许可授权事宜均由王教授负责办理，但王教授认为录制自己演唱会不涉及其他人权利，未再处理此事。

2018 年 5 月，数字化制品以收费 App 形式发行后，CCC 唱片公司购买了部分收费 App。不久，CCC 公司拟出版一辑名为《清晨合集》的数字化制品，选中《一抹朝阳》作为其中主打歌曲。公司法律顾问认为《一抹朝阳》系已发表作品，不需要取得作者的授权即可用以录制数字化制品。故 CCC 公司直接请其旗下演员演唱，并录制完成该辑数字化作品。事后，CCC 公司按照规定和惯例向小林寄出报酬。

2018 年 7 月，DDD 电视台购买了部分 CCC 公司发行的《清晨合集》作品，在电视台播放了歌曲《一抹朝阳》。按照以往习惯，DDD 电视台也并没有就该播放行为向任何人请求许可，也没有支付任何报酬。

问：本案小林、王教授、BBB 音像公司、CCC 唱片公司、DDD 电视台的行为是否构成侵权行为；若侵权，分别侵犯了谁的权利。

解析：（1）小林侵犯樊某的署名权，虽然小林改编行为属于合理使用，但该行为不得侵犯著作权人的其他权利；

（2）王教授侵犯了小林的著作权，也侵犯了樊某的著作权。樊某的作品已经发表，而小林的作品尚未发表，免费表演已经发表的作品才可能构成合理使用；

（3）BBB 音像公司侵犯了樊某、小林的著作权，基于合同的相对性原理，BBB 与王教授的合同不具有对抗第三人的效力，因而不能免除 BBB 的侵权责任；

（4）CCC 唱片公司侵犯了樊某、小林的著作权，依法律规定，录制者使用他人已经合法录制为数字化制品的音乐作品制作数字化制品时，可以不经著作权人许可，但应支付报酬，樊某、小林的音乐作品系被在先录制为数字化制品，而非数字化制品，且在先录制行为本身就已经属于侵犯著作权的行为，故不符合此法定许可的要件；

（5）DDD 电视台侵犯了樊某、小林的著作权和 CCC 唱片公司的录制者权，DDD 电视台虽然可以不经樊某、小林、CCC 唱片公司的许可而播放其作品或数字化制品，但应当支付报酬。

资料来源：作者编写而得。

三、著作权的利用

（一）许可使用

著作权许可使用是指著作权人授权他人以一定方式、在一定时期和一定地域范围内商业性使用其作品的权利。根据许可是否具有排他性，著作权许可使用分为：专有许可使用、一般许可使用。

1. 许可使用合同

被许可人的权利受制于合同的约定。被许可人不能擅自行使超出约定的权利，同时也只能以约定的方式在约定的地域和期限行使著作权。关于合同的形式,《著作权法》未做特殊要求,因此,当事人可以既可以采用书面形式,也可以采用口头形式或者其他形式。不过,《著作权法实施条例》第二十三条作了一些限制,"……许可使用的权利是专有使用权的,应当采取书面形式,但是报社、期刊社刊登作品除外。"通常有两种:

(1)一般许可使用。

著作权的一般许可使用是指著作权人授权使用者在一定期限和范围内以特定的方式非独占地使用作品。著作权人可以在相同的地域和期限内,以相同的方式许可多人使用同一作品,著作权人自己也可在上述范围内使用作品。

(2)专有许可使用。

著作权的专有许可使用是指著作权人授权他人在一定的地域和期限内以特定的方式独占使用作品。著作权人发出专有许可证后,任何人(包括著作权人)都无权以许可证所列举的方式使用作品。在著作权专有使用许可的条件下,被许可人是否有权将自己取得的专有使用权再向第三人发放专有使用许可证或一般使用许可证,即是否享有从属许可权,应当以合同的约定为准。如果许可作用合同没有明示的约定,则被许可人只能自己行使权利,不能再许可第三人行使。

2. 许可使用合同使用费

使用费是著作权人最主要的收益,合同中应该对其标准和支付方式加以明确的规定。当然,在少数情况下著作权人可能更看重的是非经济的利益,因而会放弃使用费,甚至对被许可方提供经费上的补贴,例如为发表学术论文而支付版面费。

常见的使用费标准是稿酬制和版税制。其中稿酬制在我国始于 20 世纪 50 年代,它是由政府文化部门为作品使用制定的统一的付酬标准。稿酬制具有一定的计划经济色彩。稿酬一般分为基本稿酬和印数稿酬。书刊基本稿酬的计算公式是:每千字稿酬额 × 全文千字数。印数稿酬一般按千册计算,每千册约付基本稿酬的 0.8%。稿酬一般在作品交付出版时便付清,它与出版的图书的定价无关,也不受作品实际销量的影响。

版税制是指著作权人与作品使用者按照一定比例分享作品销售所得的一种计酬方式。版税是著作权人应获得的收入。在著作权人要求的情况下,版税也可以在交付作品时支付,但是它往往仅是部分预支。版税的最终数额取决于作品的实际出售结果。出版文字作品的版税称出版版税,它的计算公式是:出版物定价(或零售价) × 出版物销售量(或印刷量) × 一定的百分比(版税率)。音乐、戏剧作品演出版税称上演版税,其计算公式是:票房收入 × 一定的百分比(版税率)。其中版税率由著作权人和作品使用者协商确定。它取决于作品的性质、版次、畅销程度以及作者的知名度等多种因素。从目前的国际惯例来看,出版版税率一般在 5% ~ 20% 之间。显然,相对于稿酬制而言,版税制更符合市场经济的要求,能更好地协调出版社与作者之间的利益。

（二）著作权的转让

著作权的转让是指著作权人将其作品著作权中的财产权部分转移给他人的行为，从而使受让人取得部分或全部著作权。著作权转让合同应当以书面形式成立，根据《最高人民法院关于审理著作权民事纠纷案件适用法律若干问题的解释》第二十二条的规定，著作权转让合同未采取书面形式的，人民法院依据《中华人民共和国合同法》第三十六条、第三十七条的规定审查合同是否成立。著作权转让不同于一般有形财产的转移，最突出的特点在于其可分性：有著作权中人身权与财产权的分离，有著作财产权中各项权能的分离，还有著作权与作品原件及作品物质载体的分离。

1. 著作人身权不可转让理论

（1）著作权转让的对象只能是著作权中的财产权利。

著作权转让只能就其中的财产权利进行转让，著作权中的精神权利是与作者的特定人身相联系的，不能转让。

（2）著作权中的各项财产权利可以分割转让。

《著作权法》第十条第五至十七项规定著作权人的财产权利，由于对作品的利用方式不同，作者的财产权利也体现为不同的表现形式。著作权人可以将全部或部分进行转让，如文字作品的著作权人向出版社转让复制权、发行权，向电影制片厂转让改编权、摄制权；音乐作品的著作权人向演员转让表演权等行为，都是部分权利的转让，没有经过转让的权利仍然归属于著作权人。

（3）著作权的转让与作品载体所有权无关。

作者所创作的作品，无论以何种形式表现，都应附着一定的载体，比如摄影作品的照片、绘画作品的油画、电影作品的胶片等。载体既体现了作品的表现形式，也是所有权的客体。作为物权客体的载体是可以作为买卖、赠与、继承等标的的。由于著作权具有无形财产权利的性质，对创作作品所拥有的利用权和处分权，不应被理解为某种实际的物品，这也正是我们将著作权称作"财产权"的基本出发点。因此，作为物权客体的作品载体的转让并不当然引起著作权的转移，也不影响作品著作权的继续存在。

2. 著作人身权在一定条件下可转让理论

（1）发表权的转让。

除法定的发表权由非作者本人行使的情形，现实社会中是否还存在发表权可以转让的其他情形，作者将未发表的作品的著作财产权转让给他人后，发表权是否一并转让，发表权是著作权内容中的首要权利，作者在作品创作完成后，如果不行使发表权，其他人身权、财产权也无从行使。如果在转让了尚未发表的作品的著作财产权后，但作者保留了发表权，那么此次财产权的转让就不具备实际的经济意义，因此，著作人身权中的发表权是可以随着著作财产权的转让而转移的。有学者提出"作者在第一次行使经济权利时，授权他人利用作品的时候，就已经同时行使了发表权，或者说作者和作品利用者可以用合同的方式规范作品的发表和作者的发表权"。即发表权可以通过许可合同的方式授权给他人，这也就说明了发表权是可以转让的，这是因为，发表权只能行使一次，授权他人行使发表权之后，作者本人就不再享有该作品的发表权，因此，授权他人行使该作品的发表权和将该作品的发表权转让给他人没有本质上的不同。

（2）署名权的转让。

在现实中，存在着大量非作者在作品上署名的情形，部分作者因故被迫或基于获得某种利益主动要求或同意他人在其作品上署名，实际上等于署名权的商业性转让，而且这种行为常常是双方私下的交易行为。但是一旦作者事后反悔，就只能排除非作者的署名权及相关权利，这对非作者来说显失公平，这样的案例也确实发生过。可以说，在立法的目的和实际效用上，并没有达到预期的效果。因此，立法可以规定署名权转让的适用条件，例如，署名权的转让必须是未发表的作品等。

（3）修改权、保护作品完整权的转让。

在有些情况下作品的修改权和保护作品的完整权是归作者以外的人享有，如法律规定的委托作品、职务作品、电影类作品等情形。在现实生活中还存在需要著作人身权转让的情形：合作作品的作者以及可能具有总体版权与分享版权（百科全书、汇编作品）的作品作者，一般来说，合作作品的修改必须经全体作者协商一致，这就表现为作者们同意其中一人或指定作者之外某人代为行使，很显然，原本属于多人的修改权便转移到一人的身上；对于出版社，一部作品的出版往往需要经过三审，为了出版的需要，其中不仅包括对作品进行必要的文字性加工，更可能需要对作品做出较大的修改或删节。为出版的顺利及时，出版社需要的不是复杂的一次次作者的许可，出版社需要得到作者的整个版权，其中可能就包括修改权。

四、著作权的保护

（一）著作权的保护原则

1. 著作权自动产生原则

《著作权法》采用自动保护原则。作品一经产生，不论整体还是局部，只要具备了作品的属性，即产生著作权，既不要求登记，也不要求发表，也无须在复制物上加注著作权标记。

2. 思想与表达两分原则

著作权法仅仅保护作品的表达，但不保护此种表达所传达的思想。这其中的两个概念：思想与表达，通俗地讲，即利用方法和表述方法。

由于现代科学与文化的发展，文字作品、音乐、电影、软件等作品得到迅猛发展，如何区分思想与表达颇为为难。实践中，如何利用思想与表达两分原则回应新科技带来的挑战，是一直争论的问题。

业界曾采用抽象法来区分思想与表达的界限，例如，两部电影有相似的情节和角色，甲出品时间在前，乙出品时间在后，实际判定认为：多数作品特别是剧本，如果忽略具体细节，则多具有相同的通用模式，这些被认为是平常的情节和角色，并无显著特点或特殊背景，就不能认为乙电影有抄袭甲电影的行为。若乙电影中的情节，在表现自己思想的同时，包含了甲电影的表达，则乙电影可能会有侵权行为发生。判断时，即需要先抽象出作品的共同模式，并进而确立思想表达的范围。思想与表达两分原则在著作权法的确立，兼顾公共利益，在很大程度上为商业所主张的版权保护提供依据。

【案例 2 – 4】

著作权保护原则适用案

某出版社准备出版一套高中化学学习指导丛书，聘请省重点中学的孙老师撰写丛书稿。孙老师利用业余时间设计出丛书的整体结构为：重点难点篇、学习方法篇、实验篇、试题精释篇，并对每篇的主题及内容和体例作了概括性设计。后来由于工作关系，孙老师不能继续撰写丛书的具体内容，与出版社终止了合作。

出版社为保证丛书如期出版，找来从事中学化学教学多年，现为市教委干部的袁老师负责编写，并将孙老师设计的丛书结构和主题内容交给袁老师。袁老师按照上述设计构思完成了丛书撰写交出版社。丛书出版后，孙老师发现书的结构和主体思想是自己向出版社提供的，认为出版社和袁老师侵犯了著作权，经协商不成，向人民法院提起诉讼，要求法院判令二被告停止侵权行为，赔礼道歉，在丛书中署上孙老师名字，并赔偿损失人民币 10 万元。

出版社认为孙老师仅提供了创作思路，未实际参与丛书的具体编写工作，不能认为是丛书的作者，构思本身不受著作权法的保护。袁老师同意出版社的上述观点并称他事先不知道设计思路是孙老师提供，主观上不存在任何过错。二被告均要求法院驳回原告的诉讼请求。

人民法院经审理认为，受著作权法保护的是作品，而非创作作品的思想、思路、构思、原则等纯主观性的东西。原告孙老师对于丛书的出版提供了一套设计思路，而没有实际参与丛书的任何撰写，设计思路不等于丛书本身，即设计思路依法不能取得著作权。原告孙老师对被告出版社、袁老师侵犯其著作权的主张不成立。根据《著作权法》第二条规定，判决如下：驳回原告孙老师诉讼请求，诉讼费用由原告孙老师承担。

解析： 本案涉及的是著作权法保护作品，即著作权法是保护作品思想感情还是保护思想感情的表达方式。《著作权法》第二条第一款规定："中国公民、法人或者其他组织的作品，不论是否发表，依照本法享有著作权。"可见，著作权法保护的对象是作品，而不是作品的思想内容。著作权法保护的作品从一定意义上讲是保护作品的表达方式，而非作品的思想内容。作品的表达方式可为人感知，而纯思想内容不为人感知，同一思想内容可以用不同的表达方式来表现。

本案中，原告孙老师为丛书提供的设计思路和整体结构，仅仅是丛书撰写的大体参照原则，没有用一定的表达方式外化成作品，因而该思路和结构不受著作权法的保护。即使出版社和袁老师撰写丛书时利用了孙老师的创作思路和结构，也不构成侵犯著作权。

资料来源：作者编写而得。

3. 作品原件的所有权与版权分离原则

作品原件的所有权与版权分离原则用于明确著作权的归属。从作品本身来看，作品由作者创造产生，即作者是作品的原始著作权人。对于某一作品而言，其往往为物权和著作权的共同载体。通过某种商业形式实现权利转移时，也许是物权和著作权同时发生转移，比如作者将作品连同署名权等一并转让，或是仅仅物权发生转移，比如画家将某幅作品赠与某人，或是著作权发生了变更而物权未发生变化等情况。

而衍生这个概念，在实际工作中，因美术作品而发生的侵权案例非常多。作者侵权的原因是未了解所有权与著作权分离原则。《著作权法》第十八条规定："美术等作品原件所有权的转移，不视为作品著作权的转移，但美术作品原件的展览权由原件所有人享有。"这说明，美术作品通过赠与、买卖方式实现物件本身的转移后，被赠与人、买方等得到的仅仅是作品原件的所有权和展览权，而除展览权之外的其他著作权依然归作者所有。

4. 发行权穷竭原则

发行权穷竭原则，又称首次销售原则。根据这一原则，版权人在其版权产品首次销售之后，对该产品本身的控制权利便随之终止，该产品的买受人可以不经原版权人的同意再次销售或是其他方式处分这一产品。

发行权穷竭原则是为了确保公众的利益，对版权产品的利用，从而对版权人销售发行权和公开展览权做出的限制。借助于穷竭原则，公众能够以更多的便利方式获得版权产品，有利于信息和知识的传播。体现在：首先，版权人在作品首次销售后便无法控制作品的零售，从而有利于零售价格的竞争，而公众可以较低廉的成本获得版权产品；其次，穷竭原则使版权产品的二手市场得以产生和发展，进一步使公众通过低成本的方式获得版权产品；再次，租借市场得以形成，公众不必支付版权产品的买价而暂时占有和利用版权作品；最后，穷竭原则在最大程度上保护了公众作为消费者能够以更多可以选择的方式获得和利用版权产品。

（二）著作权的保护期限

著作权的保护期限是指著作权受法律保护的时间界限或者著作权的有效期限。在著作权的期限内，作品的著作权受法律保护；著作权期限届满，就丧失著作权，该作品便进入公共领域，不再受法律保护。

《著作权法》对著作人身权和著作财产权保护期分别加以规定，著作人身权中的署名权、修改权、维护作品完整权永久受到法律保护，发表权的保护期与著作权中的财产权利的保护期相同。作为作者的公民死亡，法人或非法人单位变更、终止后，其署名权、修改权、保护作品完整权仍受著作权法保护。著作财产权的保护期有限制，根据著作权主体和作品性质不同，其保护期限有所区别：

（1）作品的作者为公民，其著作财产权的保护期为作者有生之年加死亡后50年。作者死亡后，其保护期以作者死亡后次年的1月1日开始计算，第50年的12月31日保护期届满。

（2）法人、非法人单位的作品，著作权（署名权除外）由法人或者非法人单位享有的职务作品，其发表、利用权和获得报酬权的保护期为50年，但作品自创作完成后50年内未发表的，著作权法不再予以保护。

（3）电影、电视、录像作品的发表权、利用权和获得报酬权以及摄影作品著作权的保护期为50年，截止于作品首次发表后第50年的12月31日，但作品自创作完成后50年内未发表的，其著作权不再受保护。

（4）合作作品发表权、利用权和获得报酬权的保护期为作者终生加死亡后50年，但50年的计算以合作作者中最后死亡的作者的死亡时间为起算点。

（5）作者身份不明的作品，其利用权和获得报酬权的保护期为50年，截止于作品首次发表后第 50 年的 12 月 31 日。但作者身份一经确定，则适用著作权法的一般规定。

（6）图书出版单位的专有出版权。合同约定，图书出版者享有专有出版权的期限，不得超过 10 年，合同期满可以续签。

（7）录音、录像作品利用权和获得报酬权的保护期为 50 年，截止于该作品首次出版后第 50 年的 12 月 31 日。

（8）广播、电视节目利用权和获得报酬权的保护期为 50 年，截止于播放后第 50 年的 12 月 31 日。

（三）侵犯著作权的法律责任

1. 民事责任

民事责任是指侵权行为人因实施侵权行为而应承担的民事法律后果。损害事实是侵权责任的前提，即侵权行为使他人的合法权利和利益遭受损害；行为人实施了侵权行为；行为人的行为与损害事实之间存在因果关系，即行为人的行为导致损害事实的发生。

（1）承担民事责任的侵犯著作权行为。

有下列侵权的，应当根据具体情况，承担停止侵害、消除影响、赔礼道歉、赔偿损失等民事责任：未经著作权人许可，发表其作品的；未经合作作者许可，将与他人合作创作的作品当作自己单独创作的作品发表的；没有参加创作，为谋取个人名利，在他人作品上署名的；歪曲、篡改他人作品的；剽窃他人作品的；未经著作权人许可，以展览、摄制电影和以类似摄制电影的方法利用作品，或者以改编、翻译、注释等方式利用作品的，著作权法另有规定的除外；利用他人作品，应当支付报酬而未支付的；未经电影作品和以类似摄制电影的方法创作的作品、计算机软件、录音录像制品的著作权人或者与著作权有关的权利人许可，出版其作品或者录音录像制品的，著作权法另有规定的除外；未经出版者许可，利用其出版的图书、期刊的版式设计的；未经表演者许可，从现场直播或者公开传送其现场表演，或者录制其表演的；其他侵犯著作权以及邻接权的行为。

（2）民事责任承担方式。

① 停止侵害，即责令侵权人立即停止正在进行的侵权行为，如根据受害人请求，责令出版侵权图书的出版社立即停止出版、发行侵权图书，对已出版的图书应当收回、封存、销毁。

② 消除影响，即采取有效方式，说明事情真相，消除其侵权行为给著作权人带来的消极影响。

③ 公开赔礼道歉，即以可使公众了解的方式，向著作权人表示歉意。

④ 赔偿损失，即侵权人以自己的财产抵偿，弥补给受害人造成的损害，对财产损害的赔偿，以实际损害包括直接损害和间接损害作为确定赔偿金额的标准；对精神损害的赔偿，通常是停止侵害、恢复名誉等和有限的经济赔偿。

2. 刑事责任

刑事责任是指犯罪人因其实施犯罪行为所承担的刑事法律后果。

（1）侵犯著作权罪。

以营利为目的，实施下列行为之一的构成侵犯著作权罪：第一，未经著作权人许可，复制发行其文学作品、音乐、电影、电视、录像作品、计算机软件及其他作品的；第二，出版他人享有专有出版权的图书的；第三，未经录音录像制作者许可，复制发行其制作的录像；第四，制作出售假冒他人署名的美术作品的。对于上述侵权行为，违法所得数额较大或其他严重情节的，处 3 年以下有期徒刑或拘役，并处或单处罚金。违法所得数额巨大的，或其他情节特别严重的，处 3 年以上 7 年以下有期徒刑并处罚金。

（2）销售侵权复制品罪。

《中华人民共和国刑法》第二百一十八条规定：以营利为目的，销售明知是本法第二百一十七条规定的侵权复制品构成销售侵权复制品罪。违法所得数额巨大的处 3 年以下有期徒刑或者拘役，并处或者单处罚金。

3. 行政责任

侵犯著作权行为行政责任的形式是行政处罚。行政处罚是行政机关对违反行政法律以及其他法律中的行政处罚条款但尚不构成犯罪的公民、法人或其他组织实施的制裁。

（1）承担行政处罚的侵犯著作权行为。

《著作权行政处罚实施办法》规定应受行政处罚的违法行为，包括剽窃、抄袭他人作品；未经著作权人许可，以营利为目的，复制发行其作品；出版他人享有专有出版权的图书；未经表演者许可，对其表演制作录音录像出版；未经录音录像制作者许可，复制发行其制作的录音录像；未经广播电台、电视台许可复制发行其制作的广播、电视节目；制作、出售假冒他人署名的美术作品。

（2）行政责任形式。

① 警告。是行政机关对违法行为人提出的告诫和谴责，适用于情节比较轻微的违法行为。

② 责令停止制作和发行侵权复制品。使侵权人不能继续通过制作和发行侵权复制品营利，但没有触及侵权人通过制作和发行侵权复制品获得的收益，在侵权人已获得收益的情况下，不合适单独利用此方式。

③ 没收非法所得。是将侵权人通过侵权行为所获得的全部收益收缴处罚形式。

④ 没收侵权复制品。为防止侵权人将制作出来的侵权复制品发行，继续对受害人造成损害采取的措施。

⑤ 没收侵权复制品的制作设备。对可能继续侵权的侵权人，从根本上消除其继续制作侵权复制品的可能性的手段。

⑥ 罚款。《著作权法实施条例》第 51 条规定：剽窃他人作品的，罚款 100 元至 5000 元；假冒他人美术作品的，罚款 1000 元至 5 万元。对其他可以给予行政处罚的侵犯著作权行为，可以罚款 1 万至 10 万元或总定价的二至五倍。

【案例 2-5】

李海鹏等 9 人侵犯"乐高"著作权案

乐高公司创作美术作品，并据此生产系列拼装玩具"Great Wall of China"等 47 个系列 663 款产品系，在市场销售。李海鹏指使杜志豪等购买新款乐高系列玩具，通过拆解研究、电脑建模、复制图纸、委托他人开制模具等方式，专门复制乐高公司前述拼装积木玩具产品，并冠以"乐拼"品牌通过线上、线下等方式销售。上海市公安局在被告人李海鹏租赁的厂房内查获注塑模具 88 件、零配件 68 件、包装盒 289411 个、说明书 175141 件、销售出货单 5 万余张、复制乐高系列的"乐拼"玩具产品 603875 件。后经中国版权保护中心版权鉴定委员会鉴定，"乐拼"品牌玩具、图册与乐高公司的玩具、图册均基本相同，构成复制关系。上海市人民检察院第三分院对本案提起公诉。一、二审法院均认为，李海鹏伙同闫龙军、张涛、王沛圳、吕沛丰、王瑞河、余克彬、李恒等以营利为目的，未经著作权人许可，复制发行乐高公司享有著作权的美术作品，非法经营数额达 3 亿 3 千万余元，杜志豪作为经销商之一，未经著作权人许可，发行乐高公司享有著作权的美术作品，非法经营数额达 621 万余元，情节均属特别严重，均已构成侵犯著作权罪。

解析：本案是加大知识产权刑事打击力度的典型案例。审理法院根据相关法律规定，依法判处主犯李海鹏有期徒刑六年，罚金人民币 9000 万元，对八名从犯判处有期徒刑四年六个月至三年不等，并处相应罚金（上海市高级人民法院〔2020〕沪刑终 105 号刑事裁定书），充分体现了法院加强刑事保护，严厉打击和震慑侵犯知识产权刑事犯罪的司法导向。

资料来源："乐高"侵犯著作权罪案［EB/OL］. 中国法院网，2021-4-23.

第四节　计算机软件著作权

一、计算机软件和计算机软件著作权

计算机软件是指计算机程序及其有关文档。计算机程序是指为了得到某种结果而可以由计算机等具有信息处理能力的装置执行的代码化指令序列，或者可以被自动转换成代码化指令序列的符号化指令序列或者符号化语句序列。同一计算机程序的源程序和目标程序为同一作品。文档，是指用来描述程序的内容、组成、设计、功能规格、开发情况、测试结果及使用方法的文字资料和图表等，如程序设计说明书、流程图、用户手册等。

计算机软件著作权是指软件的开发者或者其他权利人依据有关著作权法律的规定，对于软件作品所享有的各项专有权利。就权利的性质而言，它属于一种民事权利，具备民事权利的共同特征。著作权是知识产权中的例外，因为著作权的取得无须经过个别确认，即"自动保护"原则。软件经过登记后，软件著作权人享有发表权、开发者身份权、利用权、利用许可权和获得报酬权。

据《著作权法》规定文档享有双重保护，一是与相应的程序一起构成计算机软件，受到《计算机软件保护条例》（2001 年 12 月 20 日国务院令第 339 号公布，自 2002 年 1 月 1 日起施行）的保护；二是可以根据《著作权法》规定，作为文字作品得到保护。此外，计算机软件在享有著作权保护的同时，还可以通过专利权、商业秘密、反不正当竞争、商标权保护等法律获得保护。

二、软件著作权的主体、客体和内容

（一）软件著作权的主体

软件著作权人及其权利归属为软件著作权的主体。软件著作权人是指依法享有软件著作权的自然人、法人或者其他组织。分为原始主体和继受主体。所谓原始主体是指一件软件作品刚刚开发完成，应当由谁来享有该软件的著作权。所谓继受主体是指软件著作权人因各种原因，通过继承、转让、赠与等方式，使自己的软件著作权发生转移，由新的继受人享有该软件著作权。

1. 独立完成的计算机软件著作权的一般主体

计算机软件著作权属于软件开发者，法律另有规定的除外。如无相反证明，在软件上署名的自然人、法人或者其他组织为开发者。软件开发者是指实际组织开发、直接进行开发，并对开发完成的软件承担责任的法人或者其他组织；或者依靠自己具有的条件独立完成软件开发，并对软件承担责任的自然人。

2. 合作开发的计算机软件著作权的主体

所谓合作开发的软件是指两个或者两个以上的自然人、法人或者其他组织共同开发完成的软件。《计算机软件保护条例》第 10 条规定："由两个以上的自然人、法人或者其他组织合作开发的软件，其著作权的主体由合作开发者签订书面合同约定。无书面合同或者合同未做明确约定，合作开发的软件可以分割使用的，开发者对各自开发的部分可以单独享有著作权；但是，行使著作权时，不得扩展到合作开发的软件整体的著作权。合作开发的软件不能分割使用的，其著作权由各合作开发者共同享有，通过协商一致行使；不能协商一致，又无正当理由的，任何一方不得阻止他方行使除转让权以外的其他权利，但是所得收益应当合理分配给所有合作开发者。"

3. 委托开发的计算机软件著作权的主体

接受他人委托开发的软件，其著作权的主体由委托人与受托人签订书面合同约定；无书面合同或者合同未做明确约定的，其著作权由受托人享有。

4. 按照指令开发的计算机软件著作权的主体

所谓按照指令开发的软件是指根据国家机关下达的任务而开发的软件。《计算机软件保护条例》第 12 条规定："由国家机关下达任务开发的软件，著作权的主体与行使由项目任务书或者合同规定；项目任务书或者合同中未作明确规定的，软件著作权由接受任务的法人或者其他组织享有。"

5. 为履行本职工作而开发的计算机软件著作权的主体

为履行本职工作而开发的计算机软件，也称为职务软件，是指自然人在法人或者其他组织中任职期间所开发的软件。《计算机软件保护条例》第 13 条规定："自然人在法人或者其他组织中任职期间所开发的软件有下列情形之一的，该软件著作权由该法人或者其他组织享有，该法人或者其他组织可以对开发软件的自然人进行奖励：针对本职工作中明确指定的开发目标所开发的软件；开发的软件是从事本职工作活动所预见的结果或者自然的结果；主要使用了法人或者其他组织的资金、专用设备、未公开的专门信息等物质技术条件所开发并由法人或者其他组织承担责任的软件。"

（二）软件著作权的客体

软件著作权的客体是指计算机软件，即计算机程序及其有关文档。计算机程序是指为了得到某种结果而可以由计算机等具有信息处理能力的装置执行的代码化指令序列，或者可以被自动转换成代码化指令序列的符号化序列或者符号化语句序列。同一计算机程序的源程序和目标程序为同一作品。文档是指用来描述程序的内容、组成、设计、功能规格、开发情况、测试结果及利用方法的文字资料和图表等，如程序说明、流程图、用户手册等。对软件著作权的保护，不延及开发软件所用的思想、处理过程、操作方法或者数学概念等。

（三）软件著作权的内容

1. 软件著作人身权

发表权，即决定软件是否公之于众的权利；

署名权，即表明开发者身份，在软件上署名的权利；

修改权，即对软件进行增补、删节，或者改变指令、语句顺序的权利。

2. 软件著作财产权

复制权，即将软件制作一份或者多份的权利；

发行权，即以出售或者赠与方式向公众提供软件的原件或者复制件的权利；

出租权，即有偿许可他人临时使用软件的权利，但是软件不是出租的主要标的的除外；

信息网络传播权，即以有线或者无线方式向公众提供软件，使公众可以在其个人选定的时间和地点获得软件的权利；

翻译权，即将原软件从一种自然语言文字转换成另一种自然语言文字的权利；

应当由软件著作权人享有的其他权利。

此外，软件著作权人可以许可他人行使其软件著作权，并有权获得报酬；软件著作权人可以全部或者部分转让其软件著作权，并有权获得报酬。

三、软件著作权的登记

软件著作权登记包括软件著作权个人登记和软件著作权企业登记，其中，软件著作权个人登记是指自然人对自己独立开发完成的非职务软件作品，通过向登记机关进行登记备案的方式进行权益记录、保护的行为。软件著作权企业登记是指企业对自己独立开发完成的软件作品或职务软件作品，通过向登记机关进行登记备案的方式进行权益记录、保护的行为。

（一）申请软件著作权登记

1. 申请材料

自然人、法人或者其他组织的身份证明；

有著作权归属书面合同或者项目任务书的，应当提交合同或者项目任务书；

经原软件著作权人许可，在原有软件上开发的软件，应当提交原著作权人的许可证明；

权利继承人、受让人或者承受人，提交权利继承、受让或者承继的证明。

2. 审查与授权

中国版权保护中心应当自受理日起 60 日内审查完成所受理的申请，予以登记，发相应登记证书，并予以公告。

软件著作权登记申请费：250 元/件次。费用只限于程序及其一种文档的登记，如申请登记多种文档，每增加一种，增收 80 元。

（二）软件著作权登记的法律规定

1. 软件著作权登记不是权利产生的必要条件

软件著作权即软件开发完成之日起就自动产生，登记不是权利产生的必要条件。软件著作权登记申请是指著作权人向中国版权保护中心提出申请，由中国版权保护中心审核并发出软件著作权登记证书。

2. 软件著作权是否登记完全取决于自愿

根据《计算机软件保护条例》第 7 条规定："软件著作权人可以向国务院著作权行政管理部门认定的软件登记机构办理登记。软件登记机构发放的登记证明文件是登记事项的初步证明。"该条规定的是"可以"，可见软件著作权登记不是强制的，是否登记完全取决于当事人的自愿。

3. 软件著作权登记与取得著作权没有任何的关系

《计算机软件保护条例》第 5 条规定："中国公民、法人或者其他组织对其所开发的软件，不论是否发表，依照本条例享有著作权。"中国采用的是自动取得制度，自动取得制度，以作品的完成时间作为著作权取得的时间界限，作品完成即取得著作权，不需要履行任何的手续。完成并不要求是全部完成，如果是部分完成则对完成的部分享有著作权。《计算机软件保护条例》第 5 条规定不论是否发表，依照本条理享有著作权正是自动取得制度的体现。根据《计算机软件保护条例》的规定：软件著作权登记并不是软件取得著作权的前提条件，软件只要完成（包含部分完成）即自动享有著作权，受法律的保护，软件著作权是否经过登记与是否可以取得著作权没有任何的关系。

四、软件著作权的许可利用和转让

（一）软件著作权的许可利用

软件利用许可利用是指权利人与利用人之间订立的确立双方权利义务的协议，依照协议，利用人不享有软件所有权，但可以在协议约定的时间、地点，按照约定的方式行使软件利用权。

《著作权法》第二十四条，对著作权许可利用合同内容作了具体规定，包括：许可利用的权利种类；许可利用的权利是专有利用权或者非专有利用权；许可利用的地域范围、期间；付酬标准和办法；违约责任；双方认为需要约定的内容。

在这一交易中所产生的关于软件的合同即是软件利用许可合同，没有订立书面合同或者合同中未明确约定为专有许可的，被许可行使的权利应当视为非专有权利。订立许可他人专有行使软件著作权的许可合同的，可以向国务院著作权行政管理部门认定的软件登记机构登记。中国公民、法人或者其他组织向外国人许可软件著作权的，应当遵守《中华人民共和国技术进出口管理条例》有关规定。

（二）软件著作权的转让

软件著作权转让是指软件著作权人作为转让方与受让方通过签订转让合同的方式，将软件著作权的全部或者其中的一部分权利转移给受让方所有，而由受让方支付相应转让费的一种法律行为。

1. 软件著作权转让的法律依据

软件不仅具有作品性，而且具有技术特征，转让合同中应当考虑到软件的技术特征，在订立软件著作权转让合同时，需要参照《著作权法》《民法典》《计算机软件保护条例》规定。

《民法典》对技术合同的内容的规定，包括：项目名称，标的的内容、范围和要求，履行计划、进度、期限、地点、地域和方式，技术情报和资料的保密，风险责任的承担等。这些规定为软件的技术特征的界定提供了法律依据，为订立软件著作权的许可利用和转让合同提供了法律参考。

《著作权法》第二十五条规定，转让合同应包含的内容：作品的名称，转让权利的种类、地域范围，转让价金，交付转让价金的日期和方式，违约责任，双方认为需要约定的内容。

《计算机软件保护条例》第 8 条规定，软件著作权可以全部或者部分转让，不仅涉及软件著作权的经济权利，而且涉及软件著作权的精神权利。

2. 软件著作权转让所需材料

（1）合同登记申请表申请人应当提交在线填写并打印的申请表，申请表中的事项应当按要求填写完整；申请人签章应当是原件，并且应当与申请人名称一致。

（2）转让或专有许可合同转让合同中应当明确转让的软件名称及版本号、转让权利种类、地域范围等内容，合同应当符合著作权法及合同法的基本要求；专有许可合同中应当明确许可的软件名称及版本号、许可的权利种类、地域范围、专有许可权利的期限等内容，合同应当符合著作权法及合同法的基本要求。

（3）身份证明文件：委托书及代理人身份证明登记申请委托代理的，应当提交代理人的身份证明文件，申请表中应当明确委托事项、委托权限范围、委托期限等内容；申请人身份证明文件：企业法人单位申请的，提交营业执照副本的复印件；事业法人单位申请的，提交事业法人证书的复印件；社团法人单位申请的，提交民政部门出具的社团法人证书的复印件；法人证明文件需加盖单位公章；其他组织申请的，提交工商管理机关或民政部门出具的证明文件复印件，并需加盖单位公章；自然人申请的，提交身份证或护照等有效证明。

（4）原登记证书的复印件原软件已经办理过著作权登记或其他登记的，提交原登记证书或证明的复印件。

3. 软件著作权转让流程

软件著作权转让流程的办理，应该按照有关的法律法规进行操作，转让过程中，双方签订协议，并按协议中规定严格执行。

（1）申请人可以自己办理计算机软件著作权转让或专有合同登记，也可以委托代理机构办理登记。

（2）申请人应当将所提交的申请文件留存一份，便于在补正程序中保持文件内容的一致。

（3）办理软件著作权转让或专有合同登记可到登记大厅现场办理，也可利用挂号信函或特快专递邮寄到中国软件著作权登记部。

（4）申请表应当在线打印，请勿擅自更改表格格式；申请文件都应当按规定签章，签章应当与申请表中填写的姓名或者名称完全一致。

（5）申请人或代理人信息栏内的详细地址，作为邮寄证书或其他书面邮件依据。

（6）著作权人为企业法人或事业法人的应提交有效的企业法人营业执照或事业单位法人证书副本复印件，并需加盖单位公章。

（7）著作权人为自然人的，应提交有效的自然人身份证复印件（正反面复印），并需提交非职务开发保证书或非职务开发证明。

（8）著作权人为外国自然人的，应提交护照复印件，及护照复印件的中文译本，并需翻译者签章。

五、计算机软件保护

（一）计算机软件著作权的保护期限

计算机软件著作权自软件开发完成之日起产生。自然人的软件著作权，保护期为自然人终生及其死亡后 50 年，截止于自然人死亡后第 50 年的 12 月 31 日；软件是合作开发的，截止于最后死亡的自然人死亡后第 50 年的 12 月 31 日；法人或者其他组织的软件著作权，保护期为 50 年，截止于软件首次发表后第 50 年的 12 月 31 日，但软件自开发完成之日起 50 年内未发表的，本条例不再保护。

软件著作权人可以向国务院著作权行政管理部门认定的软件登记机构办理登记。软件登记机构发放的登记证明文件是登记事项的初步证明。

根据《计算机软件保护条例》第 15 条的规定，软件著作权属于自然人的，该自然人死亡后，在软件著作权的保护期内，软件著作权的继承人可以依照《中华人民共和国继承法》的有关规定，继承本条例第 8 条规定的除署名权以外的其他权利。软件著作权属于法人或者其他组织的，法人或者其他组织变更、终止后，其著作权在本条例规定的保护期内由承受其权利义务的法人或者其他组织享有；没有承受其权利义务的法人或者其他组织的，由国家享有。

（二）计算机软件著作权的限制

世界各国的著作权法在保护著作权人的合法权益的同时，为了避免著作权变成传播人类优秀文学和科学作品的障碍，使公众能够及时获取新知识，促进人类科学文化不断进步和发展，对著作权人享有的各项权利都作出了一定的限制。这些限制主要包括保护期限的限制和合理使用的限制。

1. 对计算机软件保护范围的限制

受法律保护的计算机软件必须由开发者独立开发，并已固定在某种有形物体上。对计算机软件著作权的保护不延及开发软件所用的思想、处理过程、操作方法或者数学概念等。

2. 合理使用的限制

为了学习和研究软件内含的设计思想和原理，通过安装、显示、传输或者存储软件等方式使用软件的，可以不经软件著作权人许可，不向其支付报酬。

3. 善意使用的限制

计算机软件的复制品持有人不知道也没有合理理由应当知道该软件是侵权复制品的，不承担赔偿责任；但是，应当停止使用、销毁该侵权复制品。如果停止使用并销毁该侵权复制品将给复制品使用人造成重大损失的，复制品使用人可以在向软件著作权人支付合理费用后继续使用。

4. 对计算机软件著作权人修改权和复制权的限制

《计算机软件保护条例》（以下简称《条例》）第 16 条规定："软件的合法复制品所有人享有下列权利：（1）根据使用的需要把该软件装入计算机等具有信息处理能力的装置内。（2）为了防止复制品损坏而制作备份复制品。这些备份复制品不得通过任何方式提供给他人使用，并在所有人丧失该合法复制品的所有权时，负责将备份复制品销毁。（3）为了把该软件用于实际的计算机应用环境或者改进其功能、性能而进行必要的修改；但是，除合同另有约定外，未经该软件著作权人许可，不得向任何第三方提供修改后的软件"。

5. 对计算机软件表达方式的限制

软件开发者开发的软件，由于可供选用的表达方式有限而与已经存在的软件相似的，不构成对已经存在的软件的著作权的侵犯。但相似或相同的软件必须是各自独立创作产生的，而不能是抄袭或者复制他人已有软件的结果。在软件著作权纠纷中，被诉方以"可供选用的表达方式有限"为由，为其软件与他人软件相同或者相似进行抗辩的，应当承担说明其表达方式有限的举证责任；举证不能的，应承担相应的侵权责任。

（三）善意受让盗版软件的责任

软件市场存在善意第三人不知道真相购买盗版软件的情况，如果是明知软件为侵权复制品仍然购买的，或者有合理理由应当知道该软件为侵权复制品，仍然利用或销售该侵权复制品的，应当承担包括赔偿损失在内的完全侵权责任，对此理解没有分歧。

按照传统的民法理论善意第三人在进行软件交易时，不知道也没有合理的理由应当知道的情况下，由于其已经付出了相应的对价且没有过错，根据公平原则，善意第三人的权利应当得到合理的保护。《条例》第 30 条规定：能够说明合法来源的软件受让方如果受让的是侵权复制品，仅仅是不承担赔偿责任，其他侵权责任必须承担。尽管理论上存在争议，但是现行《条例》规定明显是采用了过错责任推定原则，推断第三人侵权并且承担责任。必须要停止利用该侵权复制品，同时要将侵权复制品予以销毁。对于停止利用并且销毁侵权复制品将造成重大损失的，如果要求不停止利用或销毁侵权复制品的，作为善意第三人的软件受让方必须再向真正的软件著作权人支付合理的费用后方能够继续利用。该"合理费用"的数目一般可参照该软件非专有许可利用费标准来确定。

第五节　网络作品著作权

网络成为继出版、印刷等传统手段之后的一种新型的信息传播方式，网络传输的新特点对作品著作权的保护带来冲击，带来了著作权主体和内容的新变化。

一、网络作品和网络作品著作权

（一）网络作品

网络作品是指借助数字化技术产生并在网络上运行，拥有二进制数字编码形式的，具有原创性并能以某种形式复制的文学、艺术和科学智力创作成果。

网络作品包括作品的数字化和网上作品两类。作品的数字化实际上是将已有作品以数字代码形式固定在磁盘或光盘等有形载体上，改变的只是作品的表现和固定形式，对作品的"独创性"和"可复制性"不产生任何影响。因此，作品的表现形式应当理解为包括数字代码形式。随着数字技术的出现，文字、美术、摄影、音响、动画、电影电视等作品都可以依靠计算机技术进行储存，依靠数字传输技术进行传输，都可以具有二进制数字编码表达形式，并且都可以依靠数字技术实现原有形式与数字形式的相互转换。网上作品特指直接以数字形式在网上发行的作品。网上作品显然具有"独创性"，单一的网上作品按其所具有的文字、音乐或美术等属性分别主体于原作者。电子邮件、电子布告栏和新闻论坛上的信件、网上新闻资料库、电脑软件、照片、图片、动画、音乐等，都可能作为作品受到著作权法的保护。

（二）网络作品著作权

1. 概念

网络作品著作权是指著作权人对受著作权法保护的作品在网络环境下所享有的著作权权利，网络作品著作权保护的主体是作者和网络管理者，客体是在互联网络上传播、流通的，在文学、艺术和科学领域内具有独创性并能以某种有形形式复制的数字化形式的智力创作成果。

2. 特点

基于互联网传播的及时性、全球性、互动性和多媒体性等特征，传统著作权的专有性、地域性特征在网络环境中遇到挑战，网络作品著作权显现出与传统著作权相差较大的个性。

（1）表现形式的复杂性。传统的作品都有自己的表现形式，如文字作品，音乐作品，美术作品，影视作品等，但是随着"网络超文本结构"的出现，很多网络作品集合了不同类型的作品，如 MTV、FLASH 作品等，实践中很难将这些网络作品进行归类，网络作品表现形式的复杂性颠覆了传统的区分著作权类型的意义。

（2）开放性。传统著作权具有专有性，专有性是指他人未经权利人同意或者法律许可，不得使用和享有该项著作权。而网络对任何人都是无限制的，网络作品只要公开发布在网络上，如果不采取加密措施，任何用户都可以不经著作权人许可，随时随地对网络作品进行访问、复制、下载或转载，著作权人却难以了解自己作品的使用情况，更不用说控制作品的不合理使用了，这使得传统著作权的专有性被削弱了。

（3）无界性。传统著作权的另一个特点是地域性，地域性是指知识产权是依据某一个国家或地区的法律而产生的，一旦超出这个国家或地区的范围，有关的权利就不能再受到法律的保护。传统的著作权有一定的地域性，在不同的地域使用作品要分别获得许可，传统的著作权法也没有域外效力。而互联网具有无界性，人们可以轻而易举地将作品发布到任意一个国家或其他多个国家的网站上。因此发表在互联网上的网络作品，有时很难确定其发表国到底是哪一个国家，更难以确定发生纠纷后的法律适用和司法管辖问题，这使得传统著作权的地域性实际上已不复存在。网络作品著作权地域性的消失是"计算机网络的全球性与传统知识产权的地域性之间的总冲突"。

二、网络作品著作权的主体和内容

（一）网络作品的著作权主体

著作权的主体又称著作权人，是指依法就作品享有著作权的个人或法人。著作权的主体，既包括原始的著作权人，也包括继受的著作权人。《著作权法》第九条规定："著作权人包括：（1）作者；（2）其他依照本法享有著作权的公民、法人或者其他组织。"

1. 作者

创作作品的公民是作者。创作指直接产生文学、艺术和科学作品的智力活动。为他人创作进行组织工作，提供咨询意见、物质条件或者进行其他辅助活动，均不视为创作。严格来讲，能够进行创造性思维、创作作品的只能是自然人，但为了平衡创作作品的自然人和其所属组织的利益关系，在一定的条件下，依照法律的规定，法人或其他组织也可被视为作者。

作品数字化的过程并不产生新作品，网络作品的著作权仍归作品的作者享有；网络作品与传统作品作为著作权法保护的客体也并无区别，故《著作权法》第十条规定的著作权的各项权利内容，同样适用于网络作品的著作权。

2. 网站管理者

网站是指在互联网上，根据一定的规则，使用 HTML 等工具制作的用于展示特定内容的相关网页的集合。网站管理者一般是在某个网站负责撰写、编辑和发布信息，并对网站的内容、秩序进行管理的人。

网站管理者享有的著作权包括两个方面：第一，网站管理者对其网页的整体享有著作权。网页从文字、颜色到图形，都是以数字化形式加以特定的排列组合，而且网页也可以以有形式复制，如存储在电脑硬盘上，打印到纸张上，具有可传播性，是一种"具有独创性并能以某种有形形式复制的智力创作成果"。属于《著作权法》所保护的"作品"，而网站管理者则应视为作者。第二，网站管理者对其网站内容的整体享有著作权。对于大量来自传统媒体和网络上的信息，网站管理者必须根据需要对其进行分门别类，加以编辑，特别是对于传统媒体上的信息，还有个"数字化"的过程。根据《著作权法》第十四条和《著作权法实施条例》第 12 条规定，作为网站内容的编辑者，网站管理者对其网站的内容整体享有著作权，同时也必须承担相应的责任。

（二）网络作品著作权的新权利

传统著作权的权利内容仍然适用于网络环境下的作品，然而作品的数字化和网络传播的特殊性有对作品的保护提出了新的要求，为了平衡作者、网络传播者和公众的利益，各国著作权法和国际条约赋予了网络环境下著作权人的一些新权利。这些新权利主要包括信息网络传播权、技术措施权、权利管理信息权、扩张的复制权等。

1. 信息网络传播权

信息网络传播权，也称向公众传播权、网络传输权，即以有线或者无线方式向公众提供作品，使公众可以在其个人选定的时间和地点获得作品的权利。《世界知识产权组织版权条约》第 8 条规定："文学和艺术作品的作者应享有专有权，以授权将其作品以有线或无线方式向公众传播，包括将其作品向公众提供，使公众中的成员在其个人选定的地点和时间可获得这些作品。"2001 年我国修改著作权法时增加了著作权人享有信息网络传播权的规定，明确了网络信息传播权是与复制权、发行权、广播权等不同的一种新型权利。《信息网络传播权保护条例》第 2 条进一步规定："权利人享有的信息网络传播权受著作权法和本条例保护。除法律、行政法规另有规定的外，任何组织或者个人将他人的作品、表演、录音录像制品通过信息网络向公众提供，应当取得权利人许可，并支付报酬。"

2. 技术措施权

技术措施是指用于防止、限制未经权利人许可浏览、欣赏作品、表演、录音录像制品的或者通过信息网络向公众提供作品、表演、录音录像制品的有效技术、装置或者部件。网络中仅仅依靠法律本身很难充分保护著作权人的利益，技术措施是权利人为了保护自己的著作权或与著作权有关的权利而采取的一种私力救济方法，这种救济方法得到了法律的认可和保护。

《著作权法》第四十八条明确将未经著作权人或者与著作权有关的权利人许可，故意避开或者破坏权利人为其作品、录音录像制品等采取的保护著作权或者与著作权有关的权利的技术措施的行为视为侵权行为。《信息网络传播权保护条例》第 4 条规定："为了保护信息网络传播权，权利人可以采取技术措施。任何组织或者个人不得故意避开或者破坏技术措施，不得故意制造、进口或者向公众提供主要用于避开或者破坏技术措施的装置或者部件，不得故意为他人避开或者破坏技术措施提供技术服务。但是，法律、行政法规规定可以避开的除外。"鼓励建立和完善网络著作权的技术管理手段，实现对上传网络作品的信息进行数字水印，采取复制、下载等过程全程跟踪等技术保护，有效精准打击盗版等侵权行为。

3. 权利管理信息权

权利管理电子信息是指说明作品及其作者、表演及其表演者、录音录像制品及其制作者的信息，作品、表演、录音录像制品权利人的信息和使用条件的信息，以及表示上述信息的数字或者代码。权利管理电子信息主要包括关于作品本身的信息、关于作品著作权人的信息、关于使用作品的条件和期限的信息，以及识别或链接上述信息的数字或标记。权利管理电子信息对于权利人经济利益的实现非常重要，它不仅能够标示权利人，而且能够按预定条件许可用户使用，查找侵权行为，以及监控用户的作品使用行为。但权利管理电子信息在网络环境下很容易被他人伪造、篡改和消除，给权利人带来巨大损失，因此需要通过法律对权利人的权利管理信息进行保护。

4. 扩张的复制权

复制是指作品被固定下来，保持足够的稳定性，使之能直接或借助机器和装置被公众所观看、复制或向公众传播的行为。复制权，就是指著作权人享有的复制或许可他人复制其作品的权利。1971 年修改后的《保护文学艺术作品伯尔尼公约》（1992 年中国加入）对复制权做了最宽泛的界定，该公约第 9 条第 1 款规定："受本公约保护的文学艺术作品的作者，享有批准以任何方式和采取任何形式复制这些作品的专有权。"可见，不管复制是整体还是部分的，直接的还是间接的，暂时的还是永久的，都应该在著作权人的控制之下。

《著作权法》和《著作权法实施细则》将复制权定义为：以印刷、复印、拓印、录音、录像、翻录、翻拍等方式将作品制作一份或者多份的权利。该定义尽管没有明确将互联网上的复制行为纳入权利人的控制之下，但该定义对复制行为的认定采取的是具体列举和概括规定相结合的方式，除了上述列举的方式属于侵犯复制权的行为外，互联网上的复制也属于侵犯复制权的其他方式。

【案例 2 - 6】

"斗罗大陆"手游著作权侵权案

上海玄霆娱乐信息科技有限公司诉成都吉乾科技有限公司、四三九九网络股份有限公司侵害著作权纠纷案。《斗罗大陆》系唐家三少（张威）创作的奇幻小说。张威将该小说的游戏改编权独家授予上海玄霆娱乐信息科技有限公司（以下简称"玄霆公司"）。同时，张威还创作了《斗罗大陆外传：神界传说》。成都吉乾科技有限公司（以下简称"吉乾公司"）通过多次转授权获得《斗罗大陆：神界传说》的游戏改编权。后来，吉乾公司开发了新斗罗大陆（神界篇）游戏软件，并与四三九九网络股份有限公司（以下简称"四三九九公司"）签订了分成合作协议，协议载明游戏的著作权人是吉乾公司。玄霆公司认为，吉乾公司、四三九九公司未经许可，侵害了其对涉案《斗罗大陆》作品的改编权，遂诉至法院。一审、二审法院均认为，涉案游戏属于大型游戏，如对所有章节进行公证，玄霆公司需要支出巨大成本，无疑增加了权利人的举证难度和维权成本，有违公平、效率原则。电子游戏与小说是不同的作品表达方式，判断二者是否构成实质性相似时，不能仅以游戏使用小说文字数量的比重进行判断，应综合判断其是否使用了小说中独创性表达的人物、人物关系、技能、故事情节等元素，并考虑小说中独创性的内容在游戏中所占比重。在判断游戏所使用文字的比重时，可以对游戏资源库文件反编译，以辅助确定游戏是否使用了文字作品中具有独创性的内容。吉乾公司开发的游戏大量使用了

《斗罗大陆》小说中人物和魂兽名称、人物关系、技能和故事情节等元素，与涉案《斗罗大陆》小说构成实质性相似。吉乾公司未经玄霆公司许可开发涉案游戏，侵害了玄霆公司享有的改编权，故判决吉乾公司赔偿损失及合理费用共计 500 万元（江苏省高级人民法院〔2018〕苏民终 1164 号民事判决书）。

　　解析：本案涉及手机游戏侵犯文字作品改编权的认定问题。首次通过对游戏软件资源库反编译，提取其中的内容与文字作品的内容进行比对的方式，确定侵权游戏利用他人作品独创性内容的比重，提高了审判效率、拓宽了审理思路，是维护文化创意产业健康发展、妥善处理涉互联网著作权保护新问题的鲜活司法实践。

　　资料来源：2020 年江苏法院知识产权司法保护十大典型案例［EB/OL］. 澎湃网，2021-4-22.

三、网络作品的保护

（一）网络作品著作权保护的法律依据

　　《著作权法》对网络作品的保护无明文规定，《著作权法》第三条列举的八类受保护作品中也未包括网络作品，但《著作权法实施细则》第 2 条对受保护作品的含义做了解释，根据该条款，"著作权法所称作品，指文学，艺术和科学领域内具有独创性并能以某种有形形式复制的智力创作成果。"因此，网络作品能否受《著作权法》保护的关键在于其是否符合《著作权法实施细则》对"作品"所下的定义。网络作品尽管脱离有形载体，但其符合"能以某种有形形式复制"的要求，网络作品是《著作权法》保护的对象。

　　《民法典》细化了网络侵权责任的具体规定，完善版权权利人通知规则和网络服务提供者的转通知规则。网络用户利用网络服务实施侵权行为的，权利人有权通知网络服务提供者采取删除、屏蔽、断开链接等必要措施。通知应当包括构成侵权的初步证据及权利人的真实身份信息。网络服务提供者接到通知后，应当及时将该通知转送相关网络用户，并根据构成侵权的初步证据和服务类型采取必要措施；未及时采取必要措施的，对损害的扩大部分与该网络用户承担连带责任。《民法典》规定，网络用户接到转送的通知后，可以向网络服务提供者提交不存在侵权行为的声明。网络服务提供者接到声明后，应当将该声明转送发出通知的权利人。网络服务提供者知道或者应当知道网络用户利用其网络服务侵害他人民事权益，未采取必要措施的，与该网络用户承担连带责任。

为了适应电商环境下对网络作品保护的需要，《中华人民共和国电子商务法》第四十一条至四十五条规定了电子商务平台经营者应当建立知识产权保护规则，与知识产权权利人加强合作，依法保护知识产权。确立了知识产权权利人的保护措施，电子商务平台经营者、平台内经营者的责任。

最高人民法院通过司法解释形式明确了网络作品适用著作权保护，《关于审理涉及计算机网络作品著作权纠纷案件适用法律若干问题的解释》规定对著作权人的网络作品实行司法保护，第二条规定："受著作权法保护的作品，包括著作权法第三条规定的各类作品的数字化形式。在网络环境下无法归于著作权法第三条列举的作品范围，但在文学、艺术和科学领域内具有独创性并能以某种有形形式复制的其他智力创作成果，人民法院应当予以保护。"根据这一司法解释，作品的数字化形式和新的网络作品均受著作权法保护，任何媒体，不论是传统媒体，还是网络媒体，未经著作权人许可，在不符合法定许可的情况下，擅自复制、转载、传播他人作品的，均构成侵犯著作权，应依法承担法律责任。

（二）网络服务商的责任

网络服务商，泛指网络上的一切信息提供者和中介服务者。根据其提供服务内容的不同，可以将网络服务商分为网络内容服务商和网络服务提供商。对于网络服务提供商著作权侵权的认定大多数国家采用过错原则和过错推定原则相结合的做法，并通过"避风港原则"和"红旗原则"加以规范。

1. "避风港原则"

"避风港原则"是指在发生著作权侵权案件时，当 ISP（网络服务提供商）只提供空间服务，并不制作网页内容，如果 ISP 被告知侵权，则有删除的义务，否则就被视为侵权。如果侵权内容既不在 ISP 的服务器上存储，又没有被告知哪些内容应该删除，则 ISP 不承担侵权责任。后来避风港原则也被应用在搜索引擎、网络存储、在线图书馆等方面。

《中华人民共和国电子商务法》第四十二条规定"知识产权权利人认为其知识产权受到侵害的，有权通知电子商务平台经营者采取删除、屏蔽、断开链接、终止交易和服务等必要措施。通知应当包括构成侵权的初步证据。电子商务平台经营者接到通知后，应当及时采取必要措施，并将该通知转送平台内经营者；未及时采取必要措施的，对损害的扩大部分与平台内经营者承担连带责任。因通知错误造成平台内经营者损害的，依法承担民事责任。恶意发出错误通知，造成平台内经营者损失的，加倍承担赔偿责任"，完整规定了"避风港原则"的"通知和删除"规则，与《信息网络传播权保护条例》相比而言，从如下几方面进行了完善及补充：从立法层面将"避风港原则"的适用自信息网络传播权扩大至电子商务领域的知识产权侵权，为电子商务领域的知识产权保护适用"避风港原则"提供了直接的法律依据；进一步明确了平台经营者未采取必要措施的法律后果，即对损害扩大部分承担"连带责任"，与《中华人民共和国侵权责任法》第三十六条第二款的规定一致；规定了"错误通知"的民事责任，及"恶意通知"的加倍赔偿责任，规制了投诉方滥用"避风港原则"的情况。

《中华人民共和国电子商务法》第四十三条规定"平台内经营者接到转送的通知后，可以向电子商务平台经营者提交不存在侵权行为的声明。声明应当包括不存在侵权行为的初步证据。电子商务平台经营者接到声明后，应当将该声明转送发出通知的知识产权权利人，并告知其可以向有关主管部门投诉或者向人民法院起诉。电子商务平台经营者在转送声明到达知识产权权利人后十五日内，未收到权利人已经投诉或者起诉通知的，应当及时终止所采取的措施"，确立了"避风港原则"的反通知规则，明确了反通知情况下电商平台经营者的转送义务，并确定了权利人十五日内限期起诉或投诉，否则电商平台经营者有权及时终止删除措施的规定，同时，对于"通知和删除、反通知"情况下的争议解决设定了具体规则。

2. "红旗原则"

"红旗原则"是"避风港原则"的例外适用，是指如果侵犯信息网络传播权的事实是显而易见的，就像是红旗一样飘扬，网络服务商就不能装作看不见，或以不知道侵权的理由来推脱责任，如果在这样的情况下，不进行删除、屏蔽、断开连接等必要措施的话，尽管权利人没有发出过通知，我们也应该认定网络服务商知道第三方侵权。

《中华人民共和国电子商务法》第四十五条规定"电子商务平台经营者知道或者应当知道平台内经营者侵犯知识产权的，应当采取删除、屏蔽、断开链接、终止交易和服务等必要措施；未采取必要措施的，与侵权人承担连带责任"。

这一原则就强调起网络平台方的主动性，避免平台对于盗版现象出现消极的应对，甚至是默许。众所周知，作为现代网络信息平台，都希望别人有的我有，别人没有的我也有，这样才能吸引大量用户，像抖音、快手、微视等就是这样的关系，之前也出现了各种把抖音作品搬运到快手进行上传，或是快手视频被搬运到抖音上上传的诉争案件，后来经过整改之后情况才有了改善。

【案例 2–7】

于芬被判侵犯出租车司机著作权

于芬是著名跳水教练，李强是内蒙古出租车司机。李强以于芬未经许可在其博客上使用了自己的博客文章构成著作权侵权为由将于芬诉至北京市海淀区人民法院，要求其赔偿经济损失并公开致歉。法院一审审结确认被告于芬未经许可在其博客上使用原告李强博文的行为构成侵权，判决于芬停止侵权，赔礼道歉，并赔偿经济损失共计 1800 元。

据了解，李强著有《西方理念是科学，东方思想是宗教》（以下简称"《西》文"）一文，并于 2009 年 6 月 17 日在其博客"西北风的空间 – 搜狐博客"上发表，于芬多次访问原告李强博客，并对李强的《西》文进行评论。2009 年 8 月 2 日，于芬未经李强许可，亦未向其支付报酬，即在其博客"于芬的博客 – 搜狐博客"上的《如何突破难度与稳定的瓶颈，继续领跑世界跳坛》（以下简称"《如》文"）文章中使用了《西》文整段内容，且未以任何形式注明引文的作者和出处。李强认为，于芬的行为侵犯了其对《西》文依法享有的著作权。

于芬表示，李强不能证明其是涉案博客"西北风的空间 – 搜狐博客"的所有人西北风，也不能证明其就是《西》文的作者。另外，她认可《如》文中有引用《西》文字数只占全文字数的 10%，而且李强《西》文和她的《如》文只是发表在博客上。

解析：法院审理后认为，李强和于芬因在各自的博客上发表了博文，均受《中华人民共和国著作权法》的保护和规制。依照《著作权法》规定，使用他人作品的，应当取得著作权人的许可，向其支付报酬，并指明作者姓名、作品名称，而不论其是在纸质出版物抑或在网络博客上使用。被告于芬未经原告李强许可，亦未向其支付报酬，且未指明所引用部分的作者姓名和作品名称，即在其互联网博客空间上发表《如》文，侵犯了原告李强对《西》文享有的署名权和信息网络传播权。法院判决于芬停止在《如》中继续使用《西》文章内容，刊登致歉声明，并赔偿原告李强经济损失及维权费用 1800 元。

资料来源：于芬被判侵犯出租车司机著作权 [EB/OL]. 搜狐网，2010 – 8 – 12.

（三）网上搜索与链接的责任

搜索引擎是指自动从互联网搜集信息，经过一定整理以后，提供给用户进行查询的系统。链接是指使用超文本标志语言的标记指令，通过 URL（资源统一定位符）指向其他内容。网上搜索与链接都会涉及对他人作品的利用问题。网上搜索与链接的著作权侵权往往也适用过错责任原则，"避风港原则"及其例外的规定同样适合于对网上搜索与链接责任的认定，中国相关法规及司法解释对此已有规定。

《信息网络传播权保护条例》第23条规定："网络服务提供者为服务对象提供搜索或者链接服务，在接到权利人的通知书后，根据本条例规定断开与侵权的作品、表演、录音录像制品的链接的，不承担赔偿责任；但是，明知或者应知所链接的作品、表演、录音录像制品侵权的，应当承担共同侵权责任"。

《关于审理涉及网络环境下著作权纠纷案件若干问题的指导意见》第26条规定："根据《信息网络传播权保护条例》第23条的规定免除提供搜索、链接服务的网络服务提供者的损害赔偿责任的，应同时具备以下两个条件：一是提供搜索、链接服务的网络服务提供者对所链接的作品、表演、录音录像制品是否侵权不明知并且不应知；二是提供搜索、链接服务的网络服务提供者接到权利人的通知书后，根据本条例规定断开与侵权的作品、表演、录音录像制品的链接"。

《关于审理涉及网络环境下著作权纠纷案件若干问题的指导意见》第20条规定："提供搜索、链接、P2P（点对点）等服务的网络服务提供者按照自己的意志，在搜集、整理、分类的基础上，对被诉侵权的作品、表演、录音录像制品制作相应的分类、列表，网络服务提供者知道或者有理由知道被诉侵权作品、表演、录音录像制品构成侵权的，可以认定其有过错"。

【案例2–8】

网络作品著作权侵权案

软件开发商李某开发了一种网络音乐共享软件，授权互联网服务商甲公司在网上开设音乐共享平台，网民下载这款共享软件即可分享在自己计算机中存储的音乐作品。市民丙下载了该共享软件，并将在市场上购买的一款正版音乐光盘《天籁之音》中的全部音乐放在了共享文件夹中。丁是音乐爱好者，也是共享平台用户，通过共享软件搜索到存于丙计算机共享文件夹中的《天籁之音》音乐，于是下载到自己的电脑中。

某著作权集体管理组织在网上进行音乐著作权维权行动，发现了甲公司的音乐共享网站，查实丙提供共享的《天籁之音》光盘中收录了其三位会员的作品。该著作权集体管理组织向甲公司送达了符合法定条件的删除通知，甲公司不予理会。该著作权集体管理组织起诉李某、甲公司、市民丙三方侵犯了其会员著作权。据《著作权法》规定，问：（1）李某是否构成著作权侵权？（2）甲公司是否构成著作权侵权？（3）利用正版光盘的丙是否构成著作权侵权？

解析：（1）李某不构成侵权。李某授权甲公司在网站上利用该软件并非出于侵权目的，也没有实施具体的侵权行为，故不构成侵权。

（2）甲公司构成著作权侵权。据《信息网络传播权保护条例》著作权集体管理组织发出符合法律要求的删除通知，甲公司没有及时删除侵权内容，与丙构成共同侵权，应当承担共同侵权责任。

（3）丙利用正版光碟，在自己的计算机上欣赏音乐不构成侵权，但在互联网上与他人共享就构成了对著作权人复制权和获得报酬权的侵犯。

资料来源：作者编写而得。

四、数据库的保护

（一）数据库的含义及特征

数据库是指以系统或有序的方法编排的、并可通过电子或其他方式单独访问的独立作品、数据或其他材料的集合。传统条件下，百科全书、电话号码簿、节目预告表、价目表、交通时刻表、统计数据汇总等都是数据库的表现形式。随着网络数字化技术的发展，传统的数据库已经进步到了以数字化方式处理的电子数据库。现代数据库不仅数据的存储量增加、数据收集更加快捷，而且可以借助网络数字化的传播在网上自由流通，数据库成为计算机行业的一个专业术语。数据库基本含义是指为满足某一部门中多个用户多种应用的需要，按照一定的数据模型在计算机系统组织、存储和使用的互相联系的数据集合。数据库作为一个法律用语其基本含义没有实质改变，本书界定数据库概念参照 1996 年 3 月欧洲议会与欧洲联盟理事会发布的《关于数据库法律保护指令 96/9/EC》（以下简称"欧盟数据库指令"）第一条第二款规定。

数据库具有以下三个特征：

1. 集合性

数据库必须是由多个作品或其他信息材料构成的集合，可以集合文字作品、美术作品、音乐作品、视听作品等作品和文本、声音、图像、数字、数据等信息材料。数据库的构成要素不论其单独存在时是否具有价值以及价值高达，必须是独立的，数据库只是将这些独立的要素汇集在一起，并不改变这些要素本来的含义、存在形式及用途。

2. 有序性

数据库必须是一个有序的集合体。数据库是根据一定的目的和要求，按照一定的方式，经过系统的选择与编排形成的一个有机统一体。经过系统的编排，数据库的内容呈现出一定的顺序和结构，以便用户访问。

3. 可访问性

数据库中的每一个信息要素都可以通过电子手段或其他手段单独进行访问。

数据库的目的不仅是提供尽可能全的信息，更是为了使用户尽可能快捷地获取所需要的信息。大多数情况下，掌握数据库的所有信息是没有必要的，也是不可能的。

（二）数据库保护的必要性

信息已成为当今社会一种极其重要的无形财产，获取及时、准确、海量的信息是竞争获胜的关键。利用计算机和数字化压缩技术制作的数据库由于具备存储信息量大、检索快捷、使用方便、实用性强等特点，与传统的非电子数据库一起，成了当今信息社会中不可缺少的工具，包含着巨大的社会经济价值。数据库的开发、制作和维护需要投入大量的人力、物力和财力，然而数据库复制却极为容易，而且成本低廉，数据库面临着被他人任意复制、传播的危险。数据库的法律保护问题成为法律界继计算机程序法律保护之后面临的一个新课题。一方面，要充分保护数据库权利人的利益，防止非法的"模仿行为"和"搭便车现象"，鼓励权利人进行创作和投资的积极性，进而促进社会的进步；另一方面，又要维护社会公共利益，避免信息垄断，推动科学文化正常发展。

（三）数据库立法保护模式

1. 著作权法保护

中国与大多数国家一样，主要通过著作权法来保护数据库。尽管《著作权法》没有明确规定数据库的保护，但是根据立法精神和中国参加的国际公约或条约，中国将数据库作为汇编作品来保护。《著作权法》第十四条规定："汇编若干作品、作品的片段或者不构成作品的数据或者其他材料，对其内容的选择或者编排体现独创性的作品，为汇编作品，其著作权由汇编人享有，但行使著作权时，不得侵犯原作品的著作权。"《实施国际著作权条约的规定》第 8 条规定："外国作品是由不受保护的材料编辑而成，但是在材料的选取或者编排上有独创性的，依照著作权法第十四条的规定予以保护。此种保护不排斥他人利用同样的材料进行编辑。"

《著作权法》保护的数据库必须具备独创性的要求，包含两层含义：第一，数据库系制作者独立创作完成，而非剽窃之作；第二，数据库必须体现制作者的个性特征，属于智力劳动创作结果，即具有创作性。根据中国参加的相关国际条约或公约，"版权保护延及表达，而不延及思想、过程、操作方法或数学概念本身"，《著作权法》不对数据库的内容提供保护，在不涉及其他著作权的情况下，其他人可以直接利用数据库中的内容。

然而，依靠著作权法保护数据库存在两个大的缺陷。

（1）缺乏原创性的数据库不受著作权保护。

国际公约或条约都要求数据库必须在资料的选择或编排上表现出智力创作（原创性），才可以取得著作权，这一要求将很多数据库排除在著作权保护范围之外。有一些数据库把选择的自由给了用户，其最大的价值在于对数据搜集的完整，节省使用者的劳力和花费，但往往因为其对数据不加以选择、编排而不具原创性，很难依据著作权来保护此类数据库。即一个汇编收集的某类信息越是全面，那么它的选择性就越小，就越缺少原创性，越不可能获得著作权保护。电子数据库的内容存储在数字化媒介上的顺序是由驱动程序自动决定的，这种编排的技术性考虑多于创作性的考虑，很难满足原创性的要求。

（2）数据库的内容不受著作权保护。

著作权制度只保护作品的表达而不保护思想本身的原则同样适用于数据库，著作权的保护只涉及数据库的编排和结构，而不延及数据库的内容。《与贸易有关的知识产权协议》第10条第二款规定："不论是机读的还是其他形式的数据或其他材料的汇编，其内容的选择和安排如构成了智力创造即应作为智力创造加以保护。这种不得延及数据或材料本身的保护不应妨碍任何存在于数据或材料本身的版权。"著作权法不保护数据库的内容，而数据库中最有价值、最重要的部分恰恰是内容，这样如果其他人直接利用了数据库中的内容制作与其竞争的数据库，在先数据库制作人将毫无办法，其对数据库制作的投资积极性将严重受挫。

2. 数据库的特殊权利保护

数据库的著作权保护具有明显的弱保护性，为了解决著作权法保护数据库的不足，欧盟率先于推出了《关于数据库法律保护的指令》，在对数据库提供著作权保护的同时，建立"特殊权利保护措施"。著作权法只保护具有原创性的数据库的内容的选择与编排，而不保护数据库中的内容，数据库特殊权利保护正好相反，对数据库的选择与编排是否具有原创性在所不问，保护的恰恰是著作权法不提供保护的数据库的内容。根据《欧盟数据库指令》，只要是在内容的获得、检验、编排等方面进行了实质性投资的数据库都可以享有特殊权利保护。实质性投资包括在制作数据库的过程中付出的人力、技术、财力或其他资源的投资。

《欧盟数据库指令》赋予数据库制作者的特殊权利，是制止对数据库内容的全部或实质部分的提取权和反复利用权，而不论该数据库是否享有版权。所谓提取是指采取任何方法或以任何形式将数据库内容的全部或实质部分永久性或暂时转载到别的载体上，即数据库制作者有权禁止他人未经其许可"复制"数据库的全部或实质部分的内容，即使这些内容并无版权。所谓反复利用，是指通过销售拷贝、出租、联网或其他传输方式将数据库的全部或实质内容以任何一种形式提供给公众，但公共图书馆租借图书除外。

通过特殊权利保护数据库也存在不足，数据库特殊权利意味着，一旦数据库制作者把某些处于公有领域的信息汇编入数据库之后就对这些信息享有专有权利，这显然不公正。

3. 数据库的反不正当竞争权保护

反不正当竞争法是知识产权法律保护体系的组成部分，反不正当竞争法着眼于制止不同市场竞争主体之间的恶性竞争，保证各主体都以平等的法律条件参与市场竞争。由于各知识产权主体的法律权利最终往往以经济利益体现，而反正当竞争法可以弥补版权法的不足，保护数据库作者在对材料的收集、整理、编排等方面所作出的劳动和投资，所以反不正当竞争法往往成为知识产权主体的最现实选择，成为数据库法律保护的"终极武器"。

数据库有时可以看作为一种产品而不是作品，因此不管数据库的选择与编排是否具有原创性，数据库制作者可以使用反不正当竞争权来保护其产品。

本章练习题

一、单项选择题

1. 《著作权法》中，著作权与下列哪一概念相同？（　　）

A. 作者权　　　　　　　　　　　B. 版权

C. 出版权　　　　　　　　　　　D. 邻接权

2. 在无约定情形下，下列各项作品由法人或其他组织享有的情形是（　　）。

A. 专栏作家为所在杂志采编的人物专访

B. 软件设计人员利用单位物质技术条件开发的软件

C. 教师为完成教学任务编写的教案

D. 作家受某地文联委托创作的报告文学

3. 小刘显示出很高的文学天赋，九岁时写了小说《隐形翅膀》，并将该小说的网络传播权转让给某网站。小刘的父母反对该转让行为。下列说法正确的是（　　）。

A. 小刘父母享有该小说的著作权，因为小刘是无民事行为能力人

B. 小刘及其父母均不享有著作权，因为该小说未发表

C. 小刘对该小说享有著作权，但网络传播权转让合同无效

D. 小刘对该小说享有著作权，网络传播权转让合同有效

4. 王教授和李教授共同创作了一篇学术论文《试论法人否认制度》，该论文为不

可分割的作品，该论文 2014 年发表在一本国家核心期刊杂志上，王教授于 2017 年去世时既无继承人也无受遗赠人，则对此论文的著作权的归属判断正确的是（　　）。

A. 李教授和杂志社　　　　　　　B. 李教授

C. 李教授和国家　　　　　　　　D. 杂志社和国家

5. 甲、乙、丙组成课题组，创作了一个剧本。其中甲负责筹集经费，乙设计了人物特点、人物之间的关系、主要情节，丙具体撰写了剧本，则（　　）。

A. 剧本的作者是甲、乙、丙

B. 剧本的著作权人是甲、乙、丙

C. 剧本的作者是丙

D. 剧本的作者是乙、丙

6. 法国人在法国创作的一篇散文（　　）。

A. 必须在我国境内首先发表，才予以保护

B. 该散文若在法国发表，也予以保护，因为中国和法国都是《伯尔尼公约》成员国

C. 我国不应予以保护

D. 必须在我国办理登记手续，才予以保护

7. 甲、乙合作完成一部剧本，丙影视公司欲将该剧本拍摄成电视剧。甲以丙公司没有名气为由拒绝，乙独自与丙公司签订合同，以 100 万元价格将该剧本摄制权许可给丙公司。对此，下列说法错误的是（　　）。

A. 该剧本著作权由甲乙共同享有

B. 该剧本著作权中的人身权不可转让

C. 乙与丙公司签订的许可合同无效

D. 乙获得的 100 万元报酬应当合理分配给甲

8. 作家王某完成了一部反映我国航天工程师艰苦生活的纪实文学作品，编剧张某经王某同意将其改编为电影剧本，中央电视台电影频道制作中心经张某同意将其拍摄成电视电影，中央电视台社会与法制频道为制作神舟六号航天飞机的宣传节目，从该电视电影中取出若干片段，中央电视台应当（　　）。

A. 向作家王某支付报酬　　　　　B. 向编剧张某支付报酬

C. 向电视电影制片人支付报酬　　D. 向电视剧演员支付报酬

9. 以下行为中，属于侵犯保护作品完整权的是（　　）。

A. 张某未经著名女作家铁凝许可，将其小说《大浴女》改编成剧本

B. 李某篡改著名作家贾平凹《浮躁》小说内容的行为

C. 某夜总会的主持人将本来严肃庄重的毛泽东的作品《沁园春·雪》在其夜总会低俗取笑的环境和氛围中使用

D. 李某在错误理解的基础上，对张艺谋的电影作品《千里走单骑》进行了不适当的批评

10. 著作权的保护对象是（   ）。

A. 作品的思想内容　　　　　　B. 表达作品思想内容的具体形式

C. 技术方案　　　　　　　　　D. 文字作品

11. 画家齐某将其创作的《仕女图》卖给画店老板李某。后来齐某所在单位拟举办一次美术展览，齐某于是去找李某要画展览，李某恐怕画丢了，故不同意。齐某于是请其单位机关工作的同志去吓唬一下，李某一怒之下将该画撕毁，齐某于是状告李某侵犯其著作权。下列表述错误的是（   ）。

A. 齐某对该画享有著作权　　　B. 李某对该画享有所有权

C. 该画的展览权归齐某　　　　D. 李某不侵犯齐某的著作权

12. 谢某为某电视台的著名栏目主持人，曾与何某在大学期间谈恋爱。何某为了炫耀，将谢某写给自己署有真实姓名的求爱信在互联网上传播，给谢某造成了不良影响。关于何某侵犯的谢某的民事权利，下列选项正确的是（   ）。

A. 发表权　　　　　　　　　　B. 信息网络传播权

C. 荣誉权　　　　　　　　　　D. 隐私权

13. 陈枰经石钟山许可将其小说《父亲进城》改编为电视剧本《激情燃烧的岁月》，陈枰从石钟山处获得的是（   ）。

A. 翻译权　　　　　　　　　　B. 汇编权

C. 改编权　　　　　　　　　　D. 邻接权

14. 甲、乙共同创作完成一部小说，甲主张发表，乙不同意。乙死亡，有一继承人，后甲将该小说发表，依据《著作权法》的规定，下列说法错误的是（   ）。

A. 乙生前不同意发表该小说，甲无权发表

B. 发表该小说的稿费全部由甲获得

C. 该小说的著作权保护期应截止于甲死亡后第 50 年的 12 月 31 日

D. 甲不能剥夺乙的署名权

二、简答题

1. 著作权的概念和特征。

2. 著作权原始主体的判断。

3. 著作权的客体及其法律特征。

4. 不予以著作权法保护的作品。

5. 著作权法定许可的情形。

6. 邻接权的概念和内容。

7. 著作权的保护原则。

8. 计算机软件和计算机软件著作权的含义。

9. 软件著作权的内容。

10. 正常链接的侵权认定原则与判断。

三、案例分析题

案例一：创作思路是否受著作权法保护

某出版社准备出版一套高中化学学习指导丛书，聘请省重点中学孙老师撰写丛书稿。孙老师设计丛书整体结构，包括：重难点、试题篇、实验篇，并对主题及内容和体例作了概括性设计，后由于个人原因，孙老师没有撰写，与出版社终止合作。

出版社又找来从事化学教学多年的袁老师，并将孙老师设计的丛书结构和主题内容交给袁老师。袁老师按上述设计构思完成丛书撰写。丛书出版后，孙老师认为结构和主体都是自己向出版社提供的，认为出版社和袁老师侵犯了著作权，协商不成，向法院起诉，要求二被告停止侵权，赔偿损失 10 万元，并在丛书中署上孙老师名字。

出版社和袁老师认为孙老师仅提供创作思路，未实际参与丛书编写工作，不是丛书的作者，构思本身不受著作权法保护，要求法院驳回原告的诉讼请求。

根据上述资料，回答下列问题：

该案应如何处理？

案例二：作品侵权案

2017 年 11 月，李某创作一篇散文在 A 杂志上发表，好评如潮。一个月后，该篇散文被 B 报全文转载，B 报社随后以其转载稿费标准向李某支付了稿费。2018 年 3 月，张某将李某在 A 杂志上发表的散文收入自己主编的散文集《散文佳作欣赏》，由 C 出版社出版。D 网站于 2018 年 4 月将上述散文集全文上载。李某得知后向法院起诉张某、C 出版社、D 网站著作权侵犯。

根据上述资料，回答下列问题：

（1）B 报社是否侵犯了李某的著作权？

（2）张某、C 出版社是否侵犯了李某的著作权？

（3）D 网站是否侵犯了李某的著作权？

案例三：著作权侵权案

著名歌唱家郭颂传唱了《乌苏里船歌》40 年。郭颂在中央电视台与南宁市政府共同主办的"99 南宁国际民歌艺术节"开幕式上演唱《乌苏里船歌》后，主持人说："刚才郭颂老师演唱《乌苏里船歌》是一首创作歌曲，但我们一直以为它是赫哲族人的传统民歌。"

2003 年 2 月，黑龙江省饶河县四排赫哲族乡政府以《乌苏里船歌》是赫哲族民歌，赫哲族依法享有著作权，郭颂、中央电视台侵犯了著作权、伤害了赫哲族人的自尊心和民族感情为由，诉至法院，要求被告说明《乌苏里船歌》为赫哲族民歌，并赔礼道歉、赔偿经济损失 40 万元和精神损失 10 万元等。

两被告请求法院驳回原告诉讼请求。郭颂辩称：《乌苏里船歌》是其与胡小石、汪云才借鉴西洋音乐手法共同创作的作品。中央电视台辩称：原告没有证据证明有权代表赫哲族；播出节目中《乌苏里船歌》署名是尊重历史事实，晚会主持人并未侵犯原告著作权等。

根据上述资料，回答下列问题：

该案应如何处理？

案例四：著作权归属纠纷案

油画《毛主席去安源》创作并展出于 1967 年 6 月"毛泽东思想的光辉照亮了安源工人运动"展览会，展出后该画被中国革命博物馆作为一级馆藏品收藏。该画原件上没有任何署名。1968 年 7 月"两报一刊"刊发该画时署名"北京院校同学集体创作，刘春华执笔"。此后，出版该画复制品均采用该署名。刘春华于 1980 年 7 月向中国革命博物馆要回该画，并于 1995 年 7 月拍卖该画，以 550 万元价格卖给中国建设银行广东分行。创作与展出背景：郝国欣、李绍洲在该画创作时参与创意和构思讨论，为刘春华提供形象、背景云彩等素材；中国革命博物馆筹办了展览会，北京市革命委员会为展览会提供了部分经费。

根据上述资料，回答下列问题：

（1）本案著作权应当属于谁？

（2）该画的所有权应当属于谁？

案例五：著作权保护案

作者完成《科斯拉的救赎》一书，并委托某出版社出版，出版社在装订成册时，不幸装订间发生大火，出版社便将所有经过烟熏火烤的库存图书以废纸卖给被告，被告将图书当作旧书销售，作者以被告侵权为由起诉。

根据上述资料，回答下列问题：

本案被告是否侵权？

案例六：著作权合理使用案

汪曾祺是《受戒》著作权人，电影学院学生吴琼将其作品《受戒》改编为电影剧本，作为课堂作业上交学校，电影学院选定该剧本为毕业作品拍摄，并在电影学院小剧场放映两次，观众为学院教师及学生。同年 11 月，电影学院经有关部门批准携《受戒》参加法国朗格鲁瓦学生电影节。电影节上，影片放映两次，观众主要是参加电影节的各国教师及学生。电影节组委会曾对外公开销售过少量门票，故不排除当地观众。原告诉至法院。

原告诉称：著作权法规定的以教学为目的的合理使用仅限于课堂教学，使用方式仅限于少量复制或翻译。电影学院拍摄《受戒》、在学校内放映该影片、携带该片参加法国朗格鲁瓦电影节的行为，超出法律合理使用的规定，要求电影学院停止授权并赔偿损失。

电影学院辩称：电影学院以教学目的拍摄电影《受戒》及在校内放映属于合理使用。参加法国朗格鲁瓦学生电影节纯属学术活动，未出版发行，未超出合理使用范围，故不构成侵权。

根据上述资料，回答下列问题：

被告的行为是否属于合理使用？

案例七：链接侵权案

原告刘京胜是中国国际广播电台西班牙语翻译，被告是搜狐网站。刘京胜曾翻译塞万提斯名著《堂吉诃德》，上网通过搜狐提供的搜索引擎，有三个网站与其链接，可全文浏览《堂吉诃德》，刘京胜认为搜狐网站侵权，向北京第二中级人民法院起诉，明确要求被告断开与上载其翻译作品的网站的链接，赔偿侵权损失10万元。

被告搜狐辩称，搜狐网站只是与相关网站有链接，并未上载原告翻译作品，自己没有侵权，原告搜索时，实际是离开"搜狐"网站，"链接"和"登陆"是不同概念，法律未规定链接是侵权为由拒绝原告请求。庭审后，原告刘京胜表示愿意与被告和解，仅向被告提出象征性赔偿1元，表示诚意，被告没有作出积极回应。事后被告在一周后断开链接。

根据上述资料，回答下列问题：

本案是否应支持原告诉讼？

案例八：网页侵权案

原告创联公司，从事域名注册、虚报主机托管、域名解析业务，连续被中国互联网络信息中心授予域名注册全国优秀代理第一名。被告信诺立网络公司，经营业务与创联公司基本相同，但业务一直落后于创联。

原告创联公司称，公司在网页上将业务范围界定为：域名注册、网站寄存、内容策划、网站推广、电子商务，同时将自己虚报主机分为百姓级、宝石级和钻石级，在网页上表明自己技术可靠、战略伙伴联盟、优秀代理等，并在网页上标明域名、CNNIC和INTERNIC代理权、技术服务内容和联系方式等。

被告信诺立网站标明业务范围为域名注册、空间租用、网站设计、网站宣传、电子商务，将自己虚报主机分为宝信级、宝诺级和宝立级，网页上其他内容与创联公司相仿。

为此，原告认为信诺立网络侵权，要求承担赔偿责任。

根据上述资料，回答下列问题：

是否构成侵权？

案例九：数字化作品侵权案

原告得到作家周洁茹的许可，获得在全球范围内独家以互联网络、光盘等电子出版物形式使用周洁茹创作作品的权利。原告在获得许可后发现，被告汤姆公司在其开办的网站上登载了周洁茹两部小说集中的 26 篇作品，所登载的作品是由讯能公司提供。

两被告辩称：讯能公司受汤姆公司委托，与北京市今日视点文化事务发展中心签订合作合同，合作为汤姆公司开办的网站进行文学频道设计及制作。据合同约定，汤姆公司的网站与今日视点中心所属今日作家网的相关网页建立有链接。在得知原告起诉内容后，被告及时停止链接。

根据上述资料，回答下列问题：

被告是否构成侵权？为什么？

案例十：数字化作品侵权案

2018 年初，美国电影协会宣布，该协会六个电影制片公司已在上海起诉迅雷公司（下载服务商 P2P 点对点），要求迅雷赔偿 700 万人民币，同时公开承认盗版行为。

这六家电影制片公司认为，迅雷作为 P2P 服务商，帮助网民下载盗版电影，侵害电影版权。在诉状中，六家原告列出 32 部电影，包括《蝙蝠侠 3》《世界战争》《迈阿密风云》等。美国电影协会表示，一直在代表几大电影巨头打击网络电影盗版。该协会透露，2016 年以来，在中国结束了 42 宗反盗版官司，涉及135 项侵权行为，获 200 万元赔偿。

迅雷号称是全球最大的下载平台服务提供商，覆盖约 1 亿网民。迅雷被起诉传出后，引起了业界的广泛关注。许多专家认为，类似土豆、6 间房、优酷等网站都有大量的盗版电影存在，美国六大电影公司不对网上最大的盗版搜索来源——百度搜索引擎做文章，而单单选中迅雷，其用意深刻。

根据上述资料，回答下列问题：

（1）本案中原告美国电影协会能否获胜？

（2）原告美国电影协会为何不告盗版搜索引擎而起诉迅雷公司？

第三章

专利权

第三章
课件

发明专利权无效宣告请求行政纠纷案

　　上海智臻智能网络科技股份有限公司（以下简称"智臻公司"）是名称为"一种聊天机器人系统"的发明专利的权利人。该专利是实现用户通过即时通信平台或短信平台与聊天机器人对话，使用格式化的命令语句与机器人做互动游戏的专利。苹果电脑贸易（上海）有限公司（以下简称"苹果公司"）请求宣告该专利无效。国家知识产权局及一审法院均认为本领域技术人员根据其普通技术知识能够实现该专利利用聊天机器人系统的游戏服务器进行互动的游戏功能，符合专利法对充分公开的要求，故维持该专利有效。二审法院认为，根据该专利授权历史档案，智臻公司认可游戏服务器功能是该专利具备创造性的重要原因，该专利说明书对于游戏服务器与聊天机器人的其他部件如何连接完全没有记载，未充分公开如何实现该专利限定的游戏功能，据此判决撤销一审判决和被诉行政决定。智臻公司不服，向最高人民法院申请再审。最高人民法院认为，该专利中的游戏服务器特征不是该专利与现有技术的区别技术特征，对于涉及游戏服务器的技术方案可以不做详细描述。本领域普通技术人员根据该专利说明书的记载就可以实现相关技术内容，因此，该专利涉及游戏服务器的技术方案符合专利法关于充分公开的要求。最高人民法院遂提审后撤销二审判决，维持一审判决（最高人民法院〔2017〕最高法行再34号行政判决）。

　　解析：专利申请须充分公开专利内容，若没有充分公开发明创造，权利要求得不到说明书的支持，是可以依法申请宣告专利无效。本案再审判决明确了涉及计算机程序的专利说明书充分公开的判断标准，"以公开换保护"是专利制度的基本原则，判断作为专利申请的技术方案是否已经充分公开，不仅是人工智能领域专利审查和诉讼中的疑难问题，也直接决定了专利申请人能否对有关技术方案享有独占权。本案一审和二审均认为本领域技术人员根据其普通技术知识能够实现该专利利用聊天机器人系统的游戏服务器进行互动的游戏功能，符合专利法对充分公开的要求，充分保护了企业的自主创新成果，确保公共利益和激励创新兼得。

资料来源：作者编写而得。

第一节 专利权制度概述

一、专利权的概念和特征

（一）专利和专利权

专利一词从字面上是一种专有的能够给权利人带来利益的东西，现代意义上的专利，特指经过法定程序被授予专利权后的发明创造，即专利技术。

专利权是指发明人或合法受让人依照法律规定而取得对发明创造在法律规定的期限内享有的专有权。

在特定语境下，专利权和专利往往被理解为具有同一含义，但是两者在内涵上存在较大差异，专利权以专利为载体，专利权是一种法定的权利，而专利是权利的客体。专利权包括人身权利，如标记权；财产权利，如获得报酬权等。

（二）专利权的特征

1. 独占性

独占又称垄断，专利法授予专利权人在一定期限内对该发明创造享有实施垄断权，包括制造、使用、许诺销售、销售、进口该专利产品，以及使用其专利方法和使用、许诺销售、销售、进口依照该专利方法直接获得的产品。该权利是一种绝对权，制定专利法的目的是保护发明创造专利权，鼓励发明创造，基于此目的，除法律规定的情况外，未经专利权人许可，任何单位或个人不得实施其专利，即不得为生产经营目的制造、使用、许诺销售、销售、进口该专利产品，或者使用其专利方法以及使用、许诺销售、销售、进口依照该专利方法直接获得的产品。

2. 地域性

地域性是指在一国依法所取得的专利权，他国并不当然生效，还需要按照他国的专利法律另行申请才能获得专利权。专利法是国内法，具有地域性，仅对本国地域内具有法律约束力，专利权的获得是如此，其保护亦是如此。在没有缔结相互保护或共同参加专利保护国际公约的情况下，一国家没有义务保护其他国家所授予的专利权。

3. 时间性

时间性是指专利权仅在法律规定的保护期限内有效，专利权人在该法定的保护期内对该发明创造享有独占性的权利，任何人未经许可不得为生产经营目的而实施该专利。超过法定期限后，该发明创造专利即进入公共领域，任何人都可以无偿使用该技术而无须向经得原专利权人同意或支付任何费用。据《中华人民共和国专利法》第四十二条规定，发明专利权的期限为 20 年，实用新型专利权的期限为 10 年，外观设计专利权的期限为 15 年，均自申请日起计算。

二、专利立法

1984 年 3 月 12 日，第六届全国人民代表大会常务委员会第四次会议通过《中华人民共和国专利法》（以下简称《专利法》），根据 1992 年 9 月 4 日第七届全国人民代表大会常务委员会第二十七次会议《关于修改〈中华人民共和国专利法〉的决定》第一次修正，根据 2000 年 8 月 25 日第九届全国人民代表大会常务委员会第十七次会议《关于修改〈中华人民共和国专利法〉的决定》第二次修正，根据 2008 年 12 月 27 日第十一届全国人民代表大会常务委员会第六次会议《关于修改〈中华人民共和国专利法〉的决定》第三次修正。2020 年 10 月 17 日，第十三届全国人民代表大会常务委员会第二十二次会议通过修改《中华人民共和国专利法》的决定，自 2021 年 6 月 1 日起施行。

2001 年 6 月 15 日，中华人民共和国国务院令第 306 号公布《中华人民共和国专利法实施细则》，根据 2002 年 12 月 28 日《国务院关于修改〈中华人民共和国专利法实施细则〉的决定》第一次修订，根据 2010 年 1 月 9 日《国务院关于修改〈中华人民共和国专利法实施细则〉的决定》第二次修订。另有司法解释，如《最高人民法院关于审理专利纠纷案件适用法律问题的若干规定》。

专利法规定对申请专利的发明创造，经过审查和批准，授予专利权，同时把申请专利的发明创造的技术内容公之于世，使发明创造者享有独占实施该发明创造的权利，以此来保护发明创造者的利益，促进技术进步的管理制度。

第二节 专利权主体、客体和内容

一、专利权主体

专利权主体，也称专利权人，是指申请专利，享有专利申请权和专利权的组织和个人。专利权人不限于发明创造人，发明创造人所在的单位和一切合法的受让人都可以成为专利权的主体。

1. 发明人（设计人）

专利法所称发明人或者设计人，是指对发明创造的实质性特点作出创造性贡献的人。在完成发明创造过程中，只负责组织工作的人、为物质技术条件的利用提供方便的人或者从事其他辅助工作的人，不是发明人或者设计人。

发明人（设计人）的发明创造属于非职务发明创造的。《专利法》第六条第二款规定，非职务发明创造，申请专利的权利属于发明人或者设计人；申请被批准后，该发明人或者设计人为专利权人。

2. 发明人（设计人）所在单位

（1）职务发明的归属。

发明人（设计人）并非当然拥有专利申请权，若发明人（设计人）的发明创造构成职务发明，则专利申请主体是发明人（设计人）所在单位，专利申请成功后，所在单位为专利权人。

《专利法》第六条第一款规定，执行本单位的任务或者主要是利用本单位的物质技术条件所完成的发明创造为职务发明创造。职务发明创造申请专利的权利属于该单位，申请被批准后，该单位为专利权人。该单位可以依法处置其职务发明创造申请专利的权利和专利权，促进相关发明创造的实施和运用。

（2）职务发明的判断。

《专利法实施细则》第十二条对"执行本单位的任务或者主要是利用本单位的物质技术条件所完成的发明创造"作了具体解释。

所谓"执行本单位的任务所完成的职务发明创造"，是指：①在本职工作中作出的发明创造；②履行本单位交付的本职工作之外的任务所作出的发明创造；

③退休、调离原单位后或者劳动、人事关系终止后 1 年内作出的，与其在原单位承担的本职工作或者原单位分配的任务有关的发明创造。

所谓"利用本单位的物质技术条件"，是指利用本单位的资金、设备、零部件、原材料或者不对外公开的技术资料等。以上所称本单位，包括临时工作单位。《专利法》第六条第三款规定，利用本单位的物质技术条件所完成的发明创造，单位与发明人或者设计人订有合同，对申请专利的权利和专利权的归属作出约定的，从其约定。

（3）对职务发明人的激励。

为鼓励发明人（设计人）的职务发明行为，法律进行了一系列的制度安排，《专利法》第十五条规定："被授予专利权的单位应当对职务发明创造的发明人或者设计人给予奖励；发明创造专利实施后，根据其推广应用的范围和取得的经济效益，对发明人或者设计人给予合理的报酬。国家鼓励被授予专利权的单位实行产权激励，采取股权、期权、分红等方式，使发明人或者设计人合理分享创新收益。"

此外，各级政府出台的科技奖励政策，发明人（设计人）可以将自己完成的科技创新成果参与评奖，这是对发明人（设计人）的额外褒奖。

3. 共同发明人（设计人）

《专利法》第八条规定，两个以上单位或者个人合作完成的发明创造、一个单位或者个人接受其他单位或者个人委托所完成的发明创造，除另有协议的以外，申请专利的权利属于完成或者共同完成的单位或者个人；申请被批准后，申请的单位或者个人为专利权人。

实务中，共同发明包括合作共同发明和委托共同发明。两个以上单位或者个人合作完成的发明创造、一个单位或者个人接受其他单位或者个人委托所完成的发明创造，除另有协议的以外，申请专利的权利属于完成或者共同完成的单位或者个人；申请被批准后，申请的单位或者个人为专利权人。

4. 合法继受人

《专利法》第八条规定，专利申请权和专利权可以转让。由于专利权可以依法转让，专利权通过继承、赠与、合同许可、合同受让等合法方式在不同主体之间转移，继承人、受赠人、被许可人和受让人就可以合法的取得相应的专利权，成为广义上的专利权人。

中国单位或者个人向外国人、外国企业或者外国其他组织转让专利申请权或者专利权的，应当依照有关法律、行政法规的规定办理手续。转让专利申请权或者专利权的，当事人应当订立书面合同，并向国务院专利行政部门登记，由国务院专利行政部门予以公告。专利申请权或者专利权的转让自登记之日起生效。

【案例 3 – 1】

专利权主体案

许某曾任青山煤矿科技处工程师，负责坑道消烟除尘研究工作，2016 年 10 月调离单位。2017 年 5 月，许某利用工作中积累的资料，研究出"消烟除尘空气净化器"，经过某铜矿厂坑道中试验使用，效果极佳。2019 年 2 月，许某将净化器以个人的名义向国家知识产权局申请专利，2020 年 12 月 9 日，许某的专利获得批准并公告。

问：(1) 青山煤矿得知后，认为许某开发新技术是职务发明，是否成立？为什么？

(2) 某铜矿厂介入争议，提出：许工程师研制净化器时，在我矿试验，利用了我单位的设备和人力、物力，该专利技术应由铜矿厂和许某共有。许某辩称，净化器的构思在试验前早已独立成型，已形成完整体系，虽然在铜矿厂进行过实验，但利用的是报废的设备和非正常工作时间，且铜矿厂也未主动提供过任何帮助。铜矿要求共享专利权的主张是否成立？为什么？

解析：(1) 许某开发新技术是职务发明不能成立。专利权应归梁某，该发明为非职务发明，梁某享有专利申请权和专利权。本案涉及的发明创造既不是梁某在执行本单位任务时完成的，也不是主要利用本单位的物质技术条件所完成的。

(2) 主张不能成立。从实验条件看也是利用他单位的报废的设备和非正常工作时间完成的发明创造。因此，铜矿要求共享专利权的主张不能成立。

资料来源：作者编写而得。

二、专利权客体

专利权客体，也称专利法的保护对象，是指依照专利法授予专利权的发明创造。我国专利法保护的客体包括发明、实用新型和外观设计三种。

1. 发明

发明是指对产品、方法或者其改进所提出的新的技术方案。发明是一种技术方案，通常是自然科学领域的智力成果，但发明绝不是自然规律本身，而是发明人将自然规律在特定技术领域进行运用和结合的结果。发明包括产品发明、方法发明和改进发明三类。

(1) 产品发明。

产品发明是指发明人用所提供的解决特定问题的技术方案直接生产的新产品或者新物质。如电灯、电话、电脑、机器、设备、仪器仪表、新型材料、工具用具等的发明。产品发明取得专利权后，称为"产品专利"，产品专利只保护产品本身，不保护该产品的制造方法。

（2）方法发明。

方法发明是指为制造产品或者解决某个技术问题而采用的操作方法和技术过程。此处的"方法"，可以是化学方法、物理方法、通信方法、生物方法以及工艺规定的顺序所描述的方法，比如冶炼方法、印刷方法、培育方法、制作方法等。方法发明取得专利权后，称为"方法专利"。

（3）改进发明。

改进发明是对已有的产品发明或方法发明作出的具有实质性革新的技术方案。例如，爱迪生发明了白炽灯，通用电气公司通过给其充惰性气体的方法对白炽灯进行改进，大大地改善白炽灯的质量和使用寿命，就属于改进发明。改进发明与产品发明、方法发明的根本区别在于，改进发明并不是新的产品和方法的发明，发明没有从根本上突破原有产品或者方法的格局，但是这种改进发明对于技术的进步同样具有重要的作用，专利法上把改进发明也作为专利法保护的对象。

2. 实用新型

实用新型是指对产品的形状、构造或者其结合所提出的适于实用的新的技术方案。实用新型又称小发明，尽管其创造性要求没有发明专利要求高，但实用新型也体现出一定的技术思想，实用新型产品融入了一定的科技含量。与发明专利相比，除创造性水平不同外，实用新型专利的保护期较短、保护范围要窄、实用性要求更高、审批程序简单。只有具备一定形状和构造的有形产品才适于申请实用新型专利，因此方法发明不能申请实用新型专利，没有一定形状和构造的产品，如液体、气体、粉尘状的产品，也不能申请实用新型专利。

3. 外观设计

外观设计是指对产品的整体或者局部的形状、图案或者其结合以及色彩与形状、图案的结合所作出的富有美感并适于工业应用的新设计。例如，汽车的外观、钟表的形状、食品的形状等都可以作为外观设计申请。外观设计以产品为依托；以产品形状、图案和色彩等为构成要素，以视觉美感为目的，不追求实用功能；具备美感；适合于工业应用。它注重的是产品的美观与实用，不是一种技术方案。

【案例 3 - 2】

专利客体案

甲花农种植鲜花多年，在劳动过程中，他潜心研究液体花肥，最后终于研制出一种高效液体花肥。这种花肥不仅能促进花了生长，而且使花株常年开花。

甲向国家知识产权局提出了名为"高效液体花肥"的实用新型专利申请。乙电镀厂完成了一项"微裂纹烙电镀方法"的发明创造，使用这种方法可以降低成本，减少污染，增强性能。乙电镀厂打算就其发明创造向国家知识产权局提出实用新型专利申请。

问：两项发明分别能否申请实用新型专利？

解析："高效液体花肥"和"微裂纹烙电镀方法"都不能申请实用新型专利。实用新型是对产品的形状、结构及其结合所提出适于实用的改进。本案例所做一个是液体，一个是方法，不能申请实用新型专利。

资料来源：作者编写而得。

三、专利权的内容

专利权的内容从广义上理解即为专利权法律关系的内容，主要是指专利权人对其专利所享有的具体权利和承担的具体义务。

1. 专利权人的权利

（1）独占实施权。

专利权是一种专有权利，这种权利体现在对自己专利实施的自由和对他人实施其专利的禁止两方面。

专利权人有权自由实施其专利。专利权人有权对其专利产品依法享有进行制造、使用、销售、许诺销售的专有权利，对其专利方法依法享有专有使用权，对依照其专利方法直接获得的产品享有专有使用权和销售权。

专利权人有权禁止他人实施其专利。《专利法》第十一条规定，发明和实用新型专利权被授予后，除本法另有规定的以外，任何单位或者个人未经专利权人许可，都不得实施其专利，即不得为生产经营目的制造、使用、许诺销售、销售、进口其专利产品，或者使用其专利方法以及使用、许诺销售、销售、进口依照该专利方法直接获得的产品。外观设计专利权被授予后，任何单位或者个人未经专利权人许可，都不得实施其专利，即不得为生产经营目的制造、许诺销售、销售、进口其外观设计专利产品。

（2）转让权。

转让权是指专利权人将其获得的专利权转让给他人的权利，包括专利申请权和专利权的转让。中国单位或者个人向外国人、外国企业或者外国其他组织转让专利申请权或者专利权的，应当依照有关法律、行政法规的规定办理手续。转让专利申请权或者专利权的，当事人应当订立书面合同，并向国务院专利行政部门登记，由国务院专利行政部门予以公告。专利申请权或者专利权的转让自登记之日起生效。

（3）许可实施权。

许可实施权是指专利权人通过实施许可合同的方式，许可他人实施其专利并收取专利使用费的权利。任何单位或者个人实施他人专利的，应当与专利权人订立实施许可合同，向专利权人支付专利使用费，并且被许可人无权允许合同规定以外的任何单位或者个人实施该专利。专利申请权或者专利权的共有人对权利的行使有约定的，从其约定。没有约定的，共有人可以单独实施或者以普通许可方式许可他人实施该专利；许可他人实施该专利的，收取的使用费应当在共有人之间分配。专利权人与他人订立的专利实施许可合同，应当自合同生效之日起3个月内向国务院专利行政部门备案。

（4）标记权。

标记权是指专利权人有权决定是否在其专利产品或者该产品的包装上标明专利标识。在授予专利权之后的专利权有效期内，专利权人或者经专利权人同意享有专利号、专利标记标注权的专利实施许可合同的被许可人可以在其专利产品、依照专利方法直接获得的产品或者该产品的包装上标注专利标记和专利号。

我国专利标注方法有两种：第一是采用中文标注专利权的类别，例如中国发明专利、中国实用新型专利、中国外观设计专利；第二是使用国家知识产权局授予专利权的专利号，其中"ZL"表示"专利"，第一、第二位数字表示提交专利申请的年份，第三位数字表示专利类别，第四位以后的五位数为申请顺序号，小数点后面一位数是计算机校验码。除上述内容之外，标注者可以附加其他文字、图形标记，但附加的文字、图形标记及其标注方式不得误导公众。在专利类别上，数字1代表发明专利申请；数字2代表实用新型专利申请；数字3代表外观设计专利申请；数字8代表进入中国国家阶段的PCT发明专利申请；数字9代表进入中国国家阶段的PCT实用新型专利申请。例如，"一种保护电极基体耐高温熔体侵蚀的陶瓷涂层及其制备方法"（专利ZL21118423.5），即该专利是2021年申请的第18423件发明专利。

（5）请求保护权。

请求保护权是指专利权人认为其专利权受到侵犯时，有权向人民法院起诉或请求专利管理部门处理以保护其专利权的权利。未经专利权人许可，实施其专利，即侵犯其专利权，引起纠纷的，由当事人协商解决；不愿协商或者协商不成的，专利权人或者利害关系人可以向人民法院起诉，也可以请求管理专利工作的部门处理。管理专利工作的部门处理时，认定侵权行为成立的，可以责令侵权人立即停止侵权行为，当事人不服的，可以自收到处理通知之日起15日内依照《行政诉讼法》向人民法院起诉；侵权人期满不起诉又不停止侵权行为的，管理专利工作的部门可以申请人民法院强制执行。

（6）放弃权。

放弃权是指专利权人自动提前终止其专利权的权利。《专利法》第四十四条规定："有下列情形之一的，专利权在期限届满前终止：没有按照规定缴纳年费的；专利权人以书面声明放弃其专利权的。专利权在期限届满前终止的，由国务院专利行政部门登记和公告。"授予专利权当年以后的年费应当在上一年度期满前缴纳，专利权人未缴纳或者未缴足的，国务院专利行政部门应当通知专利权人自应当缴纳年费期满之日起 6 个月内补缴，同时缴纳滞纳金；滞纳金的金额按照每超过规定的缴费时间 1 个月，加收当年全额年费的 5% 计算；期满未缴纳的，专利权自应当缴纳年费期满之日起终止。以书面形式声明放弃专利权的行为在以前并不多见，但随着新专利法的实施，一项发明创造只能获得一项专利，将一项发明创造同时申请两个以上种类专利的，权利人面临着对专利类型的取舍，声明放弃专利的情况将会普遍存在。

（7）质押权。

质押权是指专利权人可以将其专利权作为质物以担保其债务履行的权利。根据《中华人民共和国民法典》，权利可以质押作为债的担保形式，由此专利权人享有将其专利权中的财产权进行出质的权利。在实践中，我国有些地方已经开展了专利权质押的先河，这充分说明知识产权是一种重要的资产形式的观念越来越得到社会的认可。

2. 专利权人的义务

依据《专利法》和相关国际条约的规定，专利权人应履行的义务包括：

（1）按规定缴纳专利年费。

专利年费，又叫专利维持费，专利权人发明创造获得专利权后，应缴纳年费，这是世界各国专利制度的普遍做法，这种做法在欧洲中世纪英国国王授予专利特许权时就已经存在。缴纳年费是专利权人的义务，专利权人不履行该义务，其专利权将终止。专利权人应当自被授予专利权的当年开始交纳年费，而且专利年费数额每年均会有增加。申请人或者专利权人缴纳费用有困难的，可以按照规定向国务院专利行政部门提出减缴或者缓缴的请求，减缴或者缓缴的办法由国务院财政部门会同国务院价格管理部门、国务院专利行政部门规定。

（2）保证充分公开专利内容。

公开专利内容是专利制度的重要基础，也是促进人类科技进步的重要举措。专利权人应当依照专利法的要求在说明书中将发明或设计的内容详细、清楚、确切地加以阐明，以使同行业的技术人员能够理解和实施，这是专利权人应当尽的一项义务。我国专利法规定，对不充分公开发明创造内容的专利，其他人有权提请专利复审委员会宣告该专利为无效。

（3）充分实施专利。

促进发明创造的推广应用与社会发展是国家授予发明创造专利权的目的之一，如果专利权人取得专利权后便将其发明创造束之高阁，不付诸实施，而任何第三人又不能自由地将这样的发明创造付诸实施，那么就可能会出现由专利权人垄断其发明创造，使国家授予专利权的目的无法实现，这对于社会的发展和科技的进步是极为不利的，法律规定强制许可制度，以防止垄断和保障发明创造的推广运用。

第三节　专利权的取得

一、取得专利权的条件

（一）发明、实用新型取得专利权的条件

1. 新颖性

（1）新颖性的含义。

新颖性是指该发明或者实用新型不属于现有技术；也没有任何单位或者个人就同样的发明或者实用新型在申请日以前向国务院专利行政部门提出过申请，并记载在申请日以后公布的专利申请文件或者公告的专利文件中。现有技术是指申请日以前在国内外为公众所知的技术。我国现行专利法采取的是绝对新颖性标准，又称世界新颖性，发明创造内容如果在世界范围内被公开公用，或者以其他方式为公众所知，则丧失新颖性。

（2）不丧失新颖性的例外。

为切实保障发明创造人的利益，鼓励创新，我国法律规定了不丧失新颖性的例外情形。根据《专利法》第二十四条，申请专利的发明创造在申请日之前六个月内，有下列情形之一的，不丧失新颖性：（一）在国家出现紧急状态或者非常情况时，为公共利益目的首次公开的；（二）在中国政府主办或者承认的国际展览会上首次展出的；（三）在规定的学术会议或者技术会议上首次发表的；（四）他人未经申请人同意而泄露其内容的。

中国政府主办的国际展览会，包括国务院或者国务院各部门主办或者国务院批准由其他机关或者地方政府举办的国际展览会；中国政府承认的国际展览会，

是指国际展览会公约规定的在国际展览局注册或者由其认可的国际展览会；规定的学术会议或者技术会议，是指国务院有关主管部门或者全国性学术团体组织召开的学术会议或者技术会议。

（3）主张不丧失新颖性的附随义务。

申请专利的发明创造有上述第（三）或者第（三）项所列情形的，申请人应当在提出专利申请时声明，并自申请日起2个月内提交有关国际展览会或者学术会议、技术会议的组织单位出具的有关发明创造已经展出或者发表，以及展出或者发表日期的证明文件。申请专利的发明创造有上述第（四）项所列情形的，国务院专利行政部门认为必要时，可以要求申请人在指定期限内提交证明文件。申请人未依照规定提出声明和提交证明文件的，或者未依照规定在指定期限内提交证明文件的，其申请不适用《专利法》第二十四条的规定。

2. 创造性

创造性是指与现有技术相比，该发明具有突出的实质性特点和显著的进步，该实用新型具有实质性特点和进步。在创造性条件上，发明专利和实用新型专利要求不同，实用新型专利只需具备一定的技术特点和一定的进步意义就够了，不要求具有"突出的"实质性特点和"显著的"进步。

3. 实用性

实用性是指该发明或者实用新型能够制造或者使用，并且能够产生积极效果。实用性包含了两方面的要求：一是可实施性，即在现有的技术背景下，该专利产品能够生产制造，该专利方法能够在工农业生产中使用；二是积极性，这是专利在社会效果方面的要求，即发明创造要对社会发展具有正面影响，如提高了劳动生产率、节约了成本和资源、减少了环境污染等都是实用性的表现。

（二）外观设计取得专利权的条件

1. 新颖性

新颖性是指授予专利权的外观设计，应当不属于现有设计；也没有任何单位或者个人就同样的外观设计在申请日以前向国务院专利行政部门提出过申请，并记载在申请日以后公告的专利文件中。现有设计是指申请日以前在国内外为公众所知的设计。外观设计专利的新颖性同样具有时间标准和绝对标准（世界新颖）的特点。

2. 创造性

创造性是指授予专利权的外观设计与现有设计或者现有设计特征的组合相比，应当具有明显区别。创造性要求申请专利的外观设计与现有的设计不仅不"相同"，也不得"相近似"。判断两个外观设计是否近似，应比较使用外观设计的同类的两个产品，看他们从整体上是否相似，对于近似的外观设计不能授予专利权。

3. 合法性

合法性是指授予专利权的外观设计不得与他人在申请日以前已经取得的合法权利相冲突。外观设计专利权的获取以尊重他人合法权利为前提，如他人的图画、作品、广告用语、商标、产品装潢、字号等权利都不得侵犯。外观设计专利申请人未经权利人许可，擅自使用他人享有著作权的作品和专属于他人的标识，将不会被授予外观设计专利，外观设计专利已被授予专利，他人可以侵犯其在先权利为由申请撤销。

（三）授予专利权的例外

授予专利的发明创造必须具备以上"三性"，但具备以上"三性"的发明创造并不当然都可以申请专利，基于各种原因，现代各国一般在专利法中规定了一些不受专利法保护的例外。我国《专利法》第五条和第二十五条列举了不授予专利权的情形。其中，第五条规定，对违反法律、社会公德或者妨害公共利益的发明创造，不授予专利权。第二十五条规定，对下列各项，不授予专利权：科学发现；智力活动的规则和方法；疾病的诊断和治疗方法；动物和植物品种；原子核变换方法以及用原子核变换方法获得的物质；对平面印刷品的图案、色彩或者二者的结合作出的主要起标识作用的设计。

1. 科学发现

科学发现是指通过观察、研究、试验或推理，对客观世界本身及其特性、规律、现象，以明确的方式得出的前人未知的认识。科学发现只是对物质世界前所未知而又客观存在的规律、性质、现象的发现，尚无法直接运用到工业生产中去，作为科学发现的原理或理论并不能通过工业方法制造出来，因此不能被授予专利权。科学发现对人类科技进步的贡献，与发明相比并不逊色，甚至更为深远，比如爱因斯坦发现的相对论，对科学发现的法律保护在 20 世纪初期引起人们的注意，现代很多国家将科学发现作为一种独立的知识产权客体加以保护。我国《民法通则》将发现权作为知识产权之一，在第九十七条第一款规定："公民对自己的发现享有发现权。发现人有权申请领取发现证书、奖金或者其他奖励。"1999 年国务院颁布《国家科学技术奖励条例》，其中规定了对科学发现的奖励，发现人享有获得证书的确认和保护的权利，包括人身权和财产权（领取奖金或实物）两项。

2. 智力活动的规则和方法

智力活动的规则和方法是以指导人们对信息进行思维、识别、判断和记忆的规则和方法。例如，游戏方法、体育竞赛方法、计算方法、教学方法、生产管理方法等都属于智力活动的规则和方法。由于智力活动的规则和方法没有采用技术手段或者利用自然法则，未解决技术问题和产生技术效果，不能通过工业方法实施，也无法在工业上使用，所以世界各国通常不授予专利权。

3. 疾病的诊断和治疗方法

疾病的诊断和治疗方法是指以有生命的人体或者动物体为直接实施对象，进行识别、确定或消除病因或病灶的过程。由于疾病的诊断和治疗方法关系到人们的生命和健康，而且它直接以人和动物为对象，不具备工业实用性，因此它不能授予专利权。但是，用于实施疾病诊断和治疗的仪器或装置，以及在疾病诊断和治疗中使用的物质或材料属于可被授予专利权的客体。

4. 动物和植物品种

动物和植物是有生命的物体，动植物品种的发明主要取决于气候、土壤、经纬度和阳光等作用，没有重复性，因此不认为其是发明创造，故不授予专利权。目前世界上只有美国等个别国家才规定对无性繁殖而成的植物品种（不包括块茎繁殖的植物或野生植物）授予专利权。动物和植物品种可以通过专利法以外的其他法律保护，例如，植物新品种可以通过《植物新品种保护条例》给予保护。动物和植物品种不受专利法保护，但这并不妨碍动物和植物品种的生产方法的可专利性。

5. 原子核变换方法及用原子核变换方法获得的物质

用原子核变换方法获得的物质是指由核裂变或核聚变的方法获得的元素或化合物。原子核变换方法关系到国家的经济、国防、科研和公共生活的重大利益，不宜为单位或私人垄断，因此不能被授予专利权。

6. 对平面印刷品的图案、色彩或者二者的结合作出的主要起标识作用的设计

专利法将主要起标识作用的平面设计排斥在专利权保护的客体之外，一方面是为了保证我国专利申请的质量，减少专利行政审批的压力，另一方面是因为这些主要起标识作用的设计可以通过其他途径进行保护，例如反不正当竞争法和商标法可以切实保护该类平面设计，因此不需要通过授予专利权方式来保护。

7. 违反法律、社会公德或者妨害公共利益的发明创造，不授予专利权

授予专利权的发明创造必须具有良好的社会效果，违反法律、社会公德和妨害公共利益的发明创造与专利的实用性要求不一致，所以不能授予专利权。例如，用于赌博的设备、机器或工具；吸毒的器具；制造假钞票、假有价证券的方法或机器；带有暴力凶杀或者淫秽的图片或者照片的外观设计；对人身和环境有重大危害的发明创造等就不能授予专利权。《与贸易有关的知识产权协议》也作出了类似的规定。该协议第 27 条第二款规定："各成员可不授予下述发明专利

权，如果在其境内阻止对这些发明的商业性利用对维护公共秩序或道德，包括保护人类、动物或植物的生命或健康或避免严重损害环境是必要的，只要此举并不仅仅因为这种利用为其法律所禁止。"

8. 违反法律、行政法规的规定获取或者利用遗传资源，并依赖该遗传资源完成的发明创造

遗传资源是指取自人体、动物、植物或者微生物等含有遗传功能单位并具有实际或者潜在价值的材料。依赖遗传资源完成的发明创造，是指利用了遗传资源的遗传功能完成的发明创造。随着生物和遗传科技的飞速发展，遗传资源在生物技术、制药、农业和食品加工、环保工程等领域被广泛利用，成为一个国家可持续发展的重要战略资源。自20世纪90年代以来，拥有经济和技术优势的发达国家，对来自发展中国家的遗传资源进行开发利用，并在很多国家尤其是遗传资源原产地国家申请专利，从而大规模占领市场，获得利润。一些非法或不当攫取遗传资源的行为被称为"生物海盗"行为。1992年《生物多样性公约》确立了"国家主权、事先知情同意和惠益分享"三项基本原则，即各国对其本国的遗传资源享有主权，对遗传资源的获取应得到其所有者的事先知情同意，并使用收益方面达成协议。

为了维护国家利益，充分行使我国参加的国际公约赋予的权利，我国《专利法》第二十六条中规定：依赖遗传资源完成的发明创造，申请人应当在专利申请文件中说明该遗传资源的直接来源和原始来源；申请人无法说明原始来源的，应当陈述理由。我国《专利法》增加了依赖遗传资源完成的发明创造申请专利时的信息披露义务，如果发明创造人有非法获取和利用遗传资源的行为，则不被授予专利权。

【案例 3 - 3】

专利申请案

2019年1月，教师A利用业余时间研制出一种"节能打火机"，该产品的特点是：节省能源、质量稳定、寿命较长。2019年3月A被派往省外大校学术交流，在省外大学的一场报告会上，A详尽的介绍"节能打火机"的原理和方案，受到师生的欢迎。2019年4月，A向国家知识产权局提出专利申请。

甲科学研究院经过多年研究，2019年2月，完成"回收饮食玻璃包装物的清洁消毒方法"研究，该方法的技术特征是：对回收的饮食玻璃包装物退火处理，最高退火温度为650摄氏度，此方法比现在用碱水浸泡、净水冲洗的传统处理方法，具有生产效率高、清洁消毒彻底、节约能源、减少污染、回收玻璃包装物使用率高等优点。2019 年 3 月，广州举办"防止环境污染产品的国际展览会"，甲科学研究院在展览会上展示了这一发明创造成果，受到国内外专家一致好评。2019 年 8 月，甲科学研究院向知识产权局提出发明专利申请。

问：（1）教师 A、甲科学研究院的发明创造分别是否具有新颖性？

（2）丧失新颖性的例外有哪些情形？

解析：（1）教师 A 不具有新颖性；甲科学研究院具有新颖性。新颖性，是指该发明或实用新型不属于现有技术；也没有任何单位或者个人就同样的发明或实用新型在申请日以前向向国务院专利行政部门提出过申请，并记载在申请日以后公布的专利申请文件或者公告的专利文件中。

（2）根据《专利法》第二十四条，申请专利的发明创造在申请日之前六个月内，有下列情形之一的，不丧失新颖性：（一）在国家出现紧急状态或者非常情况时，为公共利益目的首次公开的；（二）在中国政府主办或者承认的国际展览会上首次展出的；（三）在规定的学术会议或者技术会议上首次发表的；（四）他人未经申请人同意而泄露其内容的。

资料来源：作者编写而得。

二、专利权授予原则

（一）单一性原则

单一性原则包含专利申请单一性和专利权项单一性。

1. 专利申请单一性

专利申请单一性原则，又称"一发明一申请"原则，是指一件发明或者实用新型专利申请应当限于一项发明或者实用新型，一件外观设计专利申请应当限于一种产品所使用的一项外观设计。但属于一个总的发明构思的两项以上的发明或者实用新型，可以作为一件申请提出；同一产品两项以上的相似外观设计，或者用于同一类别并且成套出售或者使用的产品的两项以上外观设计，可以作为一件申请提出。可以作为一件专利申请提出的属于一个总的发明构思的两项以上的发明或者实用新型，应当在技术上相互关联，包含一个或者多个相同或者相应的特定技术特征，其中特定技术特征是指每一项发明或实用新型作为整体，对现有技术做出贡献的技术特征。同一类别并且成套出售或者使用的产品的两项以上外观设计，是指各产品属于分类表中同一大类，习惯上同时出售或者同时使用，而且各产品的外观设计具有相同的设计构思。

2. 专利权项单一性

所谓专利权项单一性原则，是指一项发明创造只能授予一项专利权，并且只能授予一种类型的专利权。两个以上的申请人分别就同样的发明创造申请专利的，就世界范围而言，要么将专利权授予最先申请的人，要么授予给最先使用的人，除共有专利以外，不可能分别授予两个以上的主体。一项创造性成果可以申请不同类型的专利，但最终只可能获得发明专利、实用新型专利、外观设计专利中的一种类型。

《专利法》第九条规定："同样的发明创造只能授予一项专利权。但是，同一申请人同日对同样的发明创造既申请实用新型专利又申请发明专利，先获得的实用新型专利权尚未终止，且申请人声明放弃该实用新型专利权的，可以授予发明专利权。"在已经授予实用新型专利权的情形下，发明专利申请经审查没有发现驳回理由，国务院专利行政部门应当通知申请人在规定期限内声明放弃实用新型专利权。申请人声明放弃的，国务院专利行政部门应当作出授予发明专利权的决定，并在公告授予发明专利权时一并公告申请人放弃实用新型专利权声明，实用新型专利权自公告授予发明专利权之日起终止。申请人不同意放弃的，国务院专利行政部门应当驳回该发明专利申请；申请人期满未答复的，视为撤回该发明专利申请。

（二）先申请原则

先发明原则和先申请原则是确定专利权人的两种不同原则。先发明原则是指两个以上的申请人分别就同样的发明申请专利时，不论谁先提出专利申请，专利权授予最先完成发明的申请人。先申请原则是指两个以上的申请人分别就同样的发明申请专利时，不管是谁最先完成的发明，专利权授予最先提出专利申请的申请人。世界上绝大多数国家都采用先申请原则，只有美国和菲律宾少数国家采用先发明原则。

我国采用先申请原则。我国《专利法》第八条明确规定："两个以上单位或者个人合作完成的发明创造、一个单位或者个人接受其他单位或者个人委托所完成的发明创造，除另有协议的以外，申请专利的权利属于完成或者共同完成的单位或者个人；申请被批准后，申请的单位或者个人为专利权人。"现实中也存在两个以上的申请人同日（指申请日；有优先权的，指优先权日）就同样的发明创造申请专利的特殊情况，此时由两个以上的申请人在收到国务院专利行政部门的通知后自行协商确定申请人，否则将面临都不授予专利权的风险。发明创造人要慎重考虑专利申请的时机，我国的单位或者个人完成发明创造后，应当及时提出专利申请，否则就有可能被他人抢先申请而失去取得专利权的机会。《专利法》第九条规定："同样的发明创造只能授予一项专利权。但是，同一申请人同日对同样的发明创造既申请实用新型专利又申请发明专利，先获得的实用新型专利权尚未终止，且申请人声明放弃该实用新型专利权的，可以授予发明专利权。两个以上的申请人分别就同样的发明创造申请专利的，专利权授予最先申请的人。"

（三）优先权原则

1. 优先权概念

优先权原则是《保护工业产权巴黎公约》中确定的原则，其目的在于排除在其他国家抄袭此专利者，有抢先提出申请，取得注册之可能。专利申请人就其发明创造第一次在某国提出专利申请后，在法定期限内，又就相同主题的发明创造提出专利申请的，根据有关法律规定，其在后申请以第一次专利申请的日期（优先权日）作为其申请日，专利申请人依法享有的这种权利，就是优先权。

2. 优先权种类

我国《专利法》规定了国际优先权和国内优先权。

（1）国际优先权。

国际优先权，又称"外国优先权"，是指专利申请人就同一发明或者实用新型在外国第一次提出专利申请之日起12个月内，或者就同一外观设计在外国第一次提出专利申请之日起6个月内，又在中国提出专利申请的，依照该外国同中国签订的协议或者共同参加的国际条约，或者依照相互承认优先权的原则，可以享有优先权，即以其在外国第一次提出专利申请之日（优先权日）为申请日。

（2）国内优先权。

国内优先权，又称为"本国优先权"，是指请人自发明或者实用新型在中国第一次提出专利申请之日起12个月内，又向国务院专利行政部门就相同主题提出专利申请的，可以享有优先权，即以其在中国第一次提出专利申请日为其后专利申请日。在我国国内优先权制度中不包括外观设计专利。申请人在一件专利申请中，可以要求一项或者多项优先权；要求多项优先权的，该申请的优先权期限从最早的优先权日起计算。

3. 优先权的行使

优先权的行使须具备一定的条件，并且要符合程序要求。我国《专利法》第三十条规定："申请人要求优先权的，应当在申请的时候提出书面声明，并且在三个月内提交第一次提出的专利申请文件的副本；未提出书面声明或者逾期未提交专利申请文件副本的，视为未要求优先权。"要求外国优先权的，申请人提交的在先申请文件副本应当经原受理机构证明。依照国务院专利行政部门与该受理机构签订的协议，国务院专利行政部门通过电子交换等途径获得在先申请文件副本的，视为申请人提交了经该受理机构证明的在先申请文件副本。要求本国优先权，申请人在请求书中写明在先申请的申请日和申请号的，视为提交了在先申请文件副本。

在中国没有经常居所或者营业所的申请人，申请专利或者要求外国优先权的，国务院专利行政部门认为必要时，可以要求其提供下列文件：申请人是个人的，其国籍证明；申请人是企业或者其他组织的，其注册的国家或者地区的证明文件；申请人的所属国，承认中国单位和个人可以按照该国国民的同等条件，在该国享有专利权、优先权和其他与专利有关的权利的证明文件。

【案例 3 – 4】

专利申请案

日本 A&G 公司于 2020 年 9 月 10 日向国家知识产权局提交了一份名为"节水马桶"的发明专利申请，该发明已于 2020 年 4 月 13 日以相同主题的内容向美国提出专利申请，并在向中国国家知识产权局提交该专利申请的同时，提交了要求优先权书面声明，同时，该公司向国家知识产权局提交第一次在美国提出的专利申请文件的副本。

2020 年 7 月，中国某大学研究所成功研制出"节水马桶"，2020 年 7 月 22 日，该研究所向国家知识产权局提交了关于这项发明的专利申请。国家知识产权局在审查了 A&G 公司和中国某大学研究所的专利申请文件后，最终将发明专利权授予 A&G 公司。

解析：A&G 公司享有专利申请优先权。A&G 第一次向美国提出专利申请是 2020 年 4 月 13 日，2017 年 9 月 10 日（12 个月以内）又以相同主体在中国提出发明专利申请，同时提交了要求优先权的书面声明，并提交了专利申请文件副本，因此应以 2020 年 4 月 13 日为 A&G 公司在中国申请专利的日期。中国某大学研究所的相同专利申请时间是 2020 年 7 月 22 日，根据先申请原则，国家知识产权局应将该项专利权授予 A&G 公司。

资料来源：作者编写而得。

三、专利权授予程序

在三类专利的审批程序中，发明专利遵循的是"早期公开，延迟审查"制度，审批过程较为烦琐，审查更为严格，审批周期也较长。实用新型专利权和外观设计专利权实行形式审查，授权程序相对简单。

（一）发明专利权授予程序

1. 发明专利申请

（1）申请主体。

我国的单位和个人可以申请中国专利和外国专利，也可以根据中华人民共和国参加的有关国际条约提出专利国际申请。任何单位或者个人将在中国完成的发明或者实用新型向外国申请专利的，应当事先报经国务院专利行政部门进行保密审查。对违反规定直接向外国申请专利的发明或者实用新型，在中国申请专利的，不授予专利权。在中国没有经常居所或者营业所的外国人、外国企业或者外国其他组织在中国申请专利的，依照其所属国同中国签订的协议或者共同参加的国际条约，或者依照互惠原则，根据我国法律办理。

（2）申请形式。

专利申请以书面为原则，但随着电子政务的发展，专利申请也可以电子等形式提出。以书面形式申请专利的，应当向国务院专利行政部门提交申请文件一式两份。以国务院专利行政部门规定的其他形式申请专利的，应当符合规定的要求。

（3）申请途径。

中国单位或者个人在国内申请专利和办理其他专利事务的，可以自行办理，也可以委托依法设立的专利代理机构办理。申请人委托专利代理机构向国务院专利行政部门申请专利和办理其他专利事务的，应当同时提交委托书，写明委托权限。在中国没有经常居所或者营业所的外国人、外国企业或者外国其他组织在中国申请专利和办理其他专利事务的，应当委托依法设立的专利代理机构办理。

专利申请文件可以直接送达，也可以邮寄的方式送达。国务院专利行政部门收到专利申请文件之日为申请日。如果申请文件是邮寄的，以寄出的邮戳日为申请日。申请人可以在被授予专利权之前随时撤回其专利申请。

（4）申请文件。

申请发明专利的，应当提交请求书、说明书及其摘要和权利要求书等文件。请求书应当写明发明或者实用新型的名称，发明人的姓名，申请人姓名或者名称、地址，以及其他事项。说明书应当对发明或者实用新型作出清楚、完整的说明，以所属技术领域的技术人员能够实现为准；必要的时候，应当有附图。摘要应当简要说明发明或者实用新型的技术要点。权利要求书应当以说明书为依据，清楚、简要地限定要求专利保护的范围。申请人可以对其专利申请文件进行修改，但是，对发明专利申请文件的修改不得超出原说明书和权利要求书记载的范围。发明专利已经在外国提出过申请的，国务院专利行政部门可以要求申请人在指定期限内提交该国为审查其申请进行检索的资料或者审查结果的资料；无正当理由逾期不提交的，该申请即被视为撤回。

2. 发明专利审查

（1）审查机关。

专利受理和审查机关有三个，即国家知识产权局、国务院国防科学技术工业主管部门、中国人民解放军原总装备部。国家知识产权局是国务院专利行政主管机关，国务院国防科学技术工业主管部门和中国人民解放军总装备部属于国防专利机构。专利申请一般应向国家知识产权局提出，国防专利则要向另两个机构提出。根据现有分工，国务院国防科学技术工业主管部门和中国人民解放军原总装备部分别负责地方系统和军队系统的国防专利管理工作。

专利申请涉及国防利益需要保密的，由国防专利机构受理并进行审查；国务院专利行政部门受理的专利申请涉及国防利益需要保密的，应当及时移交国防专利机构进行审查。经国防专利机构审查没有发现驳回理由的，由国务院专利行政部门作出授予国防专利权的决定。国务院专利行政部门认为其受理的发明或者实用新型专利申请涉及国防利益以外的国家安全或者重大利益需要保密的，应当及时作出按照保密专利申请处理的决定，并通知申请人。保密专利申请的审查、复审以及保密专利权无效宣告的特殊程序，由国务院专利行政部门规定。

（2）初步审查。

初步审查即形式审查，主要是对申请人的主体资格审查和申请文件的形式审查。国务院专利行政部门收到发明专利申请后，经初步审查认为符合本法要求的，自申请日起满十八个月，即行公布。国务院专利行政部门可以根据申请人的请求早日公布其申请。申请人请求早日公布其发明专利申请的，应当向国务院专利行政部门声明。国务院专利行政部门对该申请进行初步审查后，除予以驳回的外，应当立即将申请予以公布。在公告阶段，任何人均可以提出对专利申请的异议。

（3）实质审查。

实质审查侧重于专利授予条件的审查，具体审查申请的发明专利是否满足新颖性、创造性和实用性的要求。

实质审查程序通常由申请人主动提起，在特定情况下也可由国家知识产权局自行决定进行。《专利法》第三十五条规定："发明专利申请自申请日起三年内，国务院专利行政部门可以根据申请人随时提出的请求，对其申请进行实质审查；申请人无正当理由逾期不请求实质审查的，该申请即被视为撤回。国务院专利行政部门认为必要的时候，可以自行对发明专利申请进行实质审查。"

发明专利的申请人请求实质审查的时候，应当提交在申请日前与其发明有关的参考资料。发明专利已经在外国提出过申请的，国务院专利行政部门可以要求申请人在指定期限内提交该国为审查其申请进行检索的资料或者审查结果的资料；无正当理由逾期不提交的，该申请即被视为撤回。发明专利申请人在提出实质审查请求时以及在收到国务院专利行政部门发出的发明专利申请进入实质审查阶段通知书之日起的 3 个月内，可以对发明专利申请主动提出修改。

自发明专利申请公布之日起至公告授予专利权之日止，任何人均可以对不符合专利法规定的专利申请向国务院专利行政部门提出意见，并说明理由。发明专利申请经申请人陈述意见或者进行修改后，国务院专利行政部门仍然认为不符合本法规定的，应当予以驳回。

3. 发明专利授权

发明专利申请经实质审查没有发现驳回理由的，由国务院专利行政部门作出授予发明专利权的决定，发给发明专利证书，同时予以登记和公告。发明专利权自公告之日起生效。保密专利申请经审查没有发现驳回理由的，国务院专利行政部门应当作出授予保密专利权的决定，颁发保密专利证书，登记保密专利权的有关事项。国务院专利行政部门发出授予专利权的通知后，申请人应当自收到通知之日起 2 个月内办理登记手续。申请人按期办理登记手续的，国务院专利行政部门应当授予专利权，颁发专利证书，并予以公告。期满未办理登记手续的，视为放弃取得专利权的权利。

自国务院专利行政部门公告授予专利权之日起，任何单位或者个人认为该专利权的授予不符合本法有关规定的，可以请求专利复审委员会宣告该专利权无效。专利复审委员会对宣告专利权无效的请求应当及时审查和作出决定，并通知请求人和专利权人。宣告专利权无效的决定，由国务院专利行政部门登记和公告。

4. 发明专利复审

专利复审在性质上属于行政复议，既是专利申请人权利救济的一种方式，也是对国务院专利行政部门具体行政行为的监督。

国务院专利行政部门设立专利复审委员会。专利申请人对国务院专利行政部门驳回申请的决定不服的，可以自收到通知之日起三个月内，向专利复审委员会请求复审。专利复审委员会复审后，作出决定，并通知专利申请人。专利申请人对专利复审委员会的复审决定不服的，可以自收到通知之日起三个月内向人民法院起诉。

自国务院专利行政部门公告授予专利权之日起，任何单位或者个人认为该专利权的授予不符合专利法有关规定的，可以请求专利复审委员会宣告该专利权无效。对专利复审委员会宣告专利权无效或者维持专利权的决定不服的，可以自收到通知之日起三个月内向人民法院起诉。人民法院应当通知无效宣告请求程序的对方当事人作为第三人参加诉讼。复审请求人在专利复审委员会作出决定前，可以撤回其复审请求。复审请求人在专利复审委员会作出决定前撤回其复审请求的，复审程序终止。

（二）实用新型和外观设计专利权授予程序

1. 提出申请

在专利申请的主体资格要求、申请的形式和申请的途径上三种类型的专利申请都是相同的，发明和实用新型专利申请文件要求也基本是一样的，只有外观设计专利申请时需提交的文件有所不同。根据《专利法》第二十七条的规定，申请外观设计专利的，应当提交请求书、该外观设计的图片或者照片以及对该外观设计的简要说明等文件。申请人提交的有关图片或者照片应当清楚地显示要求专利保护的产品的外观设计。申请人写明使用外观设计的产品及其所属类别的，应当使用国务院专利行政部门公布的外观设计产品分类表。未写明使用外观设计的产品所属类别或者所写的类别不确切的，国务院专利行政部门可以予以补充或者修改。实用新型或者外观设计专利申请人自申请日起 2 个月内，可以对实用新型或者外观设计专利申请主动提出修改，但是，对实用新型专利申请文件的修改不得超出原说明书和权利要求书记载的范围，对外观设计专利申请文件的修改不得超出原图片或者照片表示的范围。

2. 审查并授予专利

实用新型和外观设计专利申请经初步审查没有发现驳回理由的，由国务院专利行政部门作出授予实用新型专利权或者外观设计专利权的决定，发给相应的专利证书，同时予以登记和公告。实用新型专利权和外观设计专利权自公告之日起生效。

自国务院专利行政部门公告授予专利权之日起，任何单位或者个人认为该专利权的授予不符合本法有关规定的，可以请求专利复审委员会宣告该专利权无效。专利复审委员会对宣告专利权无效的请求应当及时审查和作出决定，并通知请求人和专利权人。宣告专利权无效的决定，由国务院专利行政部门登记和公告。

3. 异议复审

同发明专利授权程序一样，对驳回实用新型和外观设计专利申请不服的，对作出维持专利权和宣告专利权无效的决定不服的，申请人或者利害关系人可以自收到通知之日起三个月内向专利复审委员会请求复审。对专利复审委员会的复审决定不服的，申请人或者利害关系人可以自收到通知之日起三个月内向人民法院起诉。

第四节　专利权的使用许可与转让

一、专利权的使用许可

实施专利是专利权人的权利，专利权人不仅可以自己实施专利，也可以合同方式许可他人实施其专利。为了防止技术垄断或特殊情况下为了公共利益的需要，我国专利法还规定了计划许可实施和强制许可实施制度，这从一定意义上讲也是对专利权人权利的一种限制。

（一）合同许可实施

合同许可实施是指专利权人以合同方式允许他人实施其专利，并取得相应报酬的制度。

1. 合同许可的法律要求

合同许可实施要依法进行，主要有两方面的要求。第一，书面形式。当事人应当以书面形式订立专利许可合同，订立专利许可合同可以使用国家知识产权局监制的合同文本，采用其他合同文本的，应当符合有关法律规定。第二，及时备案。当事人应当自专利许可合同生效之日起 3 个月内办理备案手续，当事人凭专利合同备案证明办理外汇、海关知识产权备案等相关手续。国家知识产权局负责全国专利实施许可合同的备案工作，经国家知识产权局授权，各省、自治区、直辖市管理专利工作的部门负责本行政区域内专利合同的备案工作。经过备案的专利合同的许可性质、范围、时间、许可使用费的数额等，可以作为人民法院、管理专利工作的部门进行调解或确定侵权纠纷赔偿数额时的参照。

2. 合同许可的种类

按照被许可人取得实施权的范围和权限，可以将专利实施许可分为独占实施许可、排他实施许可和普通实施许可。独占实施许可，简称独占许可，指在一定的时间和有效地域范围内，被许可人享有独占的实施权，专利权人不得向其他人许可实施该专利，而且专利权人本人也不得实施该专利。排他实施许可，简称排他许可或独家许可，即指在一定的时间和有效地域范围内，专利权人仅许可被许可人实施该专利权，不得许可其他人实施该专利，但专利权人本人可以实施该专利。普通实施许可，亦称普通许可，指在一定的时间和有效地域范围内，专利权人在许可被许可人实施该专利权的同时，还可以许可其他人实施该专利，专利权人本人也可以实施该专利。

（二）计划许可实施

《专利法》第四十九条规定："国有企业事业单位的发明专利，对国家利益或者公共利益具有重大意义的，国务院有关主管部门和省、自治区、直辖市人民政府报经国务院批准，可以决定在批准的范围内推广应用，允许指定的单位实施，由实施单位按照国家规定向专利权人支付使用费。"此条规定的许可实施即为"计划许可实施"，法律对专利权主体、专利的类型、许可的条件、实施的范围等作了严格的限制，只有在符合上述要求的情况下，为了国家利益或公共利益才可以批准他人实施。

（三）强制许可实施

1. 概念

强制许可实施，是指国务院专利行政部门可以不经专利权人的同意，通过行政申请程序直接允许申请者实施发明专利或者实用新型专利，并向其颁发实施有关专利的强制许可。

最早实施专利强制许可制度的是发达国家，从 1950 年开始，美国、英国、加拿大等国签发许多专利的强制许可，专利强制许可机制后来被引入世界贸易组织《与贸易有关的知识产权协议》。现在，各国专利法都包括强制许可的规定。我国《专利法》第六章和《专利法实施细则》第五章就专利强制许可作了一些具体规定。强制许可实施通常是为了公共利益和防止技术垄断，而且强制许可的实施主要为了供应国内市场。

2. 强制许可的情形

（1）防止专利权滥用的强制许可。

《专利法》第五十三条的规定，有下列情形之一的，国务院专利行政部门根据具备实施条件的单位或者个人的申请，可以给予实施发明专利或者实用新型专利的强制许可：

① 专利权人自专利权被授予之日起满三年，且自提出专利申请之日起满四年，无正当理由未实施或者未充分实施其专利的；

② 专利权人行使专利权的行为被依法认定为垄断行为，为消除或者减少该行为对竞争产生的不利影响的。

未充分实施其专利，是指专利权人及其被许可人实施其专利的方式或者规模不能满足国内对专利产品或者专利方法的需求。申请强制许可的单位或者个人应当提供证据，证明其以合理的条件请求专利权人许可其实施专利，但未能在合理的时间内获得许可。

（2）在国家出现紧急状态时的强制许可。

《专利法》第五十四条规定："在国家出现紧急状态或者非常情况时，或者为了公共利益的目的，国务院专利行政部门可以给予实施发明专利或者实用新型专利的强制许可。"国家出现紧急状态或者紧急情况，一般是指发生战争、社会动乱、自然灾害以及经济发生严重危机等情况。专利权虽然是专利权人依法享有的专有权，但在特殊情况下专利权人的利益应当服从于国家和民族的利益。

（3）药品专利的强制许可。

专利制度可以激励新药投资与研发，但有时药品专利（尤其是涉及公共健康的药品专利）的权利人行使排他权，可能会限制竞争进而影响新药上市，并可能导致药品价格居高不下，因此在涉及公共健康的药品专利领域，充分发挥专利强制许可制度的作用非常重要。2001年11月4日问世的《TRIPS协议与公共健康多哈宣言》规定，TRIPS协议"可以并且应当以支持WTO成员方行使保护公共健康，尤其是促进人人获得药物的权利的方式，进行解释和执行"。

为了有利于人类的公共健康，《专利法》第五十五条规定："为了公共健康目的，对取得专利权的药品，国务院专利行政部门可以给予制造并将其出口到符合中华人民共和国参加的有关国际条约规定的国家或者地区的强制许可。"专利法实施细则进一步指明，取得专利权的药品是指解决公共健康问题所需的医药领域中的任何专利产品或者依照专利方法直接获得的产品，包括取得专利权的制造该产品所需的活性成分以及使用该产品所需的诊断用品。

（4）从属专利的强制许可。

从属专利的强制许可，又称"交叉许可"，是指根据专利之间相互依存的关系，采取的一种有利于科学技术发展的强制许可制度。有时前一项专利与后一项专利是相互依存的，为了保障前后两个专利都能够得到实施，专利法规定了从属专利的强制许可制度。《专利法》第五十六条规定："一项取得专利权的发明或者实用新型比前已经取得专利权的发明或者实用新型具有显著经济意义的重大技术进步，其实施又有赖于前一发明或者实用新型的实施的，国务院专利行政部门根据后一专利权人的申请，可以给予实施前一发明或者实用新型的强制许可。在依照前款规定给予实施强制许可的情形下，国务院专利行政部门根据前一专利权人的申请，也可以给予实施后一发明或者实用新型的强制许可。"

3. 强制许可中应注意的事项

（1）取得实施强制许可的单位或者个人不享有独占的实施权，并且无权允许他人实施。

（2）取得实施强制许可的单位或者个人应当付给专利权人合理的使用费，

或者依照中华人民共和国参加的有关国际条约的规定处理使用费问题。

付给使用费的，其数额由双方协商；双方不能达成协议的，由国务院专利行政部门裁决。专利权人对国务院专利行政部门关于实施强制许可的决定不服的，专利权人和取得实施强制许可的单位或者个人对国务院专利行政部门关于实施强制许可的使用费的裁决不服的，可以自收到通知之日起三个月内向人民法院起诉。国务院专利行政部门作出的给予实施强制许可的决定，应当及时通知专利权人，并予以登记和公告。已生效的给予强制许可的决定应当在专利登记簿上登记，并在国家知识产权局专利公报、政府网站和中国知识产权报上予以公告。给予实施强制许可的决定，应当根据强制许可的理由规定实施的范围和时间。强制许可的理由消除并不再发生时，国务院专利行政部门应当根据专利权人的请求，经审查后作出终止实施强制许可的决定。

（3）强制许可仅限于发明和实用新型，不包括外观设计。

二、专利权的转让

（一）专利转让的含义

专利转让是指专利权人将自己发明创造的专利所有权内容转让给受让方，并由受让方支付等同对价，从而使受让方成为新的专利权人。

专利权是国家依法授予的一种排他性权利，也是在专利权有效期内的技术垄断权，未经专利权人许可，任何单位和个人均无权使用其专利，但是，专利权可以转让。

（二）专利转让合同

专利权转让时，让与人与受让人应签订书面的转让合同。《民法典》第八百四十五条第三款规定"技术合同涉及专利的，应当注明发明创造的名称、专利申请人和专利权人、申请日期、申请号、专利号以及专利权的有效期限"。根据《民法典》第八百四十五条第一款规定，专利权转让合同除应具备的内容外，还应具备以下条款：

（1）项目的名称；
（2）标的的内容；
（3）范围和要求；
（4）履行的计划、地点和方式；
（5）技术信息和资料的保密；

（6）技术成果的归属和收益的分配办法；

（7）验收标准和方法；

（8）名词和术语的解释。

依据《民法典》第八百四十五条第二款规定，与履行合同有关的技术背景资料、可行性论证和技术评价报告、项目任务书和计划书、技术标准、技术规范、原始设计和工艺文件，以及其他技术文档，按照当事人的约定可以作为合同的组成部分。

（三）专利转让程序

1. 签署专利权转让合同

专利转让人和受让人就转让方式、价格、时限等内容上取得一致，签署专利权转让合同，合同明确好双方权利义务。

专利权转让合同当事人的义务：（1）转让人的义务。转让人应当将专利权在合同约定的期限内移交受让人所有或者持有。在移交专利权时，转让人应当将有关的技术情报和资料提供给受让人，以使受让人能够及时准确地掌握该专利技术，有效地实施其专利权。转让人还应当保证其专利权的真实性和有效性，即要求转让人必须具有转让该项专利权的权利。（2）受让人的义务。受让人的法定义务是在合同约定的期限内向转让人支付约定的价款。

2. 专利转让审核

首先将文件递交给专利管理机关，文件递交是专利转让流程中重要部分，双方需要准备好专利转让需要的文件，交专利管理机关审核，审核通过后才能专利转让，未经知识产权局登记和公告的专利权转让合同不受法律保护；专利管理机关一般会在2～6个月内发专利转让合格通知书，并且可在国家知识产权局专利库中查询变更结果。

第五节　专利权的保护

一、专利权的保护范围

（一）专利法规定的专利权保护范围

专利权的保护范围是指发明、实用新型和外观设计专利权的法律效力所及的范围。专利权的保护范围由法律明确规定，这是划清专利侵权与非侵权的界限，不仅有利于依法充分保护专利权人的合法权益，也避免了不适当地扩大专利保护的范围，损害专利权人以外的社会公众的利益。《专利法》第六十四条规定："发明或者实用新型专利权的保护范围以其权利要求的内容为准，说明书及附图可以用于解释权利要求的内容。外观设计专利权的保护范围以表示在图片或者照片中的该产品的外观设计为准，简要说明可以用于解释图片或者照片所表示的该产品的外观设计。"

（二）专利实务中判断专利权保护范围的基本原则

在判断专利侵权的实务中，"禁止反悔原则"和"等同原则"是人民法院在确定专利权保护范围时应当遵循的两条基本原则。

1. 禁止反悔原则

"禁止反悔原则"是指专利权人在专利申请文件中或申请人与知识产权局之间的来往信函中，已经确认为已有技术或明确表示放弃请求的保护技术内容，在以后的指控第三人侵权时不得反悔。禁止反悔原则是国际上的通行原则，它是民法中的诚实信用原则在专利法中的体现。

2. 等同原则

"等同原则"是指以基本相同的手段，实现基本相同的功能，达到基本相同的效果，并且所属领域的技术人员在侵权行为发生时通过阅读说明书、附图和权利要求书，无须经过创造性劳动就能够联想到的特征，这种情况下，应当认定被控侵权物（产品或方法）落入了专利权的保护范围。确立等同原则的目的在于防止侵权人采用显然等同的要件和步骤，取代专利权利要求书中的技术特征，从而逃避在字面上直接与专利权利要求中记载的技术特征相同，以达到逃避侵权责任的目的。

二、专利侵权行为及其法律责任

（一）专利侵权行为

专利侵权行为是指在专利权有效期限内，行为人未经专利权人许可又无法律依据，以营利为目的实施他人专利的行为。根据我国专利法相关规定，专利侵权行为体现在以下两方面：

1. 实施他人专利的行为

专利权人对其专利享有独占实施权，并有权禁止他人未经许可而实施其专利。未经许可实施他人专利的，都构成对他人专利权的侵犯。发明和实用新型专利权被授予后，除专利法另有规定的以外，任何单位或者个人未经专利权人许可，都不得实施其专利，即不得为生产经营目的制造、使用、许诺销售、销售、进口其专利产品，或者使用其专利方法以及使用、许诺销售、销售、进口依照该专利方法直接获得的产品。外观设计专利权被授予后，任何单位或者个人未经专利权人许可，都不得实施其专利，即不得为生产经营目的制造、许诺销售、销售、进口其外观设计专利产品。

专利侵权纠纷涉及新产品制造方法的发明专利的，制造同样产品的单位或者个人应当提供其产品制造方法不同于专利方法的证明。专利侵权纠纷涉及实用新型专利或者外观设计专利的，人民法院或者管理专利工作的部门可以要求专利权人或者利害关系人出具由国务院专利行政部门对相关实用新型或者外观设计进行检索、分析和评价后作出的专利权评价报告，作为审理、处理专利侵权纠纷的证据。

在专利侵权纠纷中，被控侵权人有证据证明其实施的技术或者设计属于现有技术或者现有设计的，不构成侵犯专利权。为生产经营目的使用、许诺销售或者销售不知道是未经专利权人许可而制造并售出的专利侵权产品，能证明该产品合法来源的，不承担赔偿责任。

2. 假冒他人专利的行为

（1）假冒专利行为的种类。

假冒他人专利包括假冒他人专利的行为和冒充专利的行为。假冒他人专利行为与冒充专利行为都是作假欺骗行为，即冒充专利号或者专利标记，借用专利的名义欺骗公众，损害公共利益，扰乱正常市场秩序的违法行为。从形式上看，两者的区别主要是：假冒他人专利是冒用他人已经取得的专利，冒充专利是实际上就没有这个专利而冒用。

根据我国《专利法实施细则》第 84 条的规定，下列行为属于《专利法》第六十三条规定的假冒专利的行为：

① 在未被授予专利权的产品或者其包装上标注专利标识，专利权被宣告无效后或者终止后继续在产品或者其包装上标注专利标识，或者未经许可在产品或者产品包装上标注他人的专利号；

② 销售前项所述产品；

③ 在产品说明书等材料中将未被授予专利权的技术或者设计称为专利技术或者专利设计，将专利申请称为专利，或者未经许可使用他人的专利号，使公众将所涉及的技术或者设计误认为是专利技术或者专利设计；

④ 伪造或者变造专利证书、专利文件或者专利申请文件；

⑤ 其他使公众混淆，将未被授予专利权的技术或者设计误认为是专利技术或者专利设计的行为。

（2）假冒专利的处理。

假冒专利的，除依法承担民事责任外，由管理专利工作的部门责令改正并予公告，没收违法所得，可以并处违法所得四倍以下的罚款；没有违法所得的，可以处二十万元以下的罚款；构成犯罪的，依法追究刑事责任。销售不知道是假冒专利的产品，并且能够证明该产品合法来源的，由管理专利工作的部门责令停止销售，但免除罚款的处罚。

（二）专利侵权行为认定的例外

未经专利权人许可，以营利为目的实施他人专利的，属于专利侵权行为，但《专利法》第七十五条也规定了五种例外情形，这五种情形不视为侵犯专利权，其实质是对专利权的限制。

1. 专利权用尽

专利权用尽，也称为专利权穷竭，是指只要经专利权人许可，将他（或他的被许可人）制造的专利产品投入了商品流通领域，则这些产品的"再销售"，这些产品的使用方式，均不再受专利权人的控制，即专利权人对它们的独占已告"穷竭"。

关于专利权用尽的适用范围，各国有着不同的立场，几乎所有的国家都承认专利权的国内用尽，一些区域性国际组织（如欧盟）实行专利权的区域用尽规则，也有部分国家（如澳大利亚、新西兰等）主张专利权的国际用尽。在实行专利权国内用尽和区域用尽规则的国家，往往会面临商品的"平行进口"问题，发达国家为了自身利益，反对专利权的国际用尽，通过"平行进口"限制其他国家的贸易发展。

根据《专利法》第七十五条第一款的规定，专利产品或者依照专利方法直接获得的产品，由专利权人或者经其许可的单位、个人售出后，使用、许诺销售、销售、进口该产品的，不视为专利侵权。

2. 在先使用

专利法规定，在专利申请日前已经制造相同产品、使用相同方法或者已经做好制造、使用的必要准备，并且仅在原有范围内继续制造、使用的，不视为专利侵权。在专利申请日以前已经制造相同产品，使用相同方法或者已经做好制造、使用的必要准备的人称为"在先权人"，"在先权人"所享有的在原有的范围内继续制造、使用的权利称为"在先权"或"先用权"。

"在先权"的行使表现具备三个条件。第一，行为条件。行为人必须有实施或准备实施相同专利技术的行为，即已经开始制造与专利产品相同的产品、使用与专利方法相同的方法，或为上述制造或使用而做好了必要的准备。而且仅限于在原来的规模范围内继续制造或使用专利所保护的产品或方法，超出原来范围实施专利的，超出的部分视为侵权。"原有范围"，包括专利申请日前的已有生产规模以及利用已有的生产设备或者根据已有的生产准备可以达到的生产规模。第二，时间条件。行为人制造、使用行为或为制造使用行为所做的准备工作必须是在该专利的申请日之前已经进行，并且应当一直延续到申请日后。如果在申请日前虽然已经制造、使用或为制造使用进行准备，但在申请日前已经停止上述行为的，仍不能以此作为在先使用抗辩理由。第三，主体条件。"在先权"仅限在先使用权人本人行使，先用权转让时，必须与原来的生产实体一同转让。

3. 外国运输工具自身需要的临时使用

为履行我国参加的《保护工业产权巴黎公约》所应承担的义务，《专利法》规定，临时通过中国领陆、领水、领空的外国运输工具，依照其所属国同中国签订的协议或者共同参加的国际条约，或者依照互惠原则，为运输工具自身需要而在其装置和设备中使用有关专利的，不视为侵犯专利权。临时通过中国领陆、领水、领空的外国运输工具，为其自身需要在装置和设备中使用我国有关专利技术的，可以不经专利权人的许可，但这种使用仅限与我国签有协议或者共同参加的国际公约，或者有互惠条约的国家的运输工具，并不面向所有国家。需说明的是，在临时过境运输工具上装载有仿制专利的产品，不在此合理使用范围之内，应视为侵权。

4. 专为科学研究和实验而使用有关专利的

《专利法》规定，专为科学研究和实验而使用有关专利的，不视为侵犯专利权。包括为了科学研究和实验使用专利，还包括因教育目的的使用和为个人或者家庭的目的使用专利。这种使用，只能是小范围的没有营利性质的使用，不能对专利权人的潜在的市场利益构成威胁，否则不属于合理使用的范围。

5. 药品、医疗器械专利的合理使用

《专利法》规定，为提供行政审批所需要的信息，制造、使用、进口专利药品或者专利医疗器械的，以及专门为其制造、进口专利药品或者专利医疗器械的，不视为侵犯专利权。这一规定被业界称为中国的"Bolar 条款"[因美国联邦巡回上诉法院的罗氏诉博拉（Roche v Bolar）案而得名]，目的在于鼓励仿制药的生产。药品和医疗器械生产企业可以利用该规则，在药品或医疗器械的有效专利保护期限届满之前，进行药品或医疗器械的临床试验和申请生产许可，做好上市前的准备。

【案例 3 – 5】

专利法定许可案

甲公司生产产品 A，需从市场上购买关键部件 B 作为产品 A 的配件。乙公司已经取得关键部件 B 在中国的专利权，并许可丙公司生产关键部件 B，但丁公司未许可生产了关键部件 B。

问：（1）甲公司从市场上购买丙公司生产的关键部件 B，作为配件生产产品 A，是否需要经过乙公司的许可？（2）如果甲公司确实不知道丁公司生产的关键部件 B 是未经乙公司许可的侵权产品，而从市场上购买了丁公司生产的关键部件 B，作为配件生产产品 A，是否构成对乙公司专利权的侵害？

解析：（1）甲公司不需要经过乙公司的许可，依据是《专利法》，丙公司生产的关键部件 B 是经过乙公司许可的合法产品，该产品出售以后，乙公司作为专利权人对该产品的专利权已经"权利用尽"。（2）甲公司的行为不构成对乙公司专利权的侵害。甲公司能证明其购买的关键部件 B 有合法来源，且不知是侵权产品，属于善意的使用和销售，是法定许可，可以不承担损害赔偿的责任。

资料来源：作者编写而得。

【案例 3 – 6】

专利法定许可案

张某研制出一种产品，于 2016 年向国家知识产权局提出专利申请，2019年 5 月国家知识产权局授予发明专利。早在 2012 年 5 月甲厂开始试制该产品，并将其列入新产品开发计划，2012 年试产，产品的主要特征之一与张某专利产品相同，2013 年底甲厂完成产品定型图纸，至 2019 年底，共销售 50 台。张某发现甲厂的销售行为后，经交涉无效向法院起诉，请求依法保护其专利权。甲厂以其在张某申请专利前已做好生产该产品的必要准备工作为由，请求法院确认其行为合法并驳回张某诉讼请求。

问：（1）甲厂请求法院确认的是一种什么行为或权利？（2）甲厂请求法院确认的行为的法定条件是什么？

解析：（1）确认的是先用权人的权利。在专利申请前就使用专利技术的人享有的权利称为"先用权"，该行为人一般称为先用人。（2）在专利申请日前已经制造相同产品、使用相同方法或者已经做好制造、使用的必要准备，并且仅在原有范围内继续制造、使用的，不视为侵犯专利权。

资料来源：作者编写而得。

（三）专利权的保护途径

在我国，专利权的保护途径有三种，即行政保护、司法保护和自我保护。其中，行政手段保护是我国知识产权保护现阶段行之有效的保护手段。

1. 行政保护

（1）行政机关管辖。

省、自治区、直辖市人民政府以及专利管理工作量大又有实际处理能力的设区的市人民政府设立的管理专利工作的部门是我国管理专利工作的部门，负责处理专利侵权纠纷、查处假冒专利行为、调解专利纠纷。当事人请求处理专利侵权纠纷或者调解专利纠纷的，由被请求人所在地或者侵权行为地的管理专利工作的部门管辖。两个以上管理专利工作的部门都有管辖权的专利纠纷，当事人可以向其中一个管理专利工作的部门提出请求；当事人向两个以上有管辖权的管理专利工作的部门提出请求的，由最先受理的管理专利工作的部门管辖。管理专利工作的部门对管辖权发生争议的，由其共同的上级人民政府管理专利工作的部门指定管辖；无共同上级人民政府管理专利工作的部门的，由国务院专利行政部门指定管辖。

（2）行政保护。

管理专利工作的部门根据已经取得的证据，对涉嫌假冒专利行为进行查处时，可以询问有关当事人，调查与涉嫌违法行为有关的情况；对当事人涉嫌违法行为的场所实施现场检查；查阅、复制与涉嫌违法行为有关的合同、发票、账簿以及其他有关资料；检查与涉嫌违法行为有关的产品，对有证据证明是假冒专利的产品，可以查封或者扣押。管理专利工作的部门依法行使职权时，当事人应当予以协助、配合，不得拒绝、阻挠。假冒专利的，除依法承担民事责任外，由管理专利工作的部门责令改正并予公告，没收违法所得，可以并处违法所得四倍以下的罚款；没有违法所得的，可以处二十万元以下的罚款；构成犯罪的，依法追究刑事责任。管理专利工作的部门处理时，认定侵权行为成立的，可以责令侵权人立即停止侵权行为，当事人不服的，可以自收到处理通知之日起十五日内依照《中华人民共和国行政诉讼法》向人民法院起诉；侵权人期满不起诉又不停止侵权行为的，管理专利工作的部门可以申请人民法院强制执行。

2. 司法保护

（1）司法管辖。

专利纠纷第一审案件，由各省、自治区、直辖市人民政府所在地的中级人民法院和最高人民法院指定的中级人民法院管辖。因侵犯专利权行为提起的诉讼，由侵权行为地或者被告住所地人民法院管辖。侵权行为地包括：被控侵犯发明、实用新型专利权的产品的制造、使用、许诺销售、销售、进口等行为的实施地；专利方法使用行为的实施地，依照该专利方法直接获得的产品的使用、许诺销售、销售、进口等行为的实施地；外观设计专利产品的制造、销售、进口等行为的实施地；假冒他人专利的行为实施地。上述侵权行为的侵权结果发生地。原告仅对侵权产品制造者提起诉讼，未起诉销售者，侵权产品制造地与销售地不一致的，制造地人民法院有管辖权；以制造者与销售者为共同被告起诉的，销售地人民法院有管辖权。销售者是制造者分支机构，原告在销售地起诉侵权产品制造者制造、销售行为的，销售地人民法院有管辖权。

（2）诉讼时效。

人民法院受理审判的专利纠纷案件包括两大类：一类为专利民事纠纷案件，如专利权权属纠纷案件、侵犯专利权纠纷案件等；另一类为专利行政案件，如不服维持驳回申请复审决定案件、不服专利权无效宣告请求决定案件等。侵犯专利权的诉讼时效为二年，自专利权人或者利害关系人得知或者应当得知侵权行为之日起计算。发明专利申请公布后至专利权授予前使用该发明未支付适当使用费的，专利权人要求支付使用费的诉讼时效为二年，自专利权人得知或者应当得知他人使用其发明之日起计算，但是，专利权人于专利权授予之日前即已得知或者应当得知的，自专利权授予之日起计算。

（3）侵权赔偿。

侵犯专利权的赔偿数额按照权利人因被侵权所受到的实际损失确定；实际损失难以确定的，可以按照侵权人因侵权所获得的利益确定。权利人的损失或者侵权人获得的利益难以确定的，参照该专利许可使用费的倍数合理确定。赔偿数额还应当包括权利人为制止侵权行为所支付的合理开支。权利人的损失、侵权人获得的利益和专利许可使用费均难以确定的，人民法院可以根据专利权的类型、侵权行为的性质和情节等因素，确定给予一万元以上一百万元以下的赔偿。

（4）诉前禁令。

专利权人或者利害关系人有证据证明他人正在实施或者即将实施侵犯专利权的行为，如不及时制止将会使其合法权益受到难以弥补的损害的，可以在起诉前向人民法院申请采取责令停止有关行为的措施。申请人提出申请时，应当提供担保；不提供担保的，驳回申请。人民法院应当自接受申请之时起四十八小时内作出裁定；有特殊情况需要延长的，可以延长四十八小时。裁定责令停止有关行为的，应当立即执行。当事人对裁定不服的，可以申请复议一次；复议期间不停止裁定的执行。申请人自人民法院采取责令停止有关行为的措施之日起十五日内不起诉的，人民法院应当解除该措施。申请有错误的，申请人应当赔偿被申请人因停止有关行为所遭受的损失。

（5）诉前证据保全。

为了制止专利侵权行为，在证据可能灭失或者以后难以取得的情况下，专利权人或者利害关系人可以在起诉前向人民法院申请保全证据。人民法院采取保全措施，可以责令申请人提供担保；申请人不提供担保的，驳回申请。人民法院应当自接受申请之时起四十八小时内作出裁定；裁定采取保全措施的，应当立即执行。申请人自人民法院采取保全措施之日起十五日内不起诉的，人民法院应当解除该措施。

3. 自我保护

专利权的自我保护是指专利权人或利害关系人在发现侵权行为时，通过警告、协商等方式维护自己专利权的方式。通常可以采用的措施有两种。其一是向侵权人书面警告或委托律师发送律师函。通过向侵权人书面警告或委托律师发送律师函，告知对方所侵犯的专利权的内容（包括专利权的名称、编号、有效期等），并要求对方停止侵权行为、赔礼道歉、赔偿损失以及不按照该要求处理的法律后果等，以此来达到制止专利侵权行为的目的。其二是协商解决。我国专利法第六十条规定：未经专利权人许可，实施其专利，即侵犯其专利权，引起纠纷的，由当事人协商解决。协商解决的内容主要是如何解决专利侵权问题，包括如何停止侵权行为、侵权产品的处理、损失的赔偿等；如果侵权人想把其侵权行为合法化，还要涉及与专利权人协商专利的授权使用许可问题，包括使用许可的方式、许可使用的期限及使用费的金额等。如果双方就纠纷的解决没有达成一致的，专利权人可申请通过行政保护或司法保护途径解决。

【案例 3 – 7】

专利侵权案

甲公司未经许可擅自使用丁公司专利技术生产并销售了变频家用空调器5000 台。乙家电销售公司（以下简称"乙公司"）在明知甲公司侵犯丁公司专利权的情况下，从甲公司进货 2000 台，并已实际售出 1600 台。丙宾馆在不知甲公司侵犯丁公司专利权的情况下也从甲公司购入 200 台并已安装使用。丁公司发现甲公司、乙公司和丙宾馆的上述生产、销售和使用行为后，向法院起诉，状告甲公司、乙公司和丙宾馆侵犯其专利权。

问：（1）甲公司的生产、销售行为是否侵权？应否承当相应的赔偿责任？

（2）乙公司的销售行为是否侵权？是否可以继续销售库存的 400 台空调器？

（3）丙宾馆的使用行为是否侵权？是否可以继续使用这 200 台空调器？

答：（1）甲公司的生产、销售行为侵权。未经专利权人的许可，生产、销售、许诺销售、使用专利产品的行为属于专利侵权，要承担赔偿责任。

（2）乙公司的销售行为属于专利侵权行为。应停止销售，承担赔偿责任。

（3）丙宾馆的使用行为不属于专利侵权行为。为生产经营目的使用、许诺销售或者销售不知道是未经专利权人许可而制造并售出的专利侵权产品，能证明该产品合法来源的，是法定许可，不侵权。但知道是侵权产品后也不能继续使用这200台空调器，否则就构成故意侵权。

资料来源：作者编写而得。

第六节　电子商务专利的法律保护

一、电子商务专利概述

（一）概念

电子商务专利是指以利用计算机和网络技术实现电子商务交易活动为主题的发明专利。电子商务专利涉及以"互联网"为运行平台的商业交易活动，它是由计算机及网络、特定的应用软件和商业方法组合而成的技术方案。电子商务专利是通过计算机系统和网络来实现，并最终以软件的形式表现出来，因此本质上它属于计算机软件专利。同时，电子商务专利的根本目的是实现某种商业经营方法，因而它又是商业方法专利。[①] 电子商务专利由计算机软件和商业方法两部分组成，其实质是通过计算机软件来实现商业方法。

美国专利商标局在美国专利分类码第705号中对商业方法专利的定义是："装置和对应的方法，用于商业运作、政府管理、企业管理或财务资料报表的生成，它使资料在经过处理后，有显著的改变或者完成运算操作；装置及对应的方法，用于改变货物或服务提供时的资料处理或运算操作。"[②]

（二）可专利性

专利法不保护自然法则、自然现象和抽象的思想，这在建立专利制度的国家

---

① 张楚. 电子商务法（第四版）［M］. 北京：中国人民大学出版社，2016（9）.
② 徐实. 我国网络专利侵权纠纷中电商平台责任认定中的困境与解决——以美国相关发展为鉴［J］. 电子知识产权，2019（4）：14－27.

已形成共识。传统的专利权客体，并不包括纯粹的商业方法或经营管理方法，因为它们并没有利用自然规律，而是属于专利法不予保护的智力活动的规则和方法范畴。一般认为，电子商务包括普通的商业方法和与计算机软件相关的商业方法。在专利制度建立之初，各个国家也几乎无一例外地排除了对商业方法和计算机软件的专利保护，认为在这两个领域中的智力成果不属于专利法意义上的新发明或技术方案，如果需要寻求保护的话，可以通过其他法律实现，比如版权法、合同法、反不正当竞争法或商业秘密法等。美国早在 1908 年由第二巡回上诉法院对 Hotel security checking co. v. lorraineco 一案的判决中认定：应用于餐馆记账的商业方法不能获准专利，从而将商业方法排除在专利保护之外。这一判例所确定的原则，使得美国专利商标局多年来亦认为商业方法不具备"可专利性"。

互联网的发展带来商业服务的互联互通，电子商务上使用的商业方法通常都以计算机软件的形式加以应用，软件化了的商业方法不同于传统的商业方法，它们通过计算机运行给人类社会带来的新的经营模式。传统的对商业模式的保护方法难以保护软件产品最核心的技术构思与逻辑框图，需要创新对电子商务的保护模式。随着商业方法的广泛利用，特别是计算机技术的出现使商业网络软件盛行并产生的经济效益，美国、欧盟、日本陆续修改各自的专利法律制度，将长久被排除于可专利性主题范围之外的商业方法纳入专利制度保护范畴。

我国《专利审查指南》（2010）规定，计算机软件（实质上即人们所称的商业方法软件）是否能够获得专利授权，关键在于该软件必须"是为了解决技术问题，利用了技术手段和能够产生技术效果时，表明该专利申请属于可给予专利保护的客体"。因此，按照该规定，申请专利的计算机软件与机器、设备或装置结合，就应当是能够获得专利授权的。从这一角度来说，商业方法获得专利授权是可行的。实践中，我国也开始授予电子商务专利，如我国国家知识产权局先后授予美国花旗银行的两项电子商务商业方法发明以专利权。

二、电子商务专利的客体

从目前各国的发展现状来看，与电子商务有关的专利权的客体有以下六种：

（一）计算机软件

计算机软件最初是作为作品来保护，因为当时计算机技术主要关注硬件的计算速度和准确度，计算机软件只是辅助硬件完成工作的附件，此时的软件是纯技术性的，实用价值不大，因此常常被归入纯粹的智力活动规则而被拒绝授予专利权。随着计算机技术的发展，计算机软件成为独立发展的高科技产业，硬件反而成为实现软件的辅助工具，由于软件的实用性大大提高，软件不再被视为纯粹的智力活动规则，而是可以产生"实用的、具体的和有形的结果"，因此在世界各国知识产权局，计算机软件逐渐被纳入可专利主题的范畴。同时，各国与计算机软件有关的专利申请量和授权量不断增加，与软件相关的专利侵权也不断涌现。电子商务专利基于计算机网络，因而其技术方案本质上是通过计算机软件实现的。

（二）电子商务商业方法

传统的商业方法由于缺少技术特征而被排除在专利保护的主题之外，但认为商业方法是电子商务专利的主题之一并不意味着专利法开始保护纯粹的商业方法和商业模式。随着信息技术的不断发展，专利权也会授予使用信息技术实现商业方法的那些发明，使用计算机和网络来完成整个商业活动的操作，比如订货、销售、财务结算以及广告都成为可能，这使得"发明创意"可以通过计算机系统以一种有形的方式来解决，因而可以获得专利权，这些专利技术的最终目的是要实现某种商业经营的方法，因此称之为商业方法专利。

（三）网络通信协定

网络通信协定是电脑之间交换资料的格式和程序。通常情况下，网络上两个节点之间的交流，必须通过一种标准的传输协定才可以进行。一台计算机只有在遵守网络协议的前提下，才能在网络上与其他计算机进行正常的通信。网络协议通常被分为几个层次，每层完成自己单独的功能，通信双方只有在共同的层次间才能相互联系。常见的协议有：TCP/IP 协议、IPX/SPX 协议、NetBEUI 协议等。在局域网中用得的比较多的是 IPX/SPX.，用户如果访问 Internet，则必须在网络协议中添加 TCP/IP 协议。虽然很多通信协定属于公共领域，但这种协定是可以申请专利的。例如，瑞典爱立信公司名为"软件容错管理系统"的专利，该专利是利用"智能型管理的信息基础"技术来解决电信通信系统中软件错误的监视、诊断、管理之方法，目的是以最快和最低的成本发现软件错误。

（四）密码技术

密码技术就是将网络上的讯息编译成乱码，并在需要时以解密程式解读的技术。电子商务活动需要密码技术来提供安全保障，密码技术主要由密码系统和密码算法组成。密码系统是指称为加密和解密的数据传输对。密码算法包括加密算法和解密算法，加密算法是对明文进行加密所采用的一组规则，而解密算法是对密文进行解密的一组规则。加密和解密算法的操作，通常分别在加密密钥和解密密钥的控制下进行。私钥和公钥是常见的两种密码技术，其中 DES 是美国政府认可的主要私钥系统，RSA 则是主要的公钥系统。密码技术是可专利的，RSA 于 1983 年获得美国专利权，它不仅能够保障传输信息的安全，而且能够识别买卖双方的真伪以及传输信息的完整与否。

（五）信息压缩技术

信息压缩技术，是一种以去除重复资料，使资料量缩小为目的的技术。它可以在不损失信息完整性的情况下降低信息传输量，不仅可以节省磁盘空间，而且可以加快音频、视频信号在网络上的传输，实现影音信号的即时传输，从而在线欣赏影音文件，如 GIF 和 TIFF 就是两种广为人知的压缩格式。信息压缩技术属于专利保护的技术方案。

（六）信息处理及检索技术

信息处理是指人、组织为了实现辨识、评价和指令等功能所进行的信息传递、存储、变换等的过程。信息检索技术是指信息按一定的方式组织起来，并根据信息用户的需要找出有关的信息的过程和技术。网络世界中的各类活动都涉及信息的处理、存储和检索，信息存储和检索技术如果实现了特定的技术效果，构成技术方案，同样也是可专利的。

三、电子商务专利立法

我国专利法没有明确规定计算机程序本身、商业经营方法不能授予专利权。《专利法实施细则》规定授予专利权的发明必须是一种技术方案，这是我国在判断是否属于能够授予专利权的主题范围时的原则。因此，无论是计算机程序，还是商业方法，只要能够构成专利法意义下技术方案，就具备了授予专利权的可能性。

2004 年 10 月，国家知识产权局发布了《商业方法相关发明专利申请的审查规则（试行）》，该规则指出，商业方法相关发明专利申请是一种特殊性质的专利申请，既具有涉及计算机程序的共性，又具有计算机和网络技术与商业活动和事务结合所带来的特殊性。在这份规则中规定了对这类特殊申请的一系列审查原则和范例。2010 年国家知识产权局发布了《专利审查指南》，该指南对涉及计算机程序的发明专利申请审查作了若干规定，更是系统地规范了计算机程序发明专利的审查标准，反映出商业方法相关发明的专利申请在中国获得授权的条件还是比较严格的。

2018 年 8 月 31 日，中共十三届全国人大常委会第五次会议表决通过《中华人民共和国电子商务法》，自 2019 年 1 月 1 日起施行。其中，第四十一至四十五条规定了电子商务知识产权保护，第四十一条规定，电子商务平台经营者应当建立知识产权保护规则，与知识产权权利人加强合作，依法保护知识产权。第四十二条规定，知识产权权利人认为其知识产权受到侵害的，有权通知电子商务平台经营者采取删除、屏蔽、断开链接、终止交易和服务等必要措施。通知应当包括构成侵权的初步证据。电子商务平台经营者接到通知后，应当及时采取必要措施，并将该通知转送平台内经营者；未及时采取必要措施的，对损害的扩大部分与平台内经营者承担连带责任。因通知错误造成平台内经营者损害的，依法承担民事责任。恶意发出错误通知，造成平台内经营者损失的，加倍承担赔偿责任。第四十三条规定，平台内经营者接到转送的通知后，可以向电子商务平台经营者提交不存在侵权行为的声明。声明应当包括不存在侵权行为的初步证据。电子商务平台经营者接到声明后，应当将该声明转送发出通知的知识产权权利人，并告知其可以向有关主管部门投诉或者向人民法院起诉。电子商务平台经营者在转送声明到达知识产权权利人后十五日内，未收到权利人已经投诉或者起诉通知的，应当及时终止所采取的措施。第四十五条规定，电子商务平台经营者知道或者应当知道平台内经营者侵犯知识产权的，应当采取删除、屏蔽、断开链接、终止交易和服务等必要措施；未采取必要措施的，与侵权人承担连带责任。

四、电子商务专利的审查

电子商务商业方法的可专利性问题，世界各主要国家已经达成一致意见，当前存在较大分歧之处在于，对于一项具体的电子商务商业方法如何判断其是否符合专利条件。从审查实践来看，在各项专利条件中，审查的难点集中于创造性的判断标准上。我国目前对电子商务专利的审查已经积累了一定的经验，在新《专利审查指南》中有比较统一的规定。

（一）审查标准

原则上说，商业方法相关发明专利申请属于涉及计算机程序发明中的一类特殊领域，完全可以适用于《审查指南》第二部分第九章的相关规定。通常符合下列条件之一的可以授予专利：执行计算机程序的目的是实现一种工业过程；执行计算机程序的目的是处理一种外部技术数据；执行计算机程序的目的是改善计算机系统内部性能。

根据该指南规定具体判断标准如下：

（1）如果一项权利要求仅仅涉及一种算法或数学计算规则，或者计算机程序本身或仅仅记录在载体（如磁带、磁盘、光盘、磁光盘、ROM、PROM、VCD、DVD 或者其他的计算机可读介质）上的计算机程序，或者游戏的规则和方法等，则该权利要求属于智力活动的规则和方法，不属于专利保护的客体。

（2）如果一项权利要求除其主题名称之外，对其进行限定的全部内容仅仅涉及一种算法或者数学计算规则，或者程序本身，或者游戏的规则和方法等，则该权利要求实质上仅仅涉及智力活动的规则和方法，不属于专利保护的客体。

（3）如果一项权利要求在对其进行限定的全部内容中既包含智力活动的规则和方法的内容，又包含技术特征，则该权利要求就整体而言并不是一种智力活动的规则和方法，不应当依据专利法第二十五条排除其获得专利权的可能性。

（4）如果涉及计算机程序的发明专利申请的解决方案执行计算机程序的目的是解决技术问题，在计算机上运行计算机程序从而对外部或内部对象进行控制或处理所反映的是遵循自然规律的技术手段，并且由此获得符合自然规律的技术效果，则这种解决方案属于专利法第二条第二款所说的技术方案，属于专利保护的客体。

（5）如果涉及计算机程序的发明专利申请的解决方案执行计算机程序的目的不是解决技术问题，或者在计算机上运行计算机程序从而对外部或内部对象进行控制或处理所反映的不是利用自然规律的技术手段，或者获得的不是受自然规律约束的效果，则这种解决方案不属于专利法第二条第二款所说的技术方案，不属于专利保护的客体。

（6）如果涉及计算机程序的发明专利申请的解决方案执行计算机程序的目的是处理一种外部技术数据，通过计算机执行一种技术数据处理程序，按照自然规律完成对该技术数据实施的一系列技术处理，从而获得符合自然规律的技术数据处理效果，则这种解决方案属于专利法第二条第二款所说的技术方案，属于专利保护的客体。

（7）如果涉及计算机程序的发明专利申请的解决方案执行计算机程序的目的是改善计算机系统内部性能，通过计算机执行一种系统内部性能改进程序，按照自然规律完成对该计算机系统各组成部分实施的一系列设置或调整，从而获得符合自然规律的计算机系统内部性能改进效果，则这种解决方案属于专利法第二条第二款所说的技术方案，属于专利保护的客体。

（二）审查方式

对于商业方法相关发明专利申请，分为客体审查及新颖性、创造性的审查，首先进行客体审查，只有符合可专利性要求时，再进行新颖性和创造性审查。

1. 关于不符合专利法规定的客体审查

若根据说明书描述的背景技术是公知常识，就足以确定要求保护的发明所要解决的问题不是技术问题，则可以直接依据《专利法实施细则》第二条第一款规定，判断其不构成技术方案，不属于专利保护客体。

若说明书中针对所描述的背景技术说明了要求保护的发明所要解决的技术问题，但针对其声称要解决的技术问题进行检索后，发现该技术问题客观上已经解决，或者初步判断其实际上解决的问题属于非技术问题，例如某种新型商业运作模式，不属于《专利法实施细则》第二条第一款所说的技术方案，则不属于专利保护客体。

2. 不能排除要求保护的发明属于非专利保护客体审查

在通过上述审查方式不能排除要求保护的发明属于非专利保护客体后，则进一步检索，判断其是否具备新颖性和创造性。新颖性，是指该发明不属于现有技术，也没有任何单位或者个人就同样的发明在申请日以前向国务院专利行政部门提出过申请，并记载在申请日以后公布的专利申请文件或者公告的专利文件中。创造性，是指与现有技术相比，该发明具有突出的实质性特点和显著的进步。

当检索到影响该申请的新颖性、创造性的现有技术时，则可以直接依据所检索到的现有技术评述新颖性和创造性。此时相对于检索到的现有技术，分以下两种情形判断：①权利要求的方案被已有方案公开的，权利要求不具备新颖性；②权利要求的方案未被已有方案公开的，确定最接近的现有技术并确定权利要求的方案与最接近的现有技术之间的区别特征后，对是否具有显著的进步进行判断，而得出是否具有创造性的结论，若整体分析该区别特征未对现有技术做出技术贡献，则该权利要求不具备创造性。

第七节　企业专利战略

一、企业专利战略内涵

专利战略是指与专利相联系的法律、科技、经济结合，用于指导科技、经济领域的竞争，以谋求最大的利益。企业专利战略，是指企业利用专利制度促进企业科技创新，不断控制技术市场，为自身发展提供法律保障，达到在市场竞争中长久生存、发展的总体规划。

专利战略目标是打开市场、占领市场、最终取得市场竞争的有利地位。企业专利战略属于专利权应用，与科技、经济发展和市场竞争密切相联系，占领市场是专利战略目标的核心内容。专利战略是企业经营发展战略的重要组成部分，涵盖的内容十分广泛，专利检索、专利挖掘、专利布局都包含其中。企业通过专利战略检索分析找准自身定位，以此来布局企业重点研发技术和保护对象，用专利网保护自身技术并占领技术高地；当发现竞争对手潜在侵权时，专利战略能指导其运用法律武器，维护自身的市场竞争地位。

二、企业专利战略措施

（一）专利检索

从研发和创新、申请和审查，到监控和维护、许可和商业化以及维权，在专利整个生命周期中，都离不开专利检索这一环节。专利检索的目的是提供开发项目的可专利性、专利战略分析、相关法律咨询、专利信息追踪、开展专利型智库服务、建立专利情报服务平台以及基于产业链的专利情报分析等。专利检索用以指导研发路径选择，专利检索更是专利无效、侵权诉讼程序的关键。

1. 基本专利战略

企业基本专利战略是指研究同类企业或公司所拥有的专利及技术，跟踪研究竞争对手的专利产品和专利技术，学习并借鉴他人有价值之处，并通过专利分析了解同一技术在世界各国申请专利的分布信息，获取技术发展趋势。专利的起点基于三个基本认识：一是没有发明创造就没有专利，专利战略便无从谈起；二是不是任何技术成果都有可能申请到专利，关键是企业否准确地选定技术开发目标；三是不是申请了专利后就能独占市场，只有创造性应用，才能将技术资源转化为产品或服务。所有这些，有赖于通过专利检索，在新产品开发初期或是科研项目立项初期，掌握本行业及技术领域的发展趋势，了解竞争对手的研发方向，知己知彼，找出技术空白点，摒弃随机、零散的技术研发缺陷。据世界知识产权组织有关统计表明，开发前进行文献检索工作，能缩短 60% 的研究时间，节省 40% 研发费用。

2. 利用失效专利战略

失效专利是指在法律上失效，并不等于在经济技术价值方面的失效。通过专利检索，从失效专利中有针对性地选择技术研究开发。利用失效专利战略包括两方面内容：一是已到期或快到期的基本专利作为研究开发、创新的起点，重新组织专利申请战略，称之为"基本专利终了战略"；二是对失效专利技术的实施使用战略。据世界知识产权组织有关统计表明，现在世界上专利其中有效专利占

12% 左右，在占专利总数 88% 的失效专利中筛选，有利用可能。

3. 专利诉讼应对战略

即收集竞争对手专利侵权证据，包括研究领域竞争企业的知识产权保护情况，专利的法律状态，避免企业购买已经失效的专利。通过专利检索，在检索结果范围内将可能侵权的情形列出，向竞争对手提出侵权警告或向司法机关提起诉讼，迫使对方停止侵权、支付侵权赔偿费，确保市场竞争优势。

（二）专利挖掘

专利挖掘是指挖掘在研发项目，或者是生产项目中找到专利申请的技术创新点以及技术方案，合理设计专利申请书中的权力要求，提高专利交叉使用、专利联盟的综合质量。

1. 专利申请战略

专利挖掘可以准确地确定技术创新成果的主要发明点，对于符合专利申请三性特性的要求，就可以申请专利，含核心技术申请与外围技术的申请，在用技术申请与储备技术申请。

核心技术申请与外围技术申请。核心技术是指某一技术领域的基本或核心技术，该技术取得专利权等于占领市场制高点。外围技术，是对基本技术的局部改进或为实施基本技术所需要的配套技术，外围技术专利申请有两种，一是企业围绕自己的基本专利技术，开发与之配套的外围技术，并及时申请专利，获得专利权的一种战略（专利网）；二是在他人基本专利周围设置自己的专利网，以遏制竞争对手的基本专利——"木桩篱笆"策略。不同企业根据自身技术特点，运用自身"核心专利 + 小专利"将竞争对手阻挡在市场外；或者针对竞争对手的"核心专利"，在其周围申请许多"小专利"，遏制对方"核心专利"继续延伸。

在用技术申请与储备技术申请。在用技术，是指近期会实施的技术申请专利；储备性技术，是指近期不拟采用，甚至将来是否采用不明朗的技术，申请的目的是以备将来拓展技术和市场领域、产品更新换代之用。利用在用技术专利与储备技术专利组成专利保护网，提高企业核心竞争力和自我保护能力，同时与竞争对手形成有效对抗。

2. 专利交叉许可战略

专利交叉许可的本质是一种交换，指权利人之间经过谈判，以专利技术作为合同标的，根据协议约定的条件交换相关专利技术的使用权的战略。交叉许可战略通常在企业间的专利比较接近，而专利权的归属又错综复杂或相互依存的情况下适用。专利交叉许可体现在企业经营中的价值，可能是技术上的，也可能是市场方面的价值，企业合作模式呈现出多元化、互补性，企业间通过专利交叉许可，可以达成竞争与合作的战略关系，对商业利益进行分配与交换，有效降低专利交易成本，体现了专利组合价值优化，通过合作共赢提高以市场或产业领域的竞争力。如果是双方技术互补，则将专利组合，实现技术或产品合作。

目前，通信行业交叉许可非常普遍，例如，华为与苹果公司的专利交叉许可，覆盖 GSM、UMTS、LTE 等无线通信技术。2017 年 7 月，小米与诺基亚签署广泛的商务合作协议及一份多年有效的专利许可协议，其中包括将在移动网络的标准必要专利方面实现交叉许可授权，双方在 IOT＼VR 等方面探索合作，协议还包括小米收购部分诺基亚专利资产。

3. 专利联盟——专利池战略

专利池，也称为专利联盟，是指企业间基于共同战略利益，以专利技术为纽带达成的联盟，联盟内部专利交叉许可，相互优惠，对联盟外部共同发布联合许可声明。掌握核心专利，并围绕核心专利建立专利池，通过专利联盟让技术更加稳固，并转化成行业竞争力。专利联盟的出现，标志着专利竞争领域的一个重要转变，即从单个专利为特征的战术竞争转向以专利组合为特征的战略竞争。专利联盟作为一种企业组织形式，通过一定的专利组合或者搭配，可以在很短时期内改变产业的竞争态势，为企业带来多重价值。从竞争的性质来看，专利联盟既可以是进攻性的，也可以是防御性的。

【案例 3 - 8】

专利联盟——专利池战略应用案

2010 年 6 月 12 日，深圳燕加隆实业发展有限公司和江苏德威木业有限公司在京宣布成立"中国地板专利联盟"。该联盟以地板产业核心技术专利为纽带，由众多地板产业优势企业、知识产权示范企业联合组成，旨在维护中国地板企业合法权益，提升中国地板产业在全球市场影响力。该联盟成立后，适时构建联盟专利池，通过专利池运营，共同应对国外地板巨头所设置的知识产权壁垒。此外，该联盟搭建知识产权公共信息平台；建立创新奖励基金，增强企业的自主创新能力；通过专利交叉许可，鼓励创新，推动产业发展；联盟将在维护成员的合法权益、增强成员应对国际诉讼能力上发挥更为积极的作用。

解析：两大地板企业在国际维权案件中取得胜利，并结成专利联盟，标志着中国地板企业应对国际同行的"专利封杀"前进了一大步。未来地板行业的竞争将集中到技术领域的竞争，专利联盟的成立使企业从单打独斗转向联合起来抢占市场，对内，联盟成员可以通过对专利资源的共享，加强对专利技术以及市场信息的整合、消化和吸收，提高企业技术创新的效率，降低创新的成本；对外，联盟成员可以联合进行专利许可或者利用其他的形式增强企业的国际竞争力和知识产权的应诉能力。"专利联盟"的成立却唤起了中国地板企业对创新技术的保护和尊重，用自己的创造力向海外"专利封杀"说"不"。

资料来源：肖潇. 中国地板专利联盟在京启动 ［N］. 中国知识产权报，2010 – 6 – 12.

（三）专利布局

专利布局是指专利申请人综合产业、市场和法律等因素，有计划地进行专利申请、对专利进行有机结合，形成严密高效的专利保护网，以达到保护技术、占领市场或者防止竞争对手进入市场的目的。专利布局体现企业综合竞争实力，根据实际情况进行提前规避或是提前布局，可以对企业的研发成果进行有效合理的保护，凸显企业自身技术优势，帮助企业形成结构清晰，层次分明的专利组合。

1. 专利先行战略

专利先行战略是指企业向准备投资或输出产品的国家申请专利，将专利控制作为产品销售的开路先锋的战略。"产品未动，专利先行"，专利先行战略旨在保护投资和获得未来专利产品输出垄断权，避免投资和产品受制于人。在技术市场竞争如此激烈的当下，先在目标市场国专利布局，利用专利网圈出一块合法垄断领域，没有进行专利布局的企业，不小心会陷入布下的专利地雷阵。

【案例 3 – 9】

专利先行战略应用案

2020 年 6 月，深圳光峰科技股份有限公司与日本卡西欧计算机株式会社长达 6 年的专利拉锯战以双方握手言和而告终。六年的专利战，双方步步为营，见招拆招，最后打成平手。卡西欧公司可是日本的老牌科技公司，而光峰科技相比较而言算是初创公司，他们之间能打成平手，光峰科技与日本卡西欧握手言和，究其原因，最重要的是光峰科技"产品未动，专利先行"。

解析：光峰科技成立于 2006 年，成立刚一年就成功研发出 ALPD 激光显示技术，并申请了原创基础专利。在成立之后的 6 年多时间里，光峰科技研发核心技术。数据显示，在推出大规模产品之前的 2011 年和 2012 年，其专利布局发展迅猛，专利申请量分别为 162 件和 158 件。此后才开始重点布局产品领域，陆续推出激光等系列产品线，光峰科技的具有预见性的专利先行布局策略，为其后来的专利竞争埋下伏笔。

资料来源：陈景秋. 光峰科技与卡西欧：6 年专利对垒终言和 ［N］. 中国知识产权报，2020 – 4 – 7.

2. 专利收买战略

专利收买战略指全部收买竞争对手专利的战略，以实现独占市场的目的。

专利收买战略的实施主体，一般是经济实力比较雄厚的企业，而且涉及某项新产品的专利不是特别多时该战略才适用。一是便于迅速组织大规模生产，独占整个市场或者垄断某个行业或技术领域，特别是被收买的专利在引进国具有巨大潜在市场时。二是凭借专利的垄断权控制，保证自己在没有比专利更好的技术产生之前也不会受到经营上的损失。三是为了控制他人实施，通过收买形式独占专利技术覆盖的市场。在有些情况下，收买人自己并不实施，而是等待若他人未经许可而实施时，获取侵权赔偿，有时则是为了进行专利经营，如通过再转让、许可等形式，获取更大的效益。

总体上，专利收买战略在企业技术引进中运用得不多，专利收买必须适可而止，以免触犯《中华人民共和国反垄断法》，目前比较流行的做法是通过收购企业间接地收买企业专利。

【案例 3 - 10】

专利收买战略应用案

2004 年 12 月 8 日，联想集团有限公司和 IBM 公司宣布，联想以 12.5 亿美元收购 IBM 的个人电脑事业部，从而使联想成为继戴尔和惠普之后的世界第三大 PC 供应商。这也是中国 IT 行业迄今为止最大的一宗海外并购案例，将对提升中国企业的国际地位、改变世界 PC 产业格局产生重大影响。

联想此次收购的业务为 IBM 全球台式电脑和笔记本电脑的全部业务，包括研发、采购，此次并购完成后，IBM 将获得至少 6.5 亿美元的现金和价值至多 6 亿美元的联想集团普通股，从而使 IBM 将成为联想的第二大股东，持有联想 18.9% 的股份。中方股东、联想控股将拥有联想集团 45% 左右的股份，另外，还将有 5 亿美元的净负债转到联想名下。

解析：联想以 17.5 亿美元收购 IBM 全球 PC 业务，其中 5 亿美元用于支付 IBM 公司因全球 PC 业务带来的负债，另外 12.5 亿美元用于购买 IBM 相关的经营资产，其中包括 IBM 在 PC 领域的 4000 多项专利，以及 5 年内无偿使用 IBM 及 IBM - Think 品牌，并永久保留使用全球著名商标 Think。由此看出，联想并购的目的在于拥有 IBM 的 PC 专利和 Think 驰名商标，从而叩开全球高端商用机市场大门，继而再过渡到面向全世界商务客户打造联想品牌。

资料来源：王政. 联想收购 IBM 个人电脑事业部［N］. 人民日报，2004 - 12 - 9.

3. 专利回输战略

专利回输战略是指在引进专利后，对其进行研究、消化、再创新，将创新后的技术再以专利的形式卖给原专利输出国的战略。国家和企业均可采取专利回输战略。

【案例3－11】

专利回输战略应用案

2015年，A手帕厂与国外B厂签订"大提花箭杆织机"专利使用许可合同，合同期10年，B厂为许可方，A厂为被许可方。"大提花箭杆织机"设备在国外享有专利权，该种设备每一台配一块目板装造，而一块目板装只能生产一种缎条花型的大提花手帕，若更换一种缎条花型就需更换一副目板装造，但一块目板装造价格高达1万美元，安装还费工费时。

在"大提花箭杆织机"基础上，A手帕厂技术人员经过技术攻关，发明新的大提花织机目板装造，改变了一种目板只能生产一种提花手帕，还能织出任意题写的文字。A手帕厂通知B厂技术创新，并将该技术2017年向中国国家知识产权局申请专利，2020年11月1日被授权。

随后，A手帕厂通知外国公司专利一事，同时要求外国公司如在中国销售含有该专利的目板装造，需经纺织控股（集团）公司下属A手帕厂同意，并支付专利使用费。

问：A手帕厂在行使何种专利战略？A手帕厂要求乙厂如在中国销售应经同意并支付专利使用费行为是否合法？

解析：甲厂属于专利回输战略，行为合法。专利回输战略即对引进专利进行消化吸收、创新后，形成新的专利，再转让给原专利输出企业的战略。甲厂要求乙厂如在中国销售应经同意并支付专利使用费行为合法。不得禁止，专利实施许可合同不得禁止任何一方改进实施许可的专利技术。免费使用，通常，在合同有效期内，任何一方对合同技术所作的改进应及时通知对方，原有基础上的较小改进可以互相免费提供使用。归改进方，重大改进的使用和申请专利的权利由双方当事人约定，未约定的，通常申请专利的权利归改进方，对方有优先、优价被许可或免费使用该技术的权利。

资料来源：作者编写而得。

4. 专利共享战略

专利共享战略是指为推广专利权技术，自愿允许他人无偿使用专利，以获得认同的战略。专利共享战略通常只是在特定的情况下的临时战略，一般适用于技术先进但一时难以推广、难以市场化的情况。

【案例 3-12】

专利共享战略应用案

2014 年 12 月，丰田公司推出一款名为 Mirai 的燃料电池车，被看作是丰田叫板传统汽车的开山之作。2015 年 1 月 6 日，其向汽车行业无偿提供 5680 件燃料电池车上的专利使用权，一时间，汽车厂商感到"幸福来得太突然"。

丰田官方解释称，以专利开源为契机，此举是为寻找在燃料电池车方面的志同道合者，共同推进燃料电池车普及推广，从而摊薄研发和制造成本。新能源汽车发展标准路线未定，丰田此举意在于与同行一起推动燃料电池车的普及，催熟产业链，共同做大新能源汽车行业，以争夺新能源汽车行业未来话语权。

解析：燃料电池汽车在我国还处于开发和应用初期阶段，免费公开专利对于国内汽车厂商而言无疑是一个福音。但是，国内企业须谨慎借鉴，避免落入专利陷阱，"目前，我国燃料电池发展基础薄弱，产业链基本还没有形成，丰田开放专利的确给国内车企提供了一个学习和借鉴的机会，但要想完全掌握相关核心技术并非易事，目前上汽集团在燃料电池领域的研发方向和趋势上不会有太大调整。"

资料来源：文心. 丰田开放 5680 件专利使用权是"天上掉馅饼"吗 [J]. 今日科技，2015 (1)：25-26.

5. 专利标准化战略

专利标准化战略是指企业专利技术标准在市场中取得支配地位，通过技术标准实施对市场的垄断，是专利技术的法定垄断性，他人只能跟随实施的战略。随着专利制度的不断完善和技术重要性的日益凸现，国内企业认识到最重要的是要增强自身技术创新能力，推进自身专利，并积极主导标准制定。拥有核心专利技术是增强竞争力的根本，谁掌握了核心技术专利权就掌握了标准制定的主动权，而掌握了标准就掌握了市场主动权。

目前，中国将主导防止机密信息被第三方监听的新一代密码技术"量子密码"规则制定；中国在高速铁路、家用电器、移动通信等领域已处于国际领跑地位，以国际标准为牵引，在 5G、人工智能、区块链、边缘计算、云计算、物联网等核心技术领域的国际标准方面做了有益的探索和实践。

本章练习题

一、单项选择题

1. 甲公司指定员工乙从事汽车发动机节油技术开发，因进度不达甲公司要求，甲减少给乙的开发经费。乙于 2017 年 3 月辞职到丙公司，获得更高开发经费。2018 年 1 月，乙成功开发完成发动机节油装置技术。关于该技术专利申请权的归属，正确的是（   ）。

    A. 甲公司　　　　　　　　　　B. 乙

    C. 丙公司　　　　　　　　　　D. 甲公司和丙公司共有

2. 甲是乙研究所的研发工程师，下列属于甲、乙可以约定共同拥有专利权的是（   ）。

    A. 发明创造是甲在承担乙交付的某项科研课题中完成的

    B. 发明创造是甲在退休六个月后完成的，且与其原本职工作有关

    C. 甲完成发明创造仅依赖于乙的物质技术条件

    D. 发明创造是甲在本职工作中完成的

3. 甲公司是一家光缆设备公司，王某是甲公司负责光缆设备研发的技术人员。王某在 2017 年 3 月从甲公司离职，并加入了乙公司。乙公司 2018 年 1 月就王某发明的一项光缆设备技术提交了一件专利申请，并获得专利权。下列说法正确的是（   ）。

    A. 专利权应归甲公司所有

    B. 专利权应归乙公司所有

    C. 专利权应归甲公司和乙公司共同所有

    D. 王某及乙公司负责人有权主张在专利文件中写明自己是发明人

4. 2016 年，甲公司决定由本公司科研人员张某负责组建团队进行一项发明创造。2018 年 4 月，张某带领其团队完成该项任务，有权为该项发明创造申请专利的是（   ）。

    A. 甲公司　　　　　　　　　　B. 张某

    C. 张某组建的团队　　　　　　D. 张某及张某组建的团队

5. 某科研所（国有）研究员王某在执行本所的研究任务中完成一项发明，现拟申请专利，向有关部门咨询，该项发明的类别及专利申请归属（   ）。

A. 是职务发明，申请权属王某　　B. 是职务发明，申请权属该所

C. 非职务发明，申请权属该所　　D. 非职务发明，申请权属王某

6. 甲公司委托某科研所为其设计一套新的工艺流程，未约定权利归属。科研所将研发工作交给本单位职工乙和丙，乙和丙经过反复研究设计出一套工艺流程方案。该技术方案的申请专利的权利属于（　　　）。

A. 甲公司　　　　　　　　　　B. 某科研所

C. 乙和丙　　　　　　　　　　D. 乙、丙和科研所共同享有

7. 不属于专利权客体的是（　　　）。

A. 发明　　　　　　　　　　　B. 技术诀窍

C. 实用新型　　　　　　　　　D. 外观设计

8. 下列属于外观设计保护的是（　　　）。

A. 竹凉席的图案设计　　　　　B. 手机开机画面设计

C. 天然大理石的纹理　　　　　D. 眼镜的形状设计

9. 以下对象中可获得外观设计专利权的是（　　　）。

A. 一种新型饮料　　　　　　　B. 饮料的包装盒

C. 饮料的制造方法　　　　　　D. 饮料的配方

10. 在下列选项中，可以申请专利的是（　　　）。

A. 康乃馨新品种的培育方法　　B. 颈椎病的手术治疗方法

C. 高尔夫球比赛的新规则　　　D. 航天器运行轨道的计算方法

11. 在下列选项中，可以作为发明申请专利权的是（　　　）。

A. "多利羊"的克隆方法　　　　B. 心脏搭桥手术方法

C. 袁隆平的水稻品种　　　　　D. 乒乓球比赛规则

12. 医学院学生张某发明清洗伤口的药水，按此独特方法涂抹该药水可促进伤口愈合，张某欲就该药水和使用该药水促进伤口愈合的方法申请专利。下列正确的是（　　　）。

A. 该药水属于可授予专利权的主题

B. 使用该药水促进伤口愈合的方法属于可授予专利权的主题

C. 该药水和使用该药水促进伤口愈合的方法都属于可授予专利权的主题

D. 该药水和使用该药水促进伤口愈合的方法都不属于可授予专利权的主题

13. 甲于 2020 年 1 月 1 日发明了某新型药品 X，并予以严格保密，但乙违反与甲的保密协议于 2021 年 2 月 1 日将该药品的配方及相关化学分子式在互联网上公开。现甲、丙分别就药品 X 申请专利，下列判断正确的是（　　　）。

A. 自发明药品 X 之日起，已超过 12 个月，任何人都不能就该药品获得专利权

B. 如果甲的申请日是在 2021 年 7 月 31 日以前，则甲的申请不缺乏新颖性

C. 如果丙的申请日是在 2021 年 7 月 31 日以前，则丙的申请不缺乏新颖性

D. 甲与丙谁的申请日在前，谁将有可能获得专利权

14. 申请外观设计专利必须具有（　　　）。

A. 新颖性、创造性
B. 新颖性、实用性

C. 新颖性、独创性
D. 新颖性、创造性、实用性

15. 在中国，实用新型和外观设计专利申请（　　　）。

A. 须经过实质审查后授权
B. 经初审合格后即授权

C. 递交申请后即可授权
D. 经过形式审查和实质审查后才可授权

16. 以下不属于专利申请原则的是（　　　）。

A. 透明度原则
B. 单一性原则

C. 先申请原则
D. 优先权原则

17. 甲于 2018 年 8 月 1 日向国家知识产权局提出一项吸尘器的发明专利申请。在甲申请专利之前发生的下列事实中，影响甲专利申请新颖性的是（　　　）。

A. 2018 年 3 月 15 日，甲在中国政府主办的一个国际展览会上首次展出了吸尘器

B. 2018 年 4 月 10 日，应当承担保密义务的工作人员乙，未经甲同意擅自在一个学术会议上公布了该发明

C. 2018 年 5 月 12 日，甲在商务部组织的一个技术会议上首次做了该发明的演讲

D. 2018 年 6 月 18 日，甲在某国际性学术刊物上首次刊登了该发明的学术论文

18. 依据我国专利法，下列发明创造的专利申请中，不进行实质审查的是（　　　）。

A. 一种生产食品的方法
B. 一种产品结构的设计

C. 一种饮料
D. 一种治疗皮肤病的药膏

19. 甲拥有一项节能灯的发明专利，乙对其加以改进后获得重大技术进步，并申请获得一项新的发明专利，但乙的专利技术实施依赖于甲的专利实施，双方就专利实施问题未能达成协议，在这种情形下，下列表述中正确的是（　　　）。

A. 甲可以直接申请实施乙专利的强制许可

B. 乙可以申请实施甲专利的强制许可

C. 乙在取得实施强制许可后，无须向甲支付使用费

D. 乙实施自己新的发明专利无须取得甲的许可

20. 自专利授权公告之日起（　　　）个月内，任何单位和个人认为专利权授予不符合规定的，都可以请求专利管理机关撤销该专利。

A. 3
B. 6

C. 18
D. 12

21. 审查发明是否具有创造性时，审查员（　　）考虑发明人在完成发明的过程中是否付出了巨大的代价。

A. 应当　　　　　　　　　　B. 着重

C. 不必　　　　　　　　　　D. 必须

22. 2016 年 5 月 10 日，甲公司申请汽车轮胎发明专利，2019 年 6 月 1 日获得专利权，2020 年 5 月 10 日与乙公司签订专利独占实施许可合同。下列选项正确的是（　　）。

A. 该合同属于技术转让合同

B. 该合同的有效期不得超过 20 年

C. 乙公司不得许可第三人实施专利技术

D. 乙公司可以自己的名义起诉侵犯专利技术的人

二、简答题

1. 专利权的概念和特征。

2. 专利权的客体。

3. 专利权人的权利和义务。

4. 取得专利权的条件。

5. 不缺乏新颖性的例外。

6. 授予专利权的例外。

7. 专利权授予的原则。

8. 强制许可实施的概念及情形。

9. 专利许可后续改进的规定。

10. 电子商务专利的客体。

三、案例分析题

案例一：专利权主体案

甲公司与社会研究人员乙订立一份项目开发协议，约定由乙为甲公司开发完成电教室独立录播控制设备，甲公司提供资金、设备和技术条件等，并支付报酬。在约定时间内，乙完成约定的研发项目，将研发成果交付甲公司。

乙在该项开发项目过程中，同时开发出一项附属技术 A，并以自己的名义将 A 技术申请专利。甲公司知道此事后，认为 A 技术的专利权也应归甲公司。甲、乙双方就 A 技术的专利权发生争议。

根据上述资料，回答下列问题：

A 技术专利权应归谁所有？

案例二：专利权主体案

许某曾任青山煤矿科技处工程师，负责坑道消烟除尘研究工作，2016 年 10

月调离单位。2017 年 5 月，许某利用工作中积累的资料，研究出"消烟除尘空气净化器"，经过某铜矿厂坑道中试验使用，效果极佳。2019 年 2 月，许某将净化器以个人的名义向国家知识产权局申请专利，2020 年 12 月 9 日，许某的专利获得批准并公告。

根据上述资料，回答下列问题：

（1）青山煤矿得知后，认为许某开发新技术是职务发明，是否成立？为什么？

（2）某铜矿厂介入争议，提出：许工程师研制净化器时，在我矿试验，利用了我单位的设备和人力、物力，该专利技术应由铜矿厂和许某共有。许某辩称，净化器的构思在试验前早已独立成型，已形成完整体系，虽然在铜矿厂进行过实验，但利用的是报废的设备和非正常工作时间，且铜矿厂也未主动提供过任何帮助。铜矿要求共享专利权的主张是否成立？为什么？

案例三：专利权主体案

2017 年 12 月，A 研究院工程师梁某在一次技术洽谈会上认识 B 厂厂长张某。张厂长请梁某帮助解决 B 厂污水净化重复利用的技术难题，梁某答应试试。

2018 年春节，梁某与其在大学读书的儿子在 A 研究院一个废弃多年的人防工程里，自费购买箩筐、渣土、扫帚、水桶，及十余种试剂、试纸、电炉等物品，对 B 厂污水水样做净化实验。实验结果达到 B 厂技术指标要求。

梁某将实验资料同时交 A 研究院一份，研究院认为梁某为该院工程师，污水净化又是其业务研究范围，此成果应是职务技术成果。2018 年 5 月，以 A 研究院的名义向国家知识产权局提交专利申请，2021 年 7 月，获得专利权。在此期间，梁某一直认为成果是非职务发明，强烈要求办理专利权人变更手续。双方争执不下，梁某诉至法院。

根据上述资料，回答下列问题：

专利权的归属？为什么？

案例四：专利权主体案

某大学钟教授 2014 年初退休，2016 年 9 月，钟教授向该大学提出，进行"两用钠光谱管"教学仪器研制工作，希望得到大学经费、人员和使用仪器设备的支持，大学经过研究，于 2016 年 10 月向教育部仪器研究所提出研制主题申请，2016 年 12 月 7 日，研制项目被批准列入教育部计划，同期，大学给钟教授配备了 3 名研究人员和 1 名技术工人，并拨出 15 万元资助，同时提供使用仪器设备的方便。

2017 年 12 月 13 日，发明获得成功，钟教授以非职务发明创造的名义向国家知识产权局提出"两用钠光谱管"发明专利申请，他在提出申请的同时，提供退休复印件，表明他已退休四年，2019 年 12 月 8 日，钟教授专利申请由国家知识产权局公告，授予专利权。

根据上述资料，回答下列问题：

授予钟教授专利是否正确？为什么？

案例五：专利权主体案

甲厂委托乙大学研发电力新设备，并提供研发经费 180 万元，双方签订"委托开发合同"，但合同未约定研发发明创造的专利权归属。乙大学将研发任务交给本校马教授等 4 人组成的课题组，并在内部研发合同中约定：研发完成的发明创造的专利申请权归属马教授等人。两年后，课题组完成电力新设备，准备申请专利，但在申请人问题上产生纠纷：

（1）乙大学认为该成果属于职务发明创造，内部研发合同中关于专利申请权归属马教授等人的约定依法不能成立，应由乙大学享有专利申请权。

（2）甲厂认为是其委托乙大学，并提供 180 万元研发经费而完成的，甲厂理应单独享有专利申请权。

（3）马教授等人认为本校内部研发合同中明确约定专利申请权归属于他们，该合同的签订系双方自愿，专利申请权应当依约定归属研发团队 4 人。

根据上述资料，回答下列问题：

电力新设备发明创造的专利权应归谁？为什么？

案例六：专利主体案

实益达公司在某技术市场购买了一套有关生产花粉营养品的技术资料，因无法按其生产出花粉产品，遂与 A 大学签订了一份技术合同。合同约定，实益达公司提供经费与报酬外，并提供 2 公斤花粉作为原料，合同中未明确约定开发研究成果的归属。

A 大学将这一研发任务交给生物专业的马教授完成。在研发过程中由于人手不够，马教授的研究生范某和沈某经常参与进行一些基本实验和数据处理工作，马教授、范某和沈某历经半年时间终于用生物方法开发出了数种峰花粉精产品。2018 年 3 月，A 大学大学就"峰花粉精提取分离技术"单独向国家知识产权局提出专利申请。实益达公司得知此事后，要求作为共同发明人与 A 大学就此项技术共同申请专利。马教授认为成果是自己独立完成的，自己是专利申请人，并要求变更专利申请人。

根据上述资料，回答下列问题：

（1）谁是"峰花粉精提取分离技术"的发明人？

（2）实益达公司是否有权申请专利？

（3）马教授是否有权申请专利？

案例七：专利客体案

甲花农种植鲜花多年，在劳动过程中，他潜心研究液体花肥，最后终于研制出一种高效液体花肥。这种花肥不仅能促进花了生长，而且使花株常年开花。甲向国家知识产权局提出了名为"高效液体花肥"的实用新型专利申请。乙电镀厂完成了一项"微裂纹烙电镀方法"的发明创造，使用这种方法可以降低成本，减少污染，增强性能。乙电镀厂打算就其发明创造向国家知识产权局提出实用新型专利申请。

根据上述资料，回答下列问题：

"高效液体花肥"和"微裂纹烙电镀方法"能否申请实用新型专利？为什么？

案例八：专利客体案

某医院医生刘某发明了一种"胃肠造影方法"，这种方法可以迅速快捷地诊断患者的病灶，以利于治疗。同时，刘某还研制了一种"胃肠造影仪器"以及"胃肠病灶治疗仪器"。

根据上述资料，回答下列问题：

刘某的研究成果中哪些可以申请专利？为什么？

案例九：专利客体案

甲高科技开发中心完成一项"滑动轴承的制造方法"发明创造，这种方法的使用不仅可以提高轴承的质量，而且还可以降低成本，提高质量。

乙电镀厂完成了一项"微裂纹烙电渡方法"发明创造，使用这种方法可以降低成本，减少污染，增强性能。

丙科学研究院发明了一种"健身抗衰老饮料"，这种饮料是由多种营养成分组成，经提取、净化、过滤、灭菌而成，能明显改善老年人衰老指标，具有良好的生理活性。

根据上述资料，回答下列问题：

上述三项研究成果能否获得实用新型专利？为什么？

案例十：专利授权案

2018年3月，中国留学生王某独立研制出一种桃子新品种，向美国专利管理机关申请植物新品种专利，经过审查，美国专利管理机关确认该种桃子系用非生物方法制造出来，且具有新颖性、创造性、实用性，符合美国授予植物新品种专利的条件。但是，由于中国专利法尚不为植物新品种提供专利保护，因此，美国也不应为其提供专利保护。2019年2月，美国专利机关驳回了王某该项专利申请。

中国和美国同为保护工业产权巴黎公约缔约国。

根据上述资料，回答下列问题：

美国专利机关做法是否正确，为什么？

案例十一：专利权内容案

甲公司自行研发一套电子仪器，同时在我国和B国拥有专利权，乙公司发现该电子仪器在国内外的价格差别较大，故欲从价格低的B国进口一批电子仪器到我国，为了避免专利侵权，乙公司特意从B国市场上购买该电子仪器出口到甲公司没有专利权的C国，然后再从C国进口到我国。

根据上述资料，回答下列问题：

（1）乙公司的这种行为是否合法，为什么？

（2）甲公司是否可以在B国主张乙公司专利侵权，为什么？

案例十二：专利权申请案

刘英在美国学习期间完成了一项产品发明，于2015年12月2日在美国提出专利申请，并于2016年5月9日就相同产品在我国提出专利申请，同时提交了要求优先权的书面声明及相关文件。甲企业2015年10月开始在北京为制造相同产品进行了一系列准备，刘英获得专利权后，甲企业在原有范围内继续制造。

根据上述资料，回答下列问题：

（1）刘英的申请日是哪一天？为什么？

（2）甲企业是否侵犯了刘英的专利权？为什么？

案例十三：专利授权案

甲公司技术人员乙在业余时间里主要利用本单位物质技术条件研制成功一种智能电子门锁。甲公司和乙因该发明创造的专利申请权发生争议，2018年7月1日，同日向国家知识产权局提出发明专利申请。2018年9月13日，某外国公民丙向中国的国家知识产权局就相同主题的发明创造申请专利权，并出示其于2017年8月16日在本国申请专利的附件，要求优先权。经查，公民丙所在国与中国同为保护工业产权巴黎公约缔约国。

根据上述资料，回答下列问题：

国家知识产权局应将专利权授给谁，为什么？

案例十四：专利授权案

2019年1月，教师A利用业余时间研制出"节能打火机"，产品的特点是：节省能源、质量稳定、寿命长。2019年3月A到省外大学学术交流，在该大学报告会上，A详尽介绍了"节能打火机"原理和方案。2019年4月，A向国家知识产权局提出专利申请。

甲科学研究院经过多年研究，2019年2月，完成"回收饮食玻璃包装物的清洁消毒方法"，其技术特征是：对回收的饮食玻璃包装物退火处理，最高退火温度为 650 摄氏度，此方法比现在用碱水浸泡、净水冲洗的传统处理方法生产效率高，清洁消毒处理彻底，且节约能源，减少污染，回收玻璃包装物使用率高。2019 年 3 月，中国政府在广州举办"防止环境污染产品的国际展览会"，甲科学研究院在展览会上展示了这一发明创造成果，受到国内外专家一致好评。2019 年 8 月，甲科学研究院向国家知识产权局提出发明专利申请。

根据上述资料，回答下列问题：

（1）教师 A、甲科学研究院的发明创造分别是否具有新颖性？

（2）丧失新颖性的例外有哪些情形？

案例十五：专利授权案

某日用化工厂研制出"多功能电动牙刷"产品。这种产品设计独特、结构良好。日用化工厂向国家知识产权局提出实用新型专利申请。国家知识产权局经审查发现，该产品在国内虽属首创，但在该厂申请专利前，此产品曾在日本市场上销售。

根据上述资料，回答下列问题：

该日用化工厂的产品有无可能获得专利权？为什么？

案例十六：专利授权案

某农业研究院于 2019 年 1 月研制成功一种新型农用手动吹雾器，产品发明将有利于农业生产。2019 年 5 月，该产品在中国政府举办的一个国际技术交流会上展出。2019 年 10 月，该农业研究院将其发明创造向知识产权局提出专利申请。

根据上述资料，回答下列问题：

该农用手动吹雾器有无可能获得专利？为什么？

案例十七：专利授权案

甲于 2018 年 6 月 1 日向美国专利机关提出一项发明专利申请，后又于 2019 年 3 月 1 日向中国国家知识产权局提出同样的申请。

根据上述资料，回答下列问题：

甲在中国的申请日可能是哪一天？

案例十八：专利授权案

甲于 2018 年 6 月 1 日向美国专利机关提出一项发明专利申请，后乙自主研究完成与甲同样的发明，并于 2018 年 12 月 1 日向中国国家知识产权局提出申请。甲于 2019 年 3 月 1 日向中国国家知识产权局提出同样的申请。

根据上述资料，回答下列问题：

本案谁有可能在中国获得专利？

案例十九：专利授权条件案

为解决世界能源危机问题，科技人员试图做一些发明创造，均未成功。科技人员李某提出了一种从未有人提出过了设想：如果在太阳和地球之间建立一个直径为 1 万公里的圆壳体，就可以将太阳的能量反射到地球上，这样地球的能量将会增加 100 亿倍，能源危机就会得到解决。

根据上述资料，回答下列问题：

这种构思能否申请专利？为什么？

案例二十：专利许可使用案

2018 年王某研制开发了一种"自动式摘豆机"，并与 2019 年 7 月获得实用新型专利，2019 年 10 月王某与甲厂签约了独家实施经营许可，合同约定的有效地域范围为北京、天津两市，有效期 5 年，自合同生效之日起计算。合同自 2019 年 11 月 1 日生效。合同生效不久，王某又与他人合办了一家公司——A 公司，在北京销售同样的专利产品。甲厂得知此情况后，便与王某交涉此事。但王某称自己占有该 A 公司 60% 的股份，根据合同规定，自己有权在全国任何地域范围实施该专利。甲厂认为，依据合同约定，王某虽然有权自己实施该专利，却无权许可第三人——A 公司在北京实施该专利。

根据上述资料，回答下列问题：

（1）王某有权许可 A 公司在北京范围内实施该专利吗？

（2）此案应如何处理？

案例二十一：专利权许可使用案

甲公司生产产品 A，需从市场上购买关键部件 B 作为产品 A 的配件。乙公司已经取得关键部件 B 在中国的专利权，并许可丙公司生产关键部件 B，但丁公司未许可生产了关键部件 B。

根据上述资料，回答下列问题：

（1）甲公司从市场上购买丙公司生产的关键部件 B，作为配件生产产品 A，是否需要经过乙公司的许可？

（2）如果甲公司确实不知道丁公司生产的关键部件 B 是未经乙公司许可的侵权产品，而从市场上购买了丁公司生产的关键部件 B，作为配件生产产品 A，是否构成对乙公司专利权的侵害？

案例二十二：专利法定许可案

甲厂研制一种产品，于 2016 年向国家知识产权局提出专利申请，2017 年 5 月被国家知识产权局授予实用新型专利。乙厂早于 2010 年 5 月试制同种产品，并将其列入新产品开发计划，2010 年试产，产品的主要特征与甲专利产品完全相同，自 2011 年底乙厂完成产品定型图纸，至 2017 年底已销售 50 万台，甲厂发现乙厂的销售行为后，经交涉无效向法院起诉，请求保护其专利权。

根据上述资料，回答下列问题：

该案应如何处理？

案例二十三：专利法定许可案

张某研制出一种产品，于 2018 年向国家知识产权局提出专利申请，2021 年 5 月国家知识产权局授予发明专利。早在 2014 年 5 月甲厂开始试制该产品，并将其列入新产品开发计划，2014 年试产，产品的主要特征之一与张某专利产品相同，2015 年底甲厂完成产品定型图纸，至 2021 年 6 月底，共销售 50 台。张某发现甲厂的销售行为后，经交涉无效向法院起诉，请求依法保护其专利权。甲厂以其在张某申请专利前已做好生产该产品的必要准备工作为由，请求法院确认其行为合法并驳回张某诉讼请求。

根据上述资料，回答下列问题：

（1）甲厂请求法院确认是一种什么行为或权利？

（2）甲厂请求法院确认的行为的法定条件是什么？

案例二十四：专利许可使用和法定许可案

2016 年 3 月，甲厂技术人员张某授权获得"滑动转角"实用新型专利。2019 年 3 月，张某发现某大学资料室新装配的置物架使用"滑动转角"专利技术，该批置物架由森远家具厂加工。

经查明，2018 年 3 月，森远家具厂与湖北省档案馆签订置物架加工合同，经专利权人张某同意，森远家具厂可一次性使用"滑动转角"实用新型专利。2019 年初，森远家具厂与某大学签订加工置物架合同，未经同意，又使用张某"滑动转角"专利。

张某向法院起诉，要求停止侵权行为并赔偿损失。经调解，双方协议：森远家具厂赔偿张某经济损失 9000 元；不再利用张某专利加工产品；保证对张某"滑动转角"专利保密。

根据上述资料，回答下列问题：

（1）家具厂经专利权人同意，一次性使用"滑动转角"技术为湖北省档案馆加工置物架，这种属于什么性质的行为？

（2）森远家具厂和某大学资料室分别是否侵权？理由是什么？

（3）经法院调解，保证对张某"滑动转角"专利保密有无必要？

案例二十五：专利法定许可案

王某在电视广告中看到一种拖把（已经申请专利），其特点是清洗时不需要用手去拧干，只需转动拖把柄上的把手，就可以把脏水拧干。王某是个爱自己动手的人，便在家里找来材料照样做了一个，觉得在家里做卫生非常方便。

根据上述资料，回答下列问题：

此种做法是否构成侵权？

案例二十六：专利侵权案

甲公司未经许可擅自使用丁公司专利技术生产并销售了变频家用空调器 5000 台。乙家电销售公司（以下简称"乙公司"）在明知甲公司侵犯丁公司专利权的情况下，从甲公司进货 2000 台，并已实际售出 1600 台。丙宾馆在不知甲公司侵犯丁公司专利权的情况下也从甲公司购入 200 台并已安装使用。丁公司发现甲公司、乙公司和丙宾馆的上述生产、销售和使用行为后，向法院起诉，状告甲公司、乙公司和丙宾馆侵犯其专利权。

根据上述资料，回答下列问题：

（1）甲公司的生产、销售行为是否侵权？

（2）乙公司的销售行为是否侵权？

（3）丙宾馆的使用行为是否侵权？

案例二十七：专利侵权案

某大学刘教授经过十余年的潜心研究，发明了一种柴油节油添加剂，节油效果很好，具有国内先进水平，并于 2008 年经过国家鉴定，2011 年 8 月，刘教授向国家知识产权局申请专利，2014 年 6 月被批准，同时，刘教授与柳林庄油料厂签订了专利实施许可合同。

2019 年末，刘教授发现某交通公司购进的柴油添加剂与自己的专利产品完全相同，但生产厂不是柳林庄油料厂，据查，这批柴油添加剂是某市街道办工厂——民乐添加剂厂生产的，同时，刘教授还发现某大学实验室也利用了他的配方在制作添加剂，在教学实验中使用。

根据上述资料，回答下列问题：

涉及的四个单位是否侵权。

案例二十八：专利侵权案

某医学院张某在科研中使用魏某的药品专利，在此基础上研制出新药；该新药在医学院附属医院中作临床试验；张某将这一研究成果公开发表论文，论文中引用魏某专利文献中的数据，并有标注。

根据上述资料，回答下列问题：

（1）张某利用魏某的专利技术，在此基础上研制出新药，是否构成侵权？

（2）新药在医学院附属医院中作临床试验，是否对魏某的专利构成侵权？

（3）张某发表论文是否构成侵权？

案例二十九：专利侵权案

马某获得软饮料包装外观设计专利，甲公司向专利复审委员会请求宣告该专利无效，未被受理。甲公司即向国家知识产权局请求强制许可，未达目的，于是准备在该专利期满终止后使用该种设计推销本公司产品。

根据上述资料，回答下列问题：

（1）请求宣告该专利无效，什么情况下会受理？

（2）甲公司提出强制许可，在法律上有无可能性？

（3）甲公司拟在该专利期满终止后使用该外观设计，是否可能？

案例三十：专利侵权案

2017年李明经过自己独立研究，发明了一种教学仪器"球仪"，并通过省级教委系统内部鉴定。之后，李明就"球仪"的发明申请实用新型专利，获得国家知识产权局授予的专利权。其后，李明与当地教学仪器厂订立了专利使用许可合同。2020年，李明发现一中学买进的"球仪"与自己的发明完全相同，但不是当地教学仪器厂生产的。经调查，该"球仪"的制造者是当地一家校办工厂组织生产的，该厂与教学仪器厂签订了生产许可合同。

根据上述资料，回答下列问题：

（1）该案中的违法者是谁？说明理由。

（2）该校办工厂的行为是不是假冒专利的行为？为什么？

（3）李明可以通过哪些方法保护自己的专利权？

案例三十一：专利侵权案

原告是北京王码电脑总公司，被告是中国东南技术贸易总公司。1985年，王永民先生向国家知识产权局提出"五笔字型"专利申请，全称"优化五笔字型编码法及其键盘"，（此项目由河南省计算机中心等单位拨款开发，后达成协议，该技术由王永民任总裁的北京王码公司、河南计算机中心等四家共有），经历7年获得专利。

原告诉称，字根的选取和组合是整个形码设计中最烦琐、最艰巨、最重要的工作，任何一个字根的选取都是发明人的心血，是发明的精华，被告中国东南技术贸易总公司利用字根构成侵权。

被告辩称，自己对"五笔字型"进行多次修改：（1）字根上，从220个减到199个，二者不同达16.99%。（2）将第三区的字根移到第五区，将第五区的移到第三区。（3）输入速度比原告的快2倍。

根据上述资料，回答下列问题：

该专利权的保护范围应当如何确定？

案例三十二：专利应用案

2015年，甲手帕厂从国外乙厂引进生产大提花手帕的专利设备"大提花箭杆织机"，大提花箭杆织机配有目板装造，一块目板装造只能生产一种缎条花型的大提花手帕，若更换一种缎条花型就需更换一副目板装造，但一块目板装造价格1万美元，安装还费工费时。

甲手帕厂技术人员经过技术攻关，发明了新的大提花织机目板装造，不仅改变一块目板只能生产一种提花手帕的弊端，还能织出任意题写文字，生产不同艺术手帕。甲手帕厂就该技术申请专利，2019 年获得专利权，随即通知国外乙厂，要求乙厂如在中国销售含有该专利的目板装造需经手帕厂同意，并支付专利使用费。

根据上述资料，回答下列问题：

甲手帕厂的上述行为是否合法？为什么？

第四章

商标权

第四章
课件

案例引入

　　甲厂"美华"牌锅炉在行业内具有很高知名度，该商标没有申请注册。2019年1月，同是生产锅炉的乙厂向知识产权局提出"美华"商标注册申请。若：（1）2019年10月知识产权局对乙厂的注册申请初步审定后予以公告，甲厂看到公告，认为乙厂的行为损害自己的权益，甲厂应当如何救济？（2）2020年1月知识产权局核准乙厂美华商标的注册申请，乙厂向甲厂提出不得再使用美华商标的要求，甲厂不同意，乙厂遂告甲厂侵权。本案甲厂能否抗辩？如何抗辩？

　　解析：（1）甲厂可以以未注册驰名商标申请救济。驰名商标，根据企业的申请，官方认定的一种商标类型，在中国国内为公众广为知晓并享有较高声誉。对驰名商标的保护不仅仅局限于相同或者类似商品或服务，就不相同或者不相类似的商品申请注册或者使用时，都将不予注册并禁止使用，驰名商标被赋予广泛的排他性权利。

　　（2）甲厂可以抗辩，以先用权行使抗辩。商标先用权是指在别人申请注册商标之前，自己非以不正当竞争的目的，已将与别人申请注册的商标相同或近似的商标使用于其指定商品相同或类似的商品之上，当别人申请时，该商标作为与自己业务有关的商标已驰名，在此情况下，自己有权继续使用该商标。

　　资料来源：作者编写而得。

第一节　商标权制度概述

一、商标的概念和分类

（一）商标的概念和作用

1. 商标的概念

商标，俗称商品或服务的牌子，是指将不同企业的商品或服务进行相互区别的专用标记。商标是市场主体将商品和服务推向市场的纽带，是市场主体参与市场竞争的有力武器。商标被消费者接受的迟早，反映商品占领市场的迟早；商标信誉的高低，反映着商品在市场上占有率的大小；商标是否驰名，反映商品竞争力的强弱。商标有注册商标和未注册商标之分，经商标局核准注册的商标为注册商标，包括商品商标、服务商标和集体商标、证明商标；商标注册人享有商标专用权，受法律保护。中国商标法不保护未注册商标，但对未注册的驰名商标提供特殊保护，未注册的著名商标在一定程度上可以适用反不正当竞争法保护。

2. 商标的作用

商标的主要作用是识别，同时具有宣传和经济功能。

（1）识别作用。

从商标的起源来看，商标的原始功能在于标示或识别商品的生产者、销售者或服务的提供者，也就是向消费者表明商品或服务的来源或出处。识别功能仍然是现代商标的最基本功能，在此基础上，现代商标又派生出了其他一些重要功能。由于商标代表了不同的商品生产者和服务提供者，即使同一种商品或服务因生产者和服务者不同，其质量也会有所不同，因此，在消费者的经验中，不同商标也表明了商品质量的优劣或区别。对消费者而言，某一商标与其相对应的商品或服务的质量、档次、售后服务等有着固定的联系，它担保商品或服务能够符合消费者的期望。因此，商品或服务的商标就与其质量自然而然地联系在一起，成为其质量的一种表征。

（2）宣传作用。

商标本身就具有广告作用，被誉为商品或服务无声的推销员。商标宣传既包括经营者有目的的广告宣传也包括消费者的口碑，商标是进行商品或服务广告宣传的主要内容，通过商标的广告宣传，使消费者把特定的商品或服务与特定的商标联为一体，不仅有利于市场主体商标的推广，也有利于消费者获取市场信息、选购满意商品和接受满意服务。

（3）经济功能。

商标已成为市场主体资本构成的重要部分，有些商标的价值远超有形资产。一个有着社会知名度的商标，往往蕴含着巨大的商业价值，争创驰名商标是市场主体的不懈追求。通过商标许可方式，能够使不同的市场主体建立起经济联系，这不仅可以给商标所有人带来利润，也给被许可人带来了经营上的生机。

（二）商标的分类

1. 著名商标、驰名商标

根据商标知名度的不同，可将商标分为著名商标和驰名商标。

著名商标也叫知名商标，是指具有较高市场声誉和商业价值，为相关公众所熟知，并依法被认定的注册商标。著名商标是一个商业用语，著名商标通常由省市工商行政管理部门批量认定。

驰名商标是指在一定范围内为相关公众广为知晓并享有较高声誉的商标。驰名商标是一个法律概念，驰名商标只能由国家工商行政管理局商标局和人民法院个案认定。《中华人民共和国商标法》（以下简称《商标法》）第十四条规定："驰名商标应当根据当事人的请求，作为处理涉及商标案件需要认定的事实进行认定。认定驰名商标应当考虑下列因素：（1）相关公众对该商标的知晓程度；（2）该商标使用的持续时间；（3）该商标的任何宣传工作的持续时间、程度和地理范围；（4）该商标作为驰名商标受保护的记录；（5）该商标驰名的其他因素。"

2. 集体商标、制造商标、销售商标

根据使用对象的不同，可将商标分为集体商标、制造商标和销售商标。集体商标，《商标法》第三条第二款规定："本法所称集体商标，是指以团体、协会或者其他组织名义注册，供该组织成员在商事活动中使用，以表明使用者在该组织中的成员资格的标志。"如"东风""蒙牛""白云山"等大企业集团的商标都是作为集体商标在使用。

制造商标是指商品制造者所使用的商标。如工业企业或个体工商者在其自行生产或制造的商品上所使用的商标，凡标明自己生产、制造、加工、拣选的商品的商标，不问工业、农业、采掘业均为制造商标。

销售商标是指商品销售者为了保证自己所销商品的质量而使用的文字、图形或其组合标记。根据中国商标立法，制造商标和销售商标在法律上无任何区别，在同一商品上能否既注册制造商标又注册销售商标，法律无明文规定。

3. 联合商标、防御商标、证明商标、等级商标

根据商标的作用的不同，可将商标分为联合商标、防御商标、证明商标、等级商标。

联合商标是指同一商标所有人在同一种或类似商品上注册的若干近似商标。这些商标中首先注册的或者主要使用的为主商标或正商标，其余的则备而不用。注册商标专用权移转的，注册商标专用权人在同一种或者类似商品上注册的相同或者近似的商标，应当一并移转。

防御商标是指商标所有人将相同商标注册在不同类别的商品或服务上，以防止他人在这些类别的商品或服务上注册使用相同的商标。原注册商标为主商标，其他商品或服务上注册的相同商标为防御商标。

证明商标，根据《商标法》第三条第三款规定："本法所称证明商标，是指由对某种商品或者服务具有监督能力的组织所控制，而由该组织以外的单位或者个人使用于其商品或者服务，用以证明该商品或者服务的原产地、原料、制造方法、质量或者其他特定品质的标志。"比如"绿色食品"标志等。根据《集体商标、证明商标注册和管理方法》，证明商标可分两大类：一是特定品质证明商标；二是地理标志。

等级商标是指在商品质量、规格、等级不同的一种商品上使用的同一商标或者不同的商标。这种商标有的虽然名称相同，但图形或文字字体不同，有的虽然图形相同，但为了便于区别不同商品质量，而是以不同颜色、不同纸张、不同印刷技术或者其他标志作区别，也有的是用不同商标名称或者图形作区别。

4. 商品商标、服务商标

根据商标使用行业的不同，可将商标分为商品商标和服务商标。

商品商标是指商品的生产者或经营者为了将自己生产或经营的商品与他人生产或经营的商品区别开来，而使用的文字、图形或其组合标志。商品商标可以是具有某种含义或毫无任何意义的文字、图形或其组合。如同其他商标一样，只要不违反法律的禁用条款，不损害公共道德或他人的利益，具有商标的显著性，均可成为商品商标。

服务商标又称服务标记或劳务标志，是指提供服务的经营者，为将自己提供的服务与他人提供的服务相区别而使用的标志。经济活动中，有些"产品"不是作为有形的商品提供给消费者，而是作为商业性质的服务项目用以满足消费者的需求，如旅游服务、修理服务、保险服务、娱乐服务、交通服务、邮电服务等。企业提供的服务，也需要有不同标记将它们区分开。这里所说的"服务"，是指《商标注册用商品和服务国际分类》表中的第 35～45 类共 11 个类别商标，包括 10 大服务领域：广告经营、会展；房地产；金融；电信、网络服务；餐饮、住宿、旅游；文教、娱乐；交通、仓储、运输；医疗卫生、保健；中介、代理；商业销售、贸易。

5. 文字商标、图形商标、立体商标、声音商标

根据商标表现形式的不同，可将商标分为文字商标、图形商标、立体商标和声音商标。

文字商标是指用汉字及其拼音字母或其他文字、字母组合而成，使用在商品或服务上的标志。文字商标是一种主要的商标形式，由于其便于呼叫，大多数企业都会首选文字作为商标注册和使用。作为商标的文字不一定是具有含义的文字，但至少可以识读。由于文字商标具有表达意思明确、视觉效果良好、易认易记等优点，所以，商标的设计越来越趋向文字化。

图形商标是指以图形构成的商标。图形商标应具有识别性，不受语言限制，在任何语种的国家和地区内，人们只要懂得图形就会明白商标的含义，一般有两种：（1）以具有某种形象的图案作为商标；（2）用简单明了的几何图形或色块组织构成的商标。

立体商标是指由三维标志或者含有其他标志的三维标志构成的商标。立体商标可以是商品本身的形状、商品的包装物或者其他三维标志。申请注册立体商标的，申请人应当在申请书中予以声明。未声明的，视为平面商标。

声音商标是非传统商标的一种，与其他可以作为商标的要素（文字、数字、图形、颜色等）一样要求具备能够将一个企业的产品或服务与其他企业的产品或服务区别开来的基本功能，即必须具有显著特征，便于消费者识别。

【案例 4 – 1】

声音商标案

中新网深圳 10 月 26 日电（记者 郑小红）记者 25 日从腾讯公司获悉，北京市高级人民法院近日终审判决，认定腾讯公司申请的"嘀嘀嘀嘀嘀嘀"声音商标具有显著性，准予注册。这也是中国商标法领域首例声音商标案件。

2014 年 5 月 4 日，腾讯公司向原国家工商行政管理总局商标局提出"嘀嘀嘀嘀嘀嘀"声音商标的注册申请。同年 8 月 11 日，商标局针对这一注册申请作出驳回通知，理由是依据国家商标法，申请商标由简单、普通的音调或旋律组成，在指定使用项目上缺乏显著性，不得作为商标注册。

腾讯公司对商标局作出的商标驳回通知不服，于法定期限内向商标评审委员会提出复审申请。商标局认为"嘀嘀嘀嘀嘀嘀"的声音过于简单，缺乏独创性和声音商标的显著性，再次驳回申请。

　　腾讯公司随后向北京知识产权法院提起行政诉讼，北京知识产权法院认为，此案的申请商标"嘀嘀嘀嘀嘀嘀"的提示音虽然仅由同一声音元素"嘀"音构成且整体持续时间较短，但申请商标包含六声"嘀"音，且每个"嘀"音音调较高、各"嘀"音之间的间隔时间短且呈连续状态，申请商标整体在听觉感知上形成比较明快、连续、短促的效果，具有特定的节奏、音效，且并非生活中所常见，因此，QQ提示音并不属于整体较为简单的情形，判决撤销商标评审委员会作出的被诉决定，判决商标评审委员会重新作出决定。商标评审委员会不服一审判决，向北京市高级人民法院提出上诉。

　　2018年7月2日北京市高级人民法院依法组成合议庭，2018年8月15日公开开庭审理认定，"嘀嘀嘀嘀嘀嘀"声音通过在QQ上的长期持续使用，具备了识别服务来源的作用，并认同一审法院认定申请商标在与QQ相关的服务上具备了商标注册所需的显著特征。综上所述，判决驳回上诉，维持原判。此判决为终审判决。

　　资料来源：中国首例声音商标案结案，QQ提示音"嘀嘀嘀嘀嘀嘀"获准注册[EB/OL]．中国新闻网，2018-10-26．

二、商标权的概念和特征

（一）概念

　　商标权又称商标专用权，是指商标所有人依法对其注册商标所享有的专有权利。《商标法》第三条规定："经商标局核准注册的商标为注册商标，商标注册人享有商标专用权，受法律保护。"

（二）特征

1. 独占性

　　独占性又称专有性或垄断性，是指商标注册人对其注册商标享有独占使用权。赋予注册商标所有人独占使用权的基本目的是通过注册建立特定商标与特定商品的固定联系，从而保证消费者能够避免混淆并能接受到准确无误的商品来源信息。换句话说，在商业中未经许可的所有使用，都将构成对商标独占性的侵害。独占性表现为三个方面：

　　（1）商标注册人有权依据《商标法》的相关规定，将其注册商标使用在其核准使用的商品、商品包装上或者服务、服务设施上，任何他人不得干涉；

（2）商标注册人有权禁止任何其他人未经其许可擅自在同一种或类似商品上使用与其注册商标相同或者近似的商标；

（3）商标注册人有权许可他人使用自己的注册商标，也可以将自己的注册商标转让给他人，这种许可或转让要符合法律规定并履行一定的法律手续。

2. 时效性

时效性是指商标专用权的有效期限。在有效期限之内，商标专用权受法律保护，超过有效期限不进行续展手续，就不再受到法律的保护。各国的商标法，一般都规定了对商标专用权的保护期限，有的国家规定的长些，有的国家规定的短些，多则二十年，少则七年，大多数是十年。中国商标法规定的商标专用权的有效期为十年。《商标法》第四十条规定："注册商标有效期满，需要继续使用的，商标注册人应当在期满前十二个月内按照规定办理续展手续；在此期间未能办理的，可以给予六个月的宽展期。每次续展注册的有效期为十年，自该商标上一届有效期满次日起计算。期满未办理续展手续的，注销其注册商标。"

3. 地域性

地域性是指商标专用权的保护受地域范围的限制。注册商标专用权仅在商标注册国享受法律保护，非注册国没有保护的义务。在中国注册的商标要在其他国家获得商标专用权并受到法律保护，就必须分别在这些国家进行注册，或者通过《马德里协定》等国际知识产权条约在协定的成员国申请领土延伸。

4. 财产性

智力成果不同于有形的物质财富，它虽然需要借助一定的载体表现，但载体本身并无太大的经济价值，体现经济价值的只能是载体所蕴含的智力成果。商标专用权是一种无形财产权，商标专用权的整体是智力成果，凝聚了权利人的心血和劳动，如"可口可乐""全聚德"等商标，其商标的载体——可乐、烤鸭等不是具有昂贵价值的东西，但其商标本身却是具有极高的经济价值。

5. 类别性

国务院工商行政管理部门商标局依照商标注册申请人提交的《商标注册申请书》中核定的类别和商品（服务）项目名称进行审查和核准。注册商标的保护范围仅限于所核准的类别和项目，以世界知识产权组织《商标注册商品和服务国际分类》为基础，商标局制定的《类似商品和服务区分表》将商品和服务总共分为 45 个类别，在相同或近似的类别及商品（服务）项目中只允许一个商标权利人拥有相同或近似的商标，在不相同和近似的类别中允许不同权利人享有相同或近似的商标。

三、商标法

商标法是调整商标关系的法律规范的总和，即调整商标因注册、使用、管理和保护商标专用权等活动，在国家机关、事业单位、社会团体、个体工商户、公民个人、外国人、外国企业以及商标事务所之间所发生的各种社会关系的法律规范的总和。

1982 年 8 月 23 日，第五届全国人民代表大会常务委员会第二十四次会议通过《中华人民共和国商标法》，根据 1993 年 2 月 22 日第七届全国人民代表大会常务委员会第三十次会议《关于修改〈中华人民共和国商标法〉的决定》第一次修正，根据 2001 年 10 月 27 日第九届全国人民代表大会常务委员会第二十四次会议《关于修改〈中华人民共和国商标法〉的决定》第二次修正，根据 2013 年 8 月 30 日第十二届全国人民代表大会常务委员会第四次会议《关于修改〈中华人民共和国商标法〉的决定》第三次修正，根据 2019 年 4 月 23 日第十三届全国人民代表大会常务委员会第十次会议《关于修改〈中华人民共和国建筑法〉等八部法律的决定》第四次修正。

2003 年 4 月 17 日国家工商行政管理总局令第 5 号发布《驰名商标认定和保护规定》，根据 2014 年 7 月 3 日国家工商行政管理总局令第 66 号修订，自 2014 年 8 月 2 日施行。

第二节　商标权的主体、客体和内容

一、商标权的主体

商标权的主体，又称商标权人，是指依法享有商标权并承担一定义务的自然人、法人或者其他组织，包括原始主体和继受主体。

（一）原始主体

商标权的原始主体是指商标注册人。在中国，自然人、法人或其他组织，包括依法成立的企业、事业单位、社会团体、个体工商户、个人合伙和自然人，都可以成为商标权的原始主体。根据《商标法》第四条的规定："自然人、法人或者其他组织在生产经营活动中，对其商品或者服务需要取得商标专用权的，应当向商标局申请商标注册。不以使用为目的的恶意商标注册申请，应当予以驳回。"申请注册的商标被核准注册后，该商标注册申请人就成为商标权的原始主体。

在中国没有经常居所或者营业所的外国人或者外国企业也可以成为中国商标权的主体。《商标法》第十七条规定："外国人或者外国企业在中国申请商标注册的，应当按其所属国和中华人民共和国签订的协议或者共同参加的国际条约办理，或者按对等原则办理。"只要外国人或者外国企业的所属国和中华人民共和国签订有与商标有关的协议，或者共同参加了与商标有关的国际条约，或者按照对等原则办理中国人或者中国企业的商标注册事宜，则该外国人或外国企业就具备成为中国商标权的主体资格。

（二）继受主体

商标权的继受主体，是指依法通过注册商标的转让或者移转取得商标权的自然人、法人或者其他组织。根据《商标法》第四十二条规定"转让注册商标的，转让人和受让人应当签订转让协议，并共同向商标局提出申请。"商标权的原始主体可以依法转让其注册商标；作为商标权原始主体的自然人死亡后，该注册商标可以依法移转给其继承人；作为商标权原始主体的法人或者其他组织终止后，该注册商标可以依法移转给有关法人或者其他组织。自然人、法人或者其他组织依法通过注册商标的转让或者移转取得商标权后，就成为该商标权的继受主体。

二、商标权的客体

1. 概念

商标权的客体，即法律对商标权所保护的具体对象，是商标权的物化载体即注册商标。没有注册的商标以及未予核准注册的商标，其专用权均不受法律的保护，因而不是商标权的客体。

2. 特征

依据《商标法》规定，商标权的客体至少应包含以下三个特性：

（1）可表现性。

商标是一种专用标记，商标需以能够为人们所感知的元素来表现。按照感知的方式可以将商标划分为视觉商标、听觉商标（声音商标）与嗅觉商标（气味商标）。尽管有些国家承认嗅觉商标，但目前中国只保护视觉商标和听觉商标，嗅觉商标在中国不能获得注册保护。根据《商标法》第八条规定："任何能够将自然人、法人或者其他组织的商品与他人的商品区别开的标志，包括文字、图形、字母、数字、三维标志、颜色组合和声音等，以及上述要素的组合，均可以作为商标申请注册。"

（2）可识别性。

可识别性也称显著性，是指构成商标的元素从总体上具有明显特色，能与他人同种或类似商品上的商标区别开来。根据《商标法》第九条规定："申请注册的商标，应当有显著特征，便于识别，并不得与他人在先取得的合法权利相冲突。"可识别性是对商标的基本要求，不管商标标志是否独特，只要商标在市场交易中足以使一般人据此区分不同经营者提供的商品或服务，则该商标具有可识别性，可以作为商标注册。

（3）合法性。

商标权应依照法定程序确认，并不得与他人在先取得的合法权利相冲突，商标标志本身也应合法。根据《商标法》第十条规定，下列标志不得作为商标使用：

① 同中华人民共和国的国家名称、国旗、国徽、国歌、军旗、军徽、军歌、勋章等相同或者近似的，以及同中央国家机关的名称、标志、所在地特定地点的名称或者标志性建筑物的名称、图形相同的；

② 同外国的国家名称、国旗、国徽、军旗等相同或者近似的，但经该国政府同意的除外；

③ 同政府间国际组织的名称、旗帜、徽记等相同或者近似的，但经该组织同意或者不易误导公众的除外；

④ 与表明实施控制、予以保证的官方标志、检验印记相同或者近似的，但经授权的除外；

⑤ 同"红十字""红新月"的名称、标志相同或者近似的；

⑥ 带有民族歧视性的；

⑦ 带有欺骗性，容易使公众对商品的质量等特点或者产地产生误认的；

⑧ 有害于社会主义道德风尚或者有其他不良影响的；

⑨ 县级以上行政区划的地名或者公众知晓的外国地名，不得作为商标。但是，地名具有其他含义或者作为集体商标、证明商标组成部分的除外；已经注册的使用地名的商标继续有效。

有些标志通常不能成为注册商标，但可以作为非注册商标使用。《商标法》第十一条规定，下列标志不得作为商标注册：

① 仅有本商品的通用名称、图形、型号的；

② 仅仅直接表示商品的质量、主要原料、功能、用途、重量、数量及其他特点的；

③ 缺乏显著特征的。

但上述所列标志经过使用取得显著特征，并便于识别的，可以作为商标注册。

【案例 4 - 2】

商标禁用案

2020 年，新星洗涤剂厂向国家知识产权局申请"加酶"洗衣粉商标，在申请期间，被广州油脂化学工业公司提出了异议，称"加酶"是商品的通用名称。

问：异议人的异议有无道理？应否授予洗衣粉"加酶"商标？

解析：异议人的异议没有道理，"加酶"不是洗衣粉的通用名称，但是，对不应授予"加酶"商标，若直接表示洗衣粉的主要原料，不得作为注册商标的标志；若洗衣粉是未加酶的，用"加酶"作商品可能误导消费者，带有欺骗性。

资料来源：作者编写而得。

【案例 4 - 3】

商标禁用案

第 12187778 号"公路港"商标，由河南公路港务局集团有限公司（本案被申请人）于 2013 年 2 月 22 日提出注册申请，于 2016 年 1 月 7 日获准注册，核定使用在第 39 类货运等服务上。2016 年 4 月 19 日，该商标被传化物流集团有限公司（本案申请人）申请撤销。申请人称："公路港"是一种公路物流运输模式的通用名称，缺乏商标应有的显著性。

问：对于本案申请人的请求是否予以支持？

解析：应予以支持。注册商标成为其核定使用的商品通用名称的，任何单位或者个人可以向商标局申请撤销该注册商标。

资料来源：作者编写而得。

【案例 4 - 4】

商标禁用案

甲公司向《商标公告》杂志社发邮件，咨询如下问题：自 2012 年以来，我公司一直使用"南京"或"茶花"商标，用于生产和销售的冰激凌、雪糕、冰砖等冷饮食品。由于生产规模不大，没有申请过商标注册。今年年初，公司扩大生产规模，拟根据尼斯协定第 30 类冷饮食品上申请注册"南京"商标。委托一家商标事务所代理申请注册，该事务所称"南京"商标不符合商标法规定，不能作为商标申请注册。于是，准备以"冰凉"申请注册，代理事务所也说不行。我公司为什么不能以"南京""冰凉"作为商标申请注册？

对甲公司提出的问题，应当如何回答？并分析该企业以未注册商标使用"南京""茶花"商标的行为是否合法？

解析："南京""冰凉"均不能申请为商标，它们属于商标禁用情形，即直接表示商品的原料、功能、用途、重量、数量、质量、价值等的名称或图形的，不得作为商标；县级以上行政区划的地名或者公众知晓的外国地名，不得作为商标。本案以未注册商标使用"南京"不合法；使用"茶花"商标合法。

资料来源：作者编写而得。

三、商标权的内容

商标权的内容从广义上理解即商标权法律关系的内容，主要是指商标权人依法对其注册商标所享有的权利和承担的义务。《商标法》具体规定了商标权人的权利和义务。

（一）商标权人的权利

1. 专用权

专用权是指商标权人依法享有的在指定商品或服务项目上对其注册商标独占使用的权利。《商标法》第三条规定："经商标局核准注册的商标为注册商标，包括商品商标、服务商标和集体商标、证明商标；商标注册人享有商标专用权，受法律保护。"注册商标的专用权，以核准注册的商标和核定使用的商品为限。

2. 许可权

许可权是指商标权人通过签订商标使用许可合同许可他人使用其注册商标的权利。《商标法》第四十三条规定："商标注册人可以通过签订商标使用许可合同，许可他人使用其注册商标。许可人应当监督被许可人使用其注册商标的商品质量。被许可人应当保证使用该注册商标的商品质量。经许可使用他人注册商标的，必须在使用该注册商标的商品上标明被许可人的名称和商品产地。许可他人使用其注册商标的，许可人应当将其商标使用许可报商标局备案，由商标局公告。商标使用许可未经备案不得对抗善意第三人。"

3. 转让权

转让权是指商标权人依照法定程序和条件将其注册商标转让给他人的权利。根据《商标法》第四十二条规定："转让注册商标的，转让人和受让人应当签订转让协议，并共同向商标局提出申请。受让人应当保证使用该注册商标的商品质量。转让注册商标的，商标注册人对其在同一种商品上注册的近似的商标，或者在类似商品上注册的相同或者近似的商标，应当一并转让。对容易导致混淆或者有其他不良影响的转让，商标局不予核准，书面通知申请人并说明理由。转让注册商标经核准后，予以公告。受让人自公告之日起享有商标专用权。"

4. 续展权

商标续展权是指注册商标有效期满，商标权人可依照法律的规定办理商标续展注册，以继续享有商标权。根据《商标法》第三十九条规定："注册商标的有效期为十年，自核准注册之日起计算。"根据《商标法》第四十条规定："注册商标有效期满，需要继续使用的，商标注册人应当在期满前十二个月内按照规定办理续展手续；在此期间未能办理的，可以给予六个月的宽展期。每次续展注册的有效期为十年，自该商标上一届有效期满次日起计算。期满未办理续展手续的，注销其注册商标。商标局应当对续展注册的商标予以公告。"

5. 请求保护权

请求保护权是指商标权人认为其商标权受到侵犯时，有权向人民法院起诉或请求工商行政管理部门处理以保护其商标权的权利。根据《商标法》第六十条规定："有本法第五十七条所列侵犯注册商标专用权行为之一，引起纠纷的，由当事人协商解决；不愿协商或者协商不成的，商标注册人或者利害关系人可以向人民法院起诉，也可以请求工商行政管理部门处理。工商行政管理部门处理时，认定侵权行为成立的，责令立即停止侵权行为，没收、销毁侵权商品和主要用于制造侵权商品、伪造注册商标标识的工具，违法经营额五万元以上的，可以处违法经营额五倍以下的罚款，没有违法经营额或者违法经营额不足五万元的，可以处二十五万元以下的罚款。对五年内实施两次以上商标侵权行为或者有其他严重情节的，应当从重处罚。销售不知道是侵犯注册商标专用权的商品，能证明该商品是自己合法取得并说明提供者的，由工商行政管理部门责令停止销售。对侵犯商标专用权的赔偿数额的争议，当事人可以请求进行处理的工商行政管理部门调解，也可以依照《中华人民共和国民事诉讼法》向人民法院起诉。经工商行政管理部门调解，当事人未达成协议或者调解书生效后不履行的，当事人可以依照《中华人民共和国民事诉讼法》向人民法院起诉。"

6. 质押权

质押权也称商标专用权质押，是指商标注册人以债务或者担保人身份将自己所拥有的、依法可以转让的商标专用权作为债权的担保，当债务人不履行债务时，债权人有权依照法律规定，以该商标专用权折价或以拍卖、变卖该商标专用权的价款优先受偿。根据《中华人民共和国民法典》第四百四十四条规定："以注册商标专用权、专利权、著作权等知识产权中的财产权出质的，质权自办理出质登记时设立。知识产权中的财产权出质后，出质人不得转让或者许可他人使用，但是出质人与质权人协商同意的除外。出质人转让或者许可他人使用出质的知识产权中的财产权所得的价款，应当向质权人提前清偿债务或者提存。"

7. 标识权

标识权是指商标注册人对其注册商标在商品、商品包装或或者说明书上依法标明、标记的权利。根据《商标法》第九条第三款规定："商标注册人有权标明'注册商标'或者注册标记。"

（二）商标权人的义务

1. 使用的义务

商标只有经过使用才会产生价值，注册商标而不使用是对公共资源的一种浪费。许多国家的商标法规定，只有已经实际使用的商标才能注册，或者商标在核准注册后一定期限内必须使用，否则将丧失商标权，《商标法》也有类似的规定。如《商标法》第四十九条第二款规定："注册商标成为其核定使用的商品的通用名称或者没有正当理由连续三年不使用的，任何单位或者个人可以向商标局申请撤销该注册商标。商标局应当自收到申请之日起九个月内做出决定。有特殊情况需要延长的，经国务院工商行政管理部门批准，可以延长三个月。"

2. 质量保证的义务

《商标法》第七条第二款规定："商标使用人应当对其使用商标的商品质量负责。各级工商行政管理部门应当通过商标管理，制止欺骗消费者的行为。"使用注册商标，其商品粗制滥造，以次充好，欺骗消费者的，由各级工商行政管理部门分别不同情况，责令限期改正，并可以予以通报或者处以罚款，或者由商标局撤销其注册商标。

3. 缴费的义务

《商标法》第七十二条规定："申请商标注册和办理其他商标事宜的，应当缴纳费用，具体收费标准另定。"缴纳费用的项目和标准，由国务院工商行政管理部门会同国务院价格主管部门规定并公布。

第三节　商标注册申请与审查

一、商标注册申请

（一）概念

广义的商标注册申请除包括狭义的商标注册申请的内容外，还包括变更、续展、转让注册申请，异议申请，商标使用许可合同备案申请，以及其他商标注册事宜的办理。

狭义的商标注册申请仅指商品和服务商标注册申请、商标国际注册申请、证明商标注册申请、集体商标注册申请、特殊标志登记申请。本书的商标注册应作狭义理解。

商标注册是用来区别一个经营者的商标或服务和其他经营者的商品或登记服务的标记。《商标法》第三条规定："经商标局核准注册的商标为注册商标，包括商品商标、服务商标和集体商标、证明商标；商标注册人享有商标专用权，受法律保护。"

（二）商标注册原则

1. 自愿注册为主，强制注册为辅原则

自愿注册原则是指商标所有人根据自己的需要和意愿，自行决定是否申请商标注册。在自愿注册原则下，商标注册人对其注册商标享有专用权，受法律保护。未经注册的商标，也可以在生产服务中使用，但其使用人不享有专用权，除驰名商标外，商标使用人无权禁止他人在同种或类似商品或服务上使用与其商标相同或近似的商标。

与自愿注册相对应的是强制注册，国家对生产经营者在某些商品或服务上所使用的商标，强制规定必须经依法注册才能使用。中国也有对商标强制注册的要求。《商标法》第六条规定："法律、行政法规规定必须使用注册商标的商品，必须申请商标注册，未经核准注册的，不得在市场销售。"目前中国要求强制注册的商标有两大类，即人用药品（西药、针剂和中成药）和烟草制品（卷烟、雪茄烟、有包装的烟丝）。

2. 注册在先为主、使用在先为辅原则

在商标权授权的顺序选择上，国际社会主要采用注册在先原则、使用在先原则和兼顾注册和使用在先的混合原则。注册在先原则，即商标的最先注册人优先于商标最先使用人取得商标专用权（德国、法国、意大利、日本、韩国等国采用）。使用在先原则，即商标的最先使用人有权取得商标专用权，最先使用人与商标注册人在商标专用权发生冲突时，享有优先权。

中国采取的是混合原则，即"注册在先为主、使用在先为辅"的原则。《商标法》第三十一条规定："两个或者两个以上的商标注册申请人，在同一种商品或者类似商品上，以相同或者近似的商标申请注册的，初步审定并公告申请在先的商标；同一天申请的，初步审定并公告使用在先的商标，驳回其他人的申请，不予公告。"《中华人民共和国商标法实施条例》（以下简称《实施条例》）第十九条进一步规定："两个或者两个以上的申请人，在同一种商品或者类似商品上，分别以相同或者近似的商标在同一天申请注册的，各申请人应当自收到商标局通知之日起30日内提交其申请注册前在先使用该商标的证据。同日使用或者均未使用的，各申请人可以自收到商标局通知之日起30日内自行协商，并将书面协议报送商标局；不愿协商或者协商不成的，商标局通知各申请人以抽签的方式确定一个申请人，驳回其他人的注册申请。商标局已经通知但申请人未参加抽签的，视为放弃申请，商标局应当书面通知未参加抽签的申请人。"除法律另有规定的外，当事人向商标局或者商标评审委员会提交文件或者材料的日期，直接递交的，以递交日为准；邮寄的，以寄出的邮戳日为准；邮戳日不清晰或者没有邮戳的，以商标局或者商标评审委员会实际收到日为准，但是当事人能够提出实际邮戳日证据的除外。

3. 优先权原则

优先权原则是巴黎公约中确立的一项基本原则，优先权是指在巴黎公约成员国中，某一申请人向两个以上国家分别提出同一商标注册申请，相隔时间若不超过六个月，可用第一次申请日期作为第二次申请的日期，以取得优先申请的权利。《商标法》比较全面的规定了优先权制度，该法第二十五条和第二十六条分别规定了商标的国际优先权和展览优先权。

《商标法》第二十五条规定："商标注册申请人自其商标在外国第一次提出商标注册申请之日起六个月内，又在中国就相同商品以同一商标提出商标注册申请的，依照该外国同中国签订的协议或者共同参加的国际条约，或者按照相互承认优先权的原则，可以享有优先权。"

《商标法》第二十六条规定："商标在中国政府主办的或者承认的国际展览

会展出的商品上首次使用的，自该商品展出之日起六个月内，该商标的注册申请人可以享有优先权。"

《商标法》还进一步规定了优先权的行使方式，该法第二十五条和第二十六条分别规定了商标的国际优先权和展览优先权的行使。

《商标法》第二十五条第二款规定："依照前款要求优先权的，应当在提出商标注册申请的时候提出书面声明，并且在三个月内提交第一次提出的商标注册申请文件的副本；未提出书面声明或者逾期未提交商标注册申请文件副本的，视为未要求优先权。"

《商标法》第二十六条第二款规定："依照前款要求优先权的，应当在提出商标注册申请的时候提出书面声明，并且在三个月内提交展出其商品的展览会名称、在展出商品上使用该商标的证据、展出日期等证明文件；未提出书面声明或者逾期未提交证明文件的，视为未要求优先权。"

【案例 4 - 5】

商标申请原则案

甲电视机厂使用"山花"牌生产电视机，产品质量优良，价格适中，售后服务好，深受广大用户欢迎。该商标未申请注册。后该厂一名技术人员受聘于邻省生产电视机厂（乙厂）担任厂长，为扭转乙厂亏损，乙厂在技术上加大改造力度，并通过提升知名度打开销路。在甲厂商标未申请注册的情况下，向商标局申请注册了"山花"牌商标。此后，产品销路大有好转。

甲厂得知后，以该商标是自己首先创出，先使用为由，要求乙厂停止使用该注册商标。而乙厂则认为自己已注册该商标，享有商标专用权，要求甲厂停止使用。为此，双方发生纠纷。

问：本案"山花"商标权的归属？

解析：本案中的"菊花"牌商标权应归乙厂。依据注册在先原则，商标的最先注册人优先于商标最先使用人取得商标专用权。但甲厂有权在原有经营范围内继续使用。

资料来源：作者编写而得。

（三）商标注册程序

根据《商标法》第二条规定："国务院工商行政管理部门商标局主管全国商标注册和管理的工作。国务院工商行政管理部门设立商标评审委员会，负责处理商标争议事宜。"商标注册必须由申请人提出申请，统一由商标局核准注册。

1. 申请方式

国内的申请人办理各种商标注册事宜有三种途径：一是直接到商标局办理；二是委托国家认可的商标代理机构代理；三是网上申请。

外国人或外国企业在中国办理商标注册事宜必须委托商标代理机构代理，但在中国有经常居所或者营业所的外国人或外国企业除外。

根据《商标法》第十八条规定："申请商标注册或者办理其他商标事宜，可以自行办理，也可以委托依法设立的商标代理机构办理。外国人或者外国企业在中国申请商标注册和办理其他商标事宜的，应当委托依法设立的商标代理机构办理。"

2. 申请文件

（1）商标文件。根据《实施条例》第十三条规定："申请商标注册，应当按照公布的商品和服务分类表填报。每一件商标注册申请应当向商标局提交《商标注册申请书》1份、商标图样1份；以颜色组合或者着色图样申请商标注册的，应当提交着色图样，并提交黑白稿1份；不指定颜色的，应当提交黑白图样。商标图样应当清晰，便于粘贴，用光洁耐用的纸张印制或者用照片代替，长和宽应当不大于10厘米，不小于5厘米。以三维标志申请商标注册的，应当在申请书中予以声明，说明商标的使用方式，并提交能够确定三维形状的图样，提交的商标图样应当至少包含三面视图。以颜色组合申请商标注册的，应当在申请书中予以声明，说明商标的使用方式。以声音标志申请商标注册的，应当在申请书中予以声明，提交符合要求的声音样本，对申请注册的声音商标进行描述，说明商标的使用方式。对声音商标进行描述，应当以五线谱或者简谱对申请用作商标的声音加以描述并附加文字说明；无法以五线谱或者简谱描述的，应当以文字加以描述；商标描述与声音样本应当一致。申请注册集体商标、证明商标的，应当在申请书中予以声明，并提交主体资格证明文件和使用管理规则。商标为外文或者包含外文的，应当说明含义。"

（2）身份证明文件。根据《实施条例》第十四条规定："申请商标注册的，申请人应当提交其身份证明文件。商标注册申请人的名义与所提交的证明文件应当一致。"

二、商标注册审查

（一）概念

商标审查是指商标局对商标注册申请是否合乎商标法的规定所进行的检查、

资料检索、分析对比、调查研究并决定给予初步审定或驳回申请等一系列活动。商标审查从程序上分为两个阶段：形式审查和实质审查。

（二）审查流程

1. 形式审查

形式审查是指商标局收到商标注册申请后，对申请资料所进行的审查，主要包括以下内容：审查商标注册申请人资格，是否具有该种商标注册申请的权利；审查商标注册申请的条件，是否符合《商标法》及《实施条例》规定要求的完备的手续；审查《商标注册申请书》填写是否符合规定要求；审查商品或服务分类是否准确，是否符合一件商标、一类商品或服务一份申请的要求；审查商标注册申请是否委托了代理机构，委托书是否符合规定要求商标图案是否清晰等。

2. 实质审查

实质审查是指对商标是否具备注册条件的审查。实质审查决定了商标注册的成功与否。实质审查主要包括以下内容：商标是否符合法定的构成要素；是否具有显著特征；是否违反了《商标法》的禁用条例；是否与他人已经注册或者审定公告的商标相同或者近似。根据《商标法》第二十八条规定："对申请注册的商标，商标局应当自收到商标注册申请文件之日起九个月内审查完毕，符合本法有关规定的，予以初步审定公告。"

3. 申请复审

商标注册申请人申请复审的时间为十五日内。根据《商标法》第三十四条规定："对驳回申请、不予公告的商标，商标局应当书面通知商标注册申请人。商标注册申请人不服的，可以自收到通知之日起十五日内向商标评审委员会申请复审。商标评审委员会应当自收到申请之日起九个月内做出决定，并书面通知申请人。有特殊情况需要延长的，经国务院工商行政管理部门批准，可以延长三个月。"

4. 提出异议

异议人可在初步审定公告发布后三个月内提出异议。根据《商标法》第三十三条规定："对初步审定公告的商标，自公告之日起三个月内，在先权利人、利害关系人认为违反本法第十三条第二款和第三款、第十五条、第十六条第一款、第三十条、第三十一条、第三十二条规定的，或者任何人认为违反本法第四条、第十条、第十一条、第十二条、第十九条第四款规定的，可以向商标局提出异议。公告期满无异议的，予以核准注册，发给商标注册证，并予公告。"

5. 提出异议复审

被异议人可在收到不予注册决定的通知后十五日内申请复审。根据《商标法》第三十五条规定："商标局做出不予注册决定,被异议人不服的,可以自收到通知之日起十五日内向商标评审委员会申请复审。商标评审委员会应当自收到申请之日起十二个月内做出复审决定,并书面通知异议人和被异议人。有特殊情况需要延长的,经国务院工商行政管理部门批准,可以延长六个月。"

6. 向人民法院起诉

当事人对商标评审委员会的实质审查决定和异议复审决定不服的,均可自收到通知之日起三十日内向人民法院起诉。根据《商标法》第三十四条规定："当事人对商标评审委员会的决定不服的,可以自收到通知之日起三十日内向人民法院起诉。"根据《商标法》第三十五条第三款规定："被异议人对商标评审委员会的决定不服的,可以自收到通知之日起三十日内向人民法院起诉。人民法院应当通知异议人作为第三人参加诉讼。"

商标局对于初审公告期满无异议的,予以核准注册,发给商标注册证,并予公告。虽有异议,但经裁定异议不能成立的,同样予以核准注册,发给商标注册证,并予公告。根据《商标法》第三十六条第二款规定："经审查异议不成立而准予注册的商标,商标注册申请人取得商标专用权的时间自初步审定公告三个月期满之日起计算。自该商标公告期满之日起至准予注册决定做出前,对他人在同一种或者类似商品上使用与该商标相同或者近似的标志的行为不具有追溯力;但是,因该使用人的恶意给商标注册人造成的损失,应当给予赔偿。"

【案例 4 - 6】

商标审查案

2019 年 4 月重庆市长寿区灯具厂向知识产权局申请注册"长寿"商标。9 月 15 日,知识产权局审查后认为"长寿"为县级以上行政区划名称而驳回申请,9 月 20 日,灯具厂收到驳回通知。那么,(1)知识产权局驳回申请的理由是否成立?(2)如果灯具厂不服知识产权局驳回申请的决定,应在何月何日前向谁申请复审?(3)灯具厂的"长寿"商标注册申请是否能获得核准?

解析:(1)知识产权局驳回申请的理由不能成立。尽管长寿是县级行政区划的名称,但长寿具有其他含义,并不违反商标合法性的规定。(2)如果灯具厂不服知识产权局驳回申请的决定,应在收到驳回申请通知之日起十五日内向商标评审委员会申请复审,由商标评审委员会做出决定,并书面通知申请人,也就是说应在 2019 年 10 月 5 日之前申请复审。(3)灯具厂的"长寿"商标注册申请不能获得核准。因为夸大宣传并带有欺骗性的商标是不能使用的。

资料来源:作者编写而得。

第四节　注册商标续展、变更、使用许可和转让

一、注册商标续展

（一）概念

注册商标续展是指根据《商标法》第四十条规定："注册商标有效期满，需要继续使用的，商标注册人应当在期满前十二个月内按照规定办理续展手续；在此期间未能办理的，可以给予六个月的宽展期。每次续展注册的有效期为十年，自该商标上一届有效期满次日起计算。期满未办理续展手续的，注销其注册商标。"

（二）续展申请

根据《实施条例》第三十三条规定："注册商标需要续展注册的，应当向商标局提交商标续展注册申请书。商标局核准商标注册续展申请的，发给相应证明并予以公告。"续展的文件格式只有一种，即《商标续展注册申请书》。

二、注册商标变更

（一）概念

商标的变更是指变更注册商标的注册人、注册地址或者其他事项。申请人变更其名义、地址、代理人，或者删减指定的商品的，可以向商标局办理变更手续。如果要改变注册商标的文字、图形，则应当重新提出商标注册申请，按新申请商标对待，不能称为商标变更。根据《商标法》第四十一条规定："注册商标需要变更注册人的名义、地址或者其他注册事项的，应当提出变更申请。"根据《商标法》第二十四条规定："注册商标需要改变其标志的，应当重新提出注册申请。"

（二）变更文件

申请商标变更应提交变更申请书，如需变更商标注册人名义的，还应提交变更证明文件。根据《实施条例》第三十条规定："变更商标注册人名义、地址或

者其他注册事项的，应当向商标局提交变更申请书。变更商标注册人名义的，还应当提交有关登记机关出具的变更证明文件。"

三、商标权的使用许可

（一）概念

商标使用许可是指商标注册人通过法定程序允许他人使用其注册商标的行为。通常是以订立使用许可合同的方式。

（二）分类

按照被许可利用权排他性强弱的不同，可将商标使用许可分为：普通许可、排他许可、独占许可。

1. 普通许可

普通许可是指许可人允许被许可人在规定的地域范围内使用合同项下的注册商标。同时，许可人保留自己在该地区内使用该注册商标和再授予第三人使用该注册商标的权利。

这种许可方式多适用于被许可人生产能力有限或者产品市场需求量较大的条件下，许可人可以多选择几个被许可人，而每个许可证的售价相对较低，因而是一种"薄利多销"的方式。对被许可人来说其获得的商标使用权是非排他性的，因此如果合同涉及的注册商标被第三人擅自使用，被许可人一般不得以自己的名义对侵权者起诉，而只能将有关情况告知许可人，由许可人对侵权行为采取必要措施。

2. 排他许可

排他许可是指商标注册人与被许可人签订排他使用许可合同，在约定的期间、地域和以约定的方式，将该注册商标仅许可一个被许可人使用，商标注册人依约定可以使用该注册商标但不得另行许可他人使用该注册商标。即许可人不得把同一许可再给予任何第三人，但许可人保留自己使用同一注册商标的权利。排他许可仅仅是排除第三方在该地域内使用该商标。

3. 独占许可

独占许可是指在规定地域范围内，被许可人对授权使用的注册商标享有独占使用权。许可人不得再将同一商标许可给第三人，许可人自己也不得在该地域内使用该商标。

独占许可的使用费比其他许可证要高得多，所以只有当被许可人从产品竞争的市场效果考虑，认为自己确有必要在一定区域内独占使用该商标才会要求得到这种许可。被许可人的法律地位相当于"准商标权人"，当在规定地域内发现商标侵权行为时，被许可人可以"利害关系人"身份直接起诉侵权者。

【案例 4 - 7】

商标权许可使用案

A 市甲厂是某种饮料的商标注册人，在与 B 市乙厂签订的该商标使用许可合同中，特别约定乙厂使用甲厂商标的饮料全部使用甲厂的包装瓶，包装瓶上标注甲厂的名称和产地。该合同未报商标局备案即付诸履行。

问：（1）该商标使用许可合同是否有效？（2）该特别约定是否有效？

解析：（1）该商标使用许可合同有效。根据商标法司法解释第 19 条的规定，商标使用许可合同未经备案的，不影响该许可合同的效力，但当事人另有约定的除外。

（2）该特别约定无效。根据《商标法》规定，经许可使用他人注册商标的，必须在使用该注册商标的商品上标明被许可人的名称和商品产地。此条规定属于强制性规定，当事人双方违反此规定的约定无效。

资料来源：作者编写而得。

（三）商标许可人的权利和义务

1. 商标许可人的权利

（1）许可人依合同的约定享有收取商标许可费的权利；

（2）有监督被许可人按照合同约定使用被许可商标的权利；

（3）在被许可人严重违反合同的情况下收回商标使用权并追究其相应法律责任的权利。

2. 商标许可人的义务

（1）许可人有适时提供真实合法的被许可商标的义务；

（2）有保证被许可人不受任何商标侵权控告及保护商标专用权的义务；

（3）对于独占许可的，许可人自己应当停止使用并且不再许可他人使用；

（4）对排他许可的，许可人不得将被许可商标再许可给他人使用。

（四）商标被许可人的权利和义务

1. 商标被许可人的权利

（1）被许可人有权在合同约定的时间、地域范围内使用约定的注册商标；

（2）对于独占许可的，监督许可人以及其他人不再使用被许可商标；

（3）对于排他许可的，监督许可人不再将被许可商标许可他人使用。

2. 商标被许可人的义务

（1）被许可人有缴纳商标许可使用费的义务；

（2）有不超越合同约定的范围和限制使用被许可商标的义务；

（3）发现商标的侵权行为，被许可人应当及时通知并协助许可人查处商标侵权。

（五）注意事项

1. 商品质量

根据《商标法》第四十三条规定："许可人应当监督被许可人使用其注册商标的商品质量。被许可人应当保证使用该注册商标的商品质量。"可知，许可人除了收取许可使用费，约束被许可人的商标使用范围外，还要对使用其注册商标的商品质量进行监督。该条规定不仅是对广大消费者的利益负责，同时，也是对许可人自己商标的商标信誉的维护。一般而言，进行商标许可使用的商标都是经过长期使用在行业内和市场上树立起较高知名度的商标。商标许可使用虽然可以从中获得稳定的巨额使用费，迅速地扩张市场份额，增强消费者对该商标的认知程度，促进商标升值。商标的市场价值是动态的，根据其具体的使用情况随时增值或贬值，如果被许可人使用注册商标的商品质量出现问题，那么商标信誉受损或贬值则是商标注册人要自己承受。这对商标注册人而言无疑是得不偿失。因此，在商标许可使用合同中，商标注册人一定要明确对被许可人使用注册商标的商品的监督者地位，尽可能地约定进行日常监督的具体措施。最重要的是，要约定因被许可人商品质量问题导致注册商标受损时的赔偿责任。

2. 商标使用许可合同备案

商标使用许可合同备案是指根据《商标法》第四十三条第三款规定："许可他人使用其注册商标的，许可人应当将其商标使用许可报商标局备案，由商标局公告。商标使用许可未经备案不得对抗善意第三人。"产生的制度。签订商标使用许可合同后应当在法定期限内向商标局备案，商标局在《商标公告》上刊登商标使用许可合同备案公告。

根据《实施条例》第六十九条规定："许可他人使用其注册商标的，许可人应当在许可合同有效期内向商标局备案并报送备案材料。备案材料应当说明注册商标使用许可人、被许可人、许可期限、许可使用的商品或者服务范围等事项。"商标使用许可合同备案应提交的材料：一件注册商标许可一个被许可人使用，应提交一份商标使用许可合同备案申请书；申请人为自然人的，应当提交能够证明其身份的有效证件的复印件（如身份证等），申请人为法人或其他组织的，应提交加盖申请人公章的营业执照的复印件；商标使用许可合同副本，或经过公证的商标使用许可合同复印件；合同文字使用外文的应当同时附送相应的中文译本；自行到商标注册大厅办理的，应提交经办人的身份证复印件；委托商标代理机构办理的，还应提交商标代理委托书。

四、注册商标的转让

（一）概念

商标权转让是指注册商标所有人依法将其因注册商标产生的商标权转让给他人的行为。转让人保证自己是商标的所有人，说明在签约前曾向哪些人发放过何种类型的商标使用许可，以及原使用许可合同中对商标权所有人之义务的规定。

个体工商业者申请注册的商标权，是一项财产权利。在商标有效期内，商标注册人死亡的，其继承人应及时申报商标局，更改商标注册登记，变更注册人名称，成为新的注册人，即继承了商标权。同样享有转让商标专用权，通过商标许可合同许可他人使用并收取使用费的权利。在注册商标专用权受到侵犯时，同样可以请求侵权人停止侵害，赔偿损失。继承人在商标的有效期内继承商标专用权，若注册期满，继承人可以申请续展从而继续享有专用权。若继承人未申请续展的，则丧失注册商标专用权。

企业、事业单位享有的注册商标专用权，不能作为个人财产，故不能作为个人遗产被继承，而只能转让。

（二）转让形式

注册商标的转让一般有以下几个形式：

1. 合同转让

转让人通过合同，规定转让注册商标的内容、相互间的权利、义务和违约责任等，这种形式的转让一般是有偿的，即转让人通过转让注册商标专用权而收取一定的转让费用。

2. 继受转让

注册商标的继受转让，有两种情况：（1）注册所有人（自然人）死亡即其生命结束后，有继承人按继承程序继承死者生前所有的注册商标；（2）作为注册商标所有人的企业被合并或被兼并时的继受移转。

3. 行政命令转让

主要是引起财产流转的计划和行政，如国有企业根据行政命令发生分立、合并、解散或转产，必然会发生注册商标主体变化问题。

（三）手续办理

《商标法》第四十二条规定："转让注册商标的，转让人和受让人应当签订转让协议，并共同向商标局提出申请。"但有些国家的商标法规定应对使用许可合同办理注册手续，所以在外国的商标使用许可合同中还常有规定办理合同注册手续的条款。如果商标使用许可合同的许可方具有外国国籍。被许可方具有中国国籍，则在该外国的合同注册手续或备案手续应由许可方负责办理。

在平等自愿、协商一致基础上订立的商标权转让合同，对双方都具有法律约束力；合同的任何一方都应认真、全面地履行合同中规定的义务，不能以其他理由拒绝履行或不完全履行。法律有特别规定的除外。为防止因转让注册商标而产生的欺骗性后果，合同应规定受让人的商品质量应不低于转让人的相同商品的质量。《商标法》第四十二条规定："受让人应当保证使用该注册商标的商品质量。"

（四）转让注意事项

（1）转让注册商标合同的受让方应当保证使用该注册商标的商品质量，不得以注册商标为自己制造、销售伪劣商品作掩护。根据《商标法》第四十二条规定："受让人应当保证使用该注册商标的商品质量。"

（2）根据《商标法》第四十三条第二款规定："经许可使用他人注册商标的，必须在使用该注册商标的商品上标明被许可人的名称和商品产地。"

（3）商标权转让合同的转让人在合同有效期内和在商标的注册有效地域内，不得对与受让人的商品相类似或者相同的商品使用已转让的商标，除非与受让人订有商标权使用许可合同。否则，受让人有权以侵犯商标专用权为由起诉原商标权转让合同的转让人。此外，根据《商标法》第四十二条第二款规定："转让注册商标的，商标注册人对其在同一种商品上注册的近似的商标，或者在类似商品上注册的相同或者近似的商标，应当一并转让。"

（4）商标权转让合同发生争议的，双方当事人可以自行协商解决，也可以通过调解、仲裁解决，上述途径皆行不通的，通过诉讼最终解决。

（5）通过诉讼方式解决商标权转让合同争议的，案件由被告住所地或者合同履行地人民法院管辖。

第五节　商标权的终止

商标权终止是指商标权的消灭，即因一定的事实而使商标权利不复存在。

一、商标权终止的原因

（一）注销

注销是指商标局因商标权人自行放弃或保护期限届满而商标权人未为续展等事由而将注册商标从《商标注册簿》中予以涂销的法律制度。商标局对注册商标予以注销，并进行公告。注销的事由主要有以下几个方面：

1. 未申请续展注册或申请续展注册未获核准

根据《商标法》第四十条规定："注册商标有效期满，需要继续使用的，商标注册人应当在期满前十二个月内按照规定办理续展手续；在此期间未能办理的，可以给予六个月的宽展期。每次续展注册的有效期为十年，自该商标上一届有效期满次日起计算。期满未办理续展手续的，注销其注册商标。"

2. 主动放弃

即商标权人通过办理注销注册商标的登记手续，放弃商标权。根据《实施条例》第七十三条规定："商标注册人申请注销其注册商标或者注销其商标在部分指定商品上的注册的，应当向商标局提交商标注销申请书，并交回原《商标注册证》。商标注册人申请注销其注册商标或者注销其商标在部分指定商品上的注册，经商标局核准注销的，该注册商标专用权或者该注册商标专用权在该部分指定商品上的效力自商标局收到其注销申请之日起终止。"

3. 其他事由

主要指原商标权主体消灭的情形，一种情形是商标权人主体消灭且无继受人的。当商标权人为自然人死亡且无继承人，或商标权人为企业或其他组织终止且无继受主体时，商标权随之消灭。另一种情形是原商标权人有继受主体，但继受主体未在原主体死亡或终止后一年内办理注册商标的移转手续的，任何人均可提出注销该注册商标。一旦主体消灭或继受主体未在规定时间内提出移转手续的，该商标专用权自主体消灭之日起终止。

（二）撤销

撤销是指商标权人未按法律规定的要求使用注册商标，商标局依职权撤销该注册商标的制度。撤销的事由主要有以下几个方面：

1. 自行改变注册商标、注册人名义、地址或者其他注册事项的

根据《商标法》第四十九条第一款规定："商标注册人在使用注册商标的过程中，自行改变注册商标、注册人名义、地址或者其他注册事项的，由地方工商行政管理部门责令限期改正；期满不改正的，由商标局撤销其注册商标。"

2. 注册商标成为其核定使用的商品的通用名称或者没有正当理由连续三年不使用的

根据《商标法》第四十九条第二款规定："注册商标成为其核定使用的商品的通用名称或者没有正当理由连续三年不使用的，任何单位或者个人可以向商标局申请撤销该注册商标。商标局应当自收到申请之日起九个月内做出决定。有特殊情况需要延长的，经国务院工商行政管理部门批准，可以延长三个月。"

此外，根据《实施条例》第六十九条规定："下列情形属于商标法第四十九条规定的正当理由：不可抗力；政府政策性限制；破产清算；其他不可归责于商标注册人的正当事由。"

（三）宣告无效

商标权的宣告无效，是指已经注册的商标，违反《商标法》规定的法定事由，由商标局宣告该注册商标无效；其他单位或者个人可以请求商标评审委员会宣告该注册商标无效的制度。宣告无效的事由主要有以下两个方面：

1. 违反绝对拒绝注册理由

违反绝对拒绝注册理由是指根据《商标法》第四十四条规定："已经注册的商标，违反本法第四条、第十条、第十一条、第十二条、第十九条第四款规定的，或者是以欺骗手段或者其他不正当手段取得注册的，由商标局宣告该注册商标无效；其他单位或者个人可以请求商标评审委员会宣告该注册商标无效。"

（1）不以使用为目的的恶意注册商标；

（2）不得作为商标使用的标志；

（3）不得作为商标注册的标志；

（4）仅由商品自身的性质产生的形状、为获得技术效果而需有的商品形状或者使商品具有实质性价值的形状的三维标志商标；

（5）商标代理机构申请注册的除对其代理服务申请商标注册外的其他商标；

（6）以欺骗手段或者其他不正当手段获得注册的商标（如虚构、隐瞒事实

伪造材料等）。

2. 违反相对拒绝注册事由

违反相对拒绝注册事由是指根据《商标法》第四十五条规定："已经注册的商标，违反本法第十三条第二款和第三款、第十五条、第十六条第一款、第三十条、第三十一条、第三十二条规定的，自商标注册之日起五年内，在先权利人或者利害关系人可以请求商标评审委员会宣告该注册商标无效。对恶意注册的，驰名商标所有人不受五年的时间限制。"

（1）就相同或者类似商品申请注册的商标是复制、摹仿或者翻译他人未在中国注册的驰名商标，容易导致混淆的。就不相同或者不相类似商品申请注册的商标是复制、摹仿或者翻译他人已经在中国注册的驰名商标，误导公众，致使该驰名商标注册人的利益可能受到损害。

（2）未经授权，代理人或者代表人以自己的名义将被代理人或者被代表人的商标进行注册，被代理人或者被代表人提出异议的。就同一种商品或者类似商品申请注册的商标与他人在先使用的未注册商标相同或者近似，申请人与该他人具有前款规定以外的合同、业务往来关系或者其他关系而明知该他人商标存在，该他人提出异议的。

（3）商标中有商品的地理标志，而该商品并非来源于该标志所标示的地区，误导公众的；但是，已经善意取得注册的继续有效。

（4）申请注册的商标，凡不符合《商标法》有关规定或者同他人在同一种商品或者类似商品上已经注册的或者初步审定的商标相同或者近似的。

（5）两个或者两个以上的商标注册申请人，在同一种商品或者类似商品上，以相同或者近似的商标申请注册的；同一天申请的，使用在后的。

（6）申请商标注册损害他人现有的在先权利，或以不正当手段抢先注册他人已经使用并有一定影响的商标的。

二、法律后果

（一）商标权的消灭具有溯及力

宣告无效的注册商标，由商标局予以公告，该注册商标专用权视为自始即不存在。规定《商标法》第四十七条规定："依照本法第四十四条、第四十五条的规定宣告无效的注册商标，由商标局予以公告，该注册商标专用权视为自始即不存在。"

（二）对已经执行或者履行的判决、决定、合同原则上无溯及力

根据《商标法》第四十七条第二款、第三款规定："宣告注册商标无效的决

定或者裁定，对宣告无效前人民法院做出并已执行的商标侵权案件的判决、裁定、调解书和工商行政管理部门做出并已执行的商标侵权案件的处理决定以及已经履行的商标转让或者使用许可合同不具有追溯力。但是，因商标注册人的恶意给他人造成的损失，应当给予赔偿。依照前款规定不返还商标侵权赔偿金、商标转让费、商标使用费，明显违反公平原则的，应当全部或者部分返还。"

（三）1年的过渡期

根据《商标法》第五十条规定："注册商标被撤销、被宣告无效或者期满不再续展的，自撤销、宣告无效或者注销之日起一年内，商标局对与该商标相同或者近似的商标注册申请，不予核准。"

【案例4-8】

商标保护案

食品厂甲具有糖、奶、淀粉等产地优势，但因生产技术落后，产品滞销。甲厂便从某市乙食品厂引进奶糖制品技术和"光明"奶糖注册商标，双方签订的注册商标使用许可合同，合同约定注册商标使用期为五年，许可使用费以甲厂年盈利的15%，按年支付。

合同订立后，乙厂较重视技术指导和商品质量监督，而忽视将合同书副本送交当地商标局备案，经多次催交仍不办理，于是该市知识产权局商标局便通知撤销乙厂"光明"注册商标。

在"光明"商标许可合同执行期间，因甲厂管理混乱而盈利甚微，除支付乙厂的技术改装费外，从未支付商标使用费，当甲厂得知乙厂商标被撤销后，更不愿意支付许可使用费，而将"光明"注册商标中的R涂掉当未注册商标使用。

乙厂遂向人民法院起诉，要求追究甲厂违约和侵权责任。

问：（1）该市知识产权路商标局的做法是否正确？

（2）甲厂将乙厂被撤销的商标立即作未注册商标使用是否正确？为什么？

（3）法院应否支持乙厂的诉讼请求？

解析：（1）不正确。许可他人使用其注册商标的，许可人应当自商标使用许可合同签订之日起3个月内将合同副本报送商标局备案。商标使用许可合同未经备案的，不影响该许可合同的效力，但不得对抗善意第三人。

（2）不正确。对他人和种情况失效未满一年的商标，不能作为未注册商标使用。

（3）应部分支持。甲厂存在违约，不存在侵权行为，没有按专利许可合同支付许可使用费，应承担违约责任。

资料来源：作者编写而得。

第六节　商标权的保护

一、商标侵权行为

商标侵权行为是指在商标权有效期限内，行为人未经商标权人许可又无法律依据，以营利为目的使用他人商标的行为。

根据《商标法》第五十七条规定："有下列行为之一的，均属侵犯注册商标专用权：（1）未经商标注册人的许可，在同一种商品上使用与其注册商标相同的商标的；（2）未经商标注册人的许可，在同一种商品上使用与其注册商标近似的商标，或者在类似商品上使用与其注册商标相同或者近似的商标，容易导致混淆的；（3）销售侵犯注册商标专用权的商品的；（4）伪造、擅自制造他人注册商标标识或者销售伪造、擅自制造的注册商标标识的；（5）未经商标注册人同意，更换其注册商标并将该更换商标的商品又投入市场的；（6）故意为侵犯他人商标专用权行为提供便利条件，帮助他人实施侵犯商标专用权行为的；（7）给他人的注册商标专用权造成其他损害的。"

其他损害主要包括五种情形：

（1）在同一种或者类似商品上，将与他人注册商标相同或者近似的标志作为商品名称或者商品装潢使用，误导公众的；

（2）故意为侵犯他人注册商标专用权行为提供仓储、运输、邮寄、隐匿等便利条件的；

（3）将与他人注册商标相同或者相近似的文字作为企业的字号在相同或者类似商品上突出使用，容易使相关公众产生误认的；

（4）复制、摹仿、翻译他人注册的驰名商标或其主要部分在不相同或者不相类似商品上作为商标使用，误导公众，致使该驰名商标注册人的利益可能受到损害的；

（5）将与他人注册商标相同或者相近似的文字注册为域名，并且通过该域名进行相关商品交易的电子商务，容易使相关公众产生误认的。

二、商标权保护

在中国，商标权的保护方法有三种，即司法保护、行政保护和自我保护。其中行政手段保护是中国知识产权保护的特色，是中国现阶段行之有效的保护手段之一。

（一）行政保护

1. 行政保护手段

各级工商行政管理部门是中国商标行政管理部门，对侵犯注册商标专用权的行为，任何人可以向工商行政管理部门投诉或者举报。根据《商标法》第六十二条规定："县级以上工商行政管理部门根据已经取得的违法嫌疑证据或者举报，对涉嫌侵犯他人注册商标专用权的行为进行查处时，可以行使下列职权：

（1）询问有关当事人，调查与侵犯他人注册商标专用权有关的情况；

（2）查阅、复制当事人与侵权活动有关的合同、发票、账簿以及其他有关资料；

（3）对当事人涉嫌从事侵犯他人注册商标专用权活动的场所实施现场检查；

（4）检查与侵权活动有关的物品；对有证据证明是侵犯他人注册商标专用权的物品，可以查封或者扣押。

工商行政管理部门依法行使前款规定的职权时，当事人应当予以协助、配合，不得拒绝、阻挠。"

2. 行政处理

侵犯注册商标专用权引起纠纷的，商标注册人或者利害关系人可以请求工商行政管理部门处理。根据《商标法》第六十条第二款规定："工商行政管理部门处理时，认定侵权行为成立的，责令立即停止侵权行为，没收、销毁侵权商品和主要用于制造侵权商品、伪造注册商标标识的工具，违法经营额五万元以上的，可以处违法经营额五倍以下的罚款，没有违法经营额或者违法经营额不足五万元的，可以处二十五万元以下的罚款。对五年内实施两次以上商标侵权行为或者有其他严重情节的，应当从重处罚。销售不知道是侵犯注册商标专用权的商品，能证明该商品是自己合法取得并说明提供者的，由工商行政管理部门责令停止销售。"

其中，根据《实施条例》第 79 条规定："下列情形属于商标法第六十条规定的能证明该商品是自己合法取得的情形：

（1）有供货单位合法签章的供货清单和货款收据且经查证属实或者供货单位认可的；

（2）有供销双方签订的进货合同且经查证已真实履行的；

（3）有合法进货发票且发票记载事项与涉案商品对应的；

（4）其他能够证明合法取得涉案商品的情形。"

（二）司法保护

1. 司法保护手段

对侵犯注册商标专用权的行为，商标注册人或者利害关系人可以也可以直接向人民法院起诉。人民法院通过审判程序，维护商标专用权人的合法权益。根据《商标法》第六十条第三款规定："对侵犯商标专用权的赔偿数额的争议，当事人可以请求进行处理的工商行政管理部门调解，也可以依照《中华人民共和国民事诉讼法》向人民法院起诉。经工商行政管理部门调解，当事人未达成协议或者调解书生效后不履行的，当事人可以依照《中华人民共和国民事诉讼法》向人民法院起诉。"

2. 诉前禁令和诉前财产保全

诉前禁令是指提起诉讼前法院责令侵权人停止有关行为的措施。法院有权依照一方当事人请求，采取及时有效的临时措施，为防止迟误可能给权利人造成不可弥补的损害或者证据被销毁的危险。根据《商标法》第六十六条规定："为制止侵权行为，在证据可能灭失或者以后难以取得的情况下，商标注册人或者利害关系人可以依法在起诉前向人民法院申请保全证据。"人民法院接受申请后，必须在四十八小时内做出裁定；裁定采取保全措施的，应当立即开始执行。人民法院可以责令申请人提供担保，申请人不提供担保的，驳回申请。申请人在人民法院采取保全措施后十五日内不起诉的，人民法院应当解除保全措施。

诉前财产保全是指利害关系人因情况紧急，不立即申请财产保全将会使其合法权益受到难以弥补的损害的，可以在起诉前向人民法院申请，由人民法院所采取的一种财产保全措施。根据《商标法》第六十五条规定："商标注册人或者利害关系人有证据证明他人正在实施或者即将实施侵犯其注册商标专用权的行为，如不及时制止将会使其合法权益受到难以弥补的损害的，可以依法在起诉前向人民法院申请采取责令停止有关行为和财产保全的措施。"

（三）自我保护

商标权的自我保护是指商标权人或利害关系人在发现侵权行为时，通过警告、协商等方式维护自己商标权的方式。通常可以采用的措施有两种，其一是向侵权人书面警告或委托律师发送律师函。通过向侵权人书面警告或委托律师发送律师函，告知对方侵犯商标权，并要求对方停止侵权行为、赔礼道歉、赔偿损失以及不按照该要求处理的法律后果等，以此来达到制止商标侵权行为的目的。其二是协商解决。《商标法》第六十条规定："本法第五十七条所列侵犯注册商标专用权行为之一，引起纠纷的，由当事人协商解决；不愿协商或者协商不成的，商标注册人或者利害关系人可以向人民法院起诉，也可以请求工商行政管理部门处理。"协商解决的内容主要是如何解决商标侵权问题，包括如何停止侵权行为、侵权产品的处理、损失的赔偿等。如果双方就纠纷的解决没有达成一致的，商标权人可申请通过行政保护或司法保护途径解决。

自我保护是商标权保护的关键，行政保护和司法保护都是商标侵权后的补救措施，而加强自我保护可以起到预防商标侵权的作用。商标权人一定要有商标自我保护的意识，懂得自我保护的方法。例如，要及时注册商标、要防止商标转化为商品通用名称、要强化商标防伪、要保证商品质量、要积极主动打假，等等。

（四）数额计算

1. 罚款数额

根据《商标法》第六十条第二款规定："工商行政管理部门处理时，认定侵权行为成立的，责令立即停止侵权行为，没收、销毁侵权商品和主要用于制造侵权商品、伪造注册商标标识的工具，违法经营额五万元以上的，可以处违法经营额五倍以下的罚款，没有违法经营额或者违法经营额不足五万元的，可以处二十五万元以下的罚款。对五年内实施两次以上商标侵权行为或者有其他严重情节的，应当从重处罚。销售不知道是侵犯注册商标专用权的商品，能证明该商品是自己合法取得并说明提供者的，由工商行政管理部门责令停止销售。"

2. 赔偿数额

根据《商标法》第六十三条规定："侵犯商标专用权的赔偿数额，按照权利人因被侵权所受到的实际损失确定；实际损失难以确定的，可以按照侵权人因侵权所获得的利益确定；权利人的损失或者侵权人获得的利益难以确定的，参照该商标许可使用费的倍数合理确定。对恶意侵犯商标专用权，情节严重的，可以在按照上述方法确定数额的一倍以上五倍以下确定赔偿数额。赔偿数额应当包括权利人为制止侵权行为所支付的合理开支。"

【案例4-9】

商标侵权案

微信商标注册之路则颇为坎坷。

2010年11月12日，创博亚太（山东）科技有限公司向国家工商行政管理总局申请注册"微信"商标，并于2011年8月27日通过初步审核，指定该商标用于信息传送、电话业务等服务上。

2011年1月21日，微信1.0测试版本发布，三天后，腾讯公司也正式向商标局提交了"微信"图文商标注册申请，双方注册时间仅差2个月。

这场商标之争长达8年，直到2018年初，北京市高级人民法院对此案作出终审判决，以商标法显著性条款为判决主要依据，驳回创博亚太（山东）科技有限公司的上诉，维持原判，腾讯公司由此保住了微信商标。

资料来源：作者编写而得。

三、驰名商标的特殊保护

（一）对驰名商标的认定

1. 概念

根据《驰名商标认定和保护规定》第2条规定："驰名商标是在中国为相关公众所熟知的商标。"其中，"相关公众"包括与使用商标所标示的某类商品或者服务有关的消费者，生产前述商品或者提供服务的其他经营者以及经销渠道中所涉及的销售者和相关人员等。

2. 认定原则

根据《驰名商标认定和保护规定》第4条规定："驰名商标认定遵循个案认定、被动保护的原则。"即已经发生实际权利纠纷的情况下，应商标所有人的请求，有关部门对其商标是否驰名，能否给予扩大范围的保护进行认定。

3. 认定因素

根据《商标法》的规定，认定驰名商标应当考虑下列因素：

（1）相关公众对该商标的知晓程度；

（2）该商标使用的持续时间；

（3）该商标的任何宣传工作的持续时间、程度和地理范围；

（4）该商标作为驰名商标受保护的记录；

（5）该商标驰名的其他因素。

商标局、商标评审委员会在认定驰名商标时，应当综合考虑以上各项因素，但不以该商标必须满足该条规定的全部因素为前提。

（二）对驰名商标的保护

对未注册的驰名商标实行同类保护，对已注册的驰名商标实行跨类保护。根据《商标法》第十三条第二款和第三款规定："就相同或者类似商品申请注册的商标是复制、摹仿或者翻译他人未在中国注册的驰名商标，容易导致混淆的，不予注册并禁止使用。就不相同或者不相类似商品申请注册的商标是复制、摹仿或者翻译他人已经在中国注册的驰名商标，误导公众，致使该驰名商标注册人的利益可能受到损害的，不予注册并禁止使用。"

【案例 4 – 10】

驰名商标特殊保护案

2015 年，某市 A 乳制品厂在其生产的一系列产品上使用"兰达"商标，但一直没有申请注册。该厂生产的产品质量好，曾连续三年被评为"消费者信得过产品"，具有较高知名度。2019 年 9 月 B 食品厂将"兰达"申请商标注册，核准注册后使用在其生产的乳制品上。B 食品厂要求 A 乳制品厂停止使用"兰达"商标，否则将指控其侵犯商标权。根据《商标法》的规定回答：

（1）B 食品厂获得商标权是否合法？为什么？

（2）A 乳制品厂可以通过何种途径使自己的利益免受损害，理由是什么？

解析：（1）B 食品厂获得商标权是合法的。中国商标注册采用"先申请为主，先使用为辅"的原则，B 食品厂先申请"兰达"商标，其获得该商标是合法的。

（2）A 乳制品厂可以提出商标撤销申请来维护自己的商标权益。如果 A 乳制品厂能够证明自己的商标是驰名商标，则其可以恶意抢注为由申请撤销 B 食品厂已经注册的"兰达"商标。

资料来源：作者编写而得。

四、商标权保护的限制

商标权的限制是指在一定的情况下当商标权人的权利与其他人的正当利益发生冲突时，为平衡及公正地保护各方的利益而对商标权作出的必要限制。根据中国现有法律规定和商标实践，商标权的限制主要体现在商标权的合理使用和商标权的穷竭两个方面。

（一）商标权的合理使用

商标权的合理使用是指商标权人以外的人在生产经营活动中善意使用商标权人的商标而不构成侵犯商标专用权的行为。

《实施条例》第四条第二款规定："以地理标志作为证明商标注册的，其商品符合使用该地理标志条件的自然人、法人或者其他组织可以要求使用该证明商标，控制该证明商标的组织应当允许。以地理标志作为集体商标注册的，其商品符合使用该地理标志条件的自然人、法人或者其他组织，可以要求参加以该地理标志作为集体商标注册的团体、协会或者其他组织，该团体、协会或者其他组织应当依据其章程接纳为会员；不要求参加以该地理标志作为集体商标注册的团体、协会或者其他组织的，也可以正当使用该地理标志，该团体、协会或者其他组织无权禁止。"

（二）商标权的穷竭

商标权的穷竭又称为商标权用尽或权利穷竭，是指商标权人或者其被许可人将附载商标的商品投入市场销售后，其他任何人进一步使用或者销售该商品，不受商标权人的控制。也就是说，当附载商标的商品进入市场流通后，商标权人对该商品商标权意义上的控制权即告穷竭，商标权人不能禁止该商品在市场上进一步流通，也不能禁止其他任何人使用该商品。商标权穷竭中的商标权通常指的是禁止权，并不意味着商标权人的任何权利都穷竭了，商品销售后"反向假冒"的行为仍然属于商标侵权。

第七节　企业商标战略

一、企业商标战略内涵

企业商标战略是指企业运用商标促进企业产品或者服务占领市场的一种重大的、全局性的谋划。

商标是企业信誉、企业文化的载体，商标作为企业无形资产中重要的一部分，适当的商标战略可以为企业塑造形象、开拓市场助力。将商标战略与企业市场定位有效对接，提升运用商标参与市场竞争和扩大市场占有率的能力可以发挥商标引导消费、沟通产销的桥梁和纽带作用，稳定目标客户群体，为企业带来稳定而持久的盈利。商标战略是知识产权战略不可或缺的一个重要组成部分。

二、企业商标战略措施

（一）商标培育战略

1. 单一商标战略

单一商标战略是指一个企业生产及销售所有的产品都是使用同一个商标，如联想、美的等。该商标战略的优点在于企业商标架构简单、管理方便、宣传成本低，在创业初期能够在市场上迅速打开知名度，提高竞争力，当一个商标在市场上获得一定知名度后，占有一定市场地位时，有利于新产品的推广，消费者更容易接受。

单一商标战略缺点在于，如果一个产品出现信誉危机，将连带整个商标信誉受到威胁。另外，容易在消费者中形成固定印象，不利于产品的延伸，当一个商标形象固定后，企业再做与先前产品区别大的新产品时，消费者的心里会产生抵触。例如，高露洁曾经出品过的千层面，是商标延伸的一款速冻食品，但采访中消费者反映在吃面时会觉得牙膏味。因此，使用单一商标战略，一定要做好市场定位和商标发展规划，不要因为使用该商标的某一种产品的问题，影响到其他的产品。

2. 多商标战略

多商标战略是指根据不同的市场定位和消费群体来推出不同的系列产品，产品使用的不同的商标，同时进入市场。该战略主要适用于大型的日化企业，例如，宝洁同时拥有海飞丝、潘婷、飘柔、沙宣等商标，海飞丝定位"去头屑"，潘婷定位"维他命B5，健康、光泽"，飘柔定位"柔顺"，沙宣定位"保湿"。多商标战略的优点在于市场划分定位更加精准，如果一个商标出现风险，另外商标受到的影响较小，较单一商标战略，多商标战略更为灵活。

多商标战略缺点在于管理成本和宣传成本较高，每推出一款新产品，管理和推广耗费会更大。

3. 主副商标战略

主副商标战略指的是在同一个产品上注册使用多个商标，其中一个商标是企业形象的体现，叫作主商标，而另一个商标则体现产品功能、特点等信息，是副商标。例如，海尔有"小王子"牌冰箱和"小神童"牌洗衣机；蒙牛旗下有多个系列产品。主副商标战略结合了单一和多商标战略的优点，使用该战略，即便是个别产品出现问题也不容易使其他产品的商标形象受损。这种商标战略是出于产品不同的功能特点，同时也为了占领不同的市场，利用主商标的名气做新产品推广可以减少额外的费用，缩短在消费者心中抢占席位的周期。

但是，主副商标战略前提是主商标有足够的知名度，才能带动副商标所代表的产品，同时，要处理好主副商标之间的关系，确保主商标的固有形象和地位，同时展示副商标产品特色。

（二）商标运用战略

1. 商标贴牌

商标贴牌战略是指拥有优势商标的企业委托生产并直接贴上自己商标的经营战略。

该战略是随着社会分工精细化而产生的一种现象，代表的实际上是一种分工和细化竞争的思想，其本质是企业为了降低成本，缩短运距，抢占市场，委托其他企业进行加工生产，并向生产企业提供产品的设计参数和技术设备支持，来满足对产品质量、规格和型号等方面的要求，生产出的产品贴上委托方的商标出售。商标贴牌战略最大的特点是实现了商标与生产的分离，使生产者更专注于生产，商标持有者则专注于技术、服务与商标推广。贴牌生产方式的运行机理就是在特殊的委托代理框架下产生，一家厂商根据另一家厂商的要求，为其生产产品并贴上对方的商标。委托方拥有自己的品牌或技术，或拥有自己的市场，而被委托方则具有规模生产和低成本的优势。

2. 特许经营

特许经营战略是指特许人将其商标、商号、服务标志、商业秘密等在一定条件下许可给被特许人，允许他在一定区域内从事与授权人相同的经营业务的知识产权战略。特许人拥有注册商标、企业标志、专利、专有技术等经营资源，以合同形式将其拥有的经营资源许可被特许人使用，被特许人按照合同约定在统一的经营模式下开展经营，并向特许人支付特许经营费用。

商业特许经营按其特许权的形式，授权内容与方式，有三种类型：一是产品—商标特许，被特许人使用特许人的商标和零售方法来批发和零售特许人的产品。作为被特许人仍保持其原有企业的商号，单一地或在销售其他商品的同时销售特许人生产并取得商标所有权的产品。二是生产特许，被特许人投资建厂，或通过OEM 的方式，使用特许人的商标或标志、专利、技术、设计和生产标准来加工或制造取得特许权的产品，然后经过经销商或零售商出售，被特许人不与最终用户（消费者）直接交易。典型的案例包括：可口可乐的灌装厂、奥运会标志产品的生产。三是经营模式特许，被特许人有权使用特许人的商标、商号、企业标志以及广告宣传，完全按照特许人设计的单店经营模式来经营；被特许人在公众中完全以特许人企业的形象出现；特许人对被特许人的内部运营管理、市场营销等方面实行统一管理，具有很强的控制。

3. 商标国际注册

商标保护有地域性，当企业发展到一定规模程度，走向国际市场进行商标国际注册。

例如，联想早期使用的"Legend"商标寓意深刻、易于识别和记忆，对联想电脑产品的市场宣传和推广起到非常好的作用，国际化进程中，发现"Legend"早已在众多国家和地区被他人在计算机及周边外部设备上注册，若继续延用"Legend"商标，联想电脑产品无法在那些被注册国家销售，最终，联想放弃使用18年的"Legend"商标，将其商标更换为"Lenovo"，进行国际商标注册，最终走向国际市场。

4. 创立驰名商标

企业商标战略的最高目标是创立驰名商标。驰名商标是指拥有良好声誉、商品或服务质量好、市场占有率高，为相关公众熟知的商标。驰名商标的独占权，不是一般法律意义上的商标专用权，它不但在国内得到保护，而且超越本国范围，在世界各国（至少是巴黎公约成员国）都得到保护。企业拥有驰名商标，便拥有了在国内外市场竞争中取得优势地位的有力武器。

我国对驰名商标的保护并不要求该商标需注册，如果商标经司法程序认定为驰名商标，则可以有效对抗他人在相同或类似商品上的侵犯商标权。驰名商标具有较高的公众知晓程度，商标法对驰名商标的保护具有特殊性。在我国《商标法》和《驰名商标认定和保护规定》的驰名商标认定条件中，商标宣传工作的持续时间、程度和地理范围，包括广告宣传和促销活动的方式、地域范围、宣传媒体的种类以及广告投放量等是必备条件。因而，企业在使用商标时，重视商标商品质量，加大广告宣传，不断提高企业商标的知名度，为企业创驰名商标做必要的准备。

本章练习题

一、单项选择题

1. "张小泉"是杭州张小泉剪刀厂的注册商标，也是该企业名称中最具有区别功能的核心成分，并被国家工商总局认定为中国驰名商标。其他剪刀厂若要使用这一标识，必须采用下列正确方式（   ）。

A. 在杭州以外的地方办理工商登记作为企业名称使用

B. 不必经许可，在非剪刀类商品上作为企业名称使用

C. 不必经许可，在网络中作域名使用

D. 经过许可，在同类商品上使用

2. 某公司于 2011 年 12 月 10 日申请注册"海天"商标，2012 年 3 月 20 日该商标被核准注册。根据商标法的规定，该公司第一次申请"海天"商标续展注册的最后期限应为（   ）。

A. 2022 年 12 月 10 日   B. 2022 年 3 月 20 日

C. 2022 年 9 月 20 日   D. 2023 年 3 月 20 日

3. 武汉市的甲公司生产啤酒，申请注册的"向阳花"文字商标被认定为驰名商标。下列哪种行为不属于商标侵权行为（   ）。

A. 乙公司在自己生产的葡萄酒上使用"葵花"商标

B. 设在荆州市的丙公司将"向阳花"作为自己的商号登记使用

C. 丁公司将"向阳花"注册为域名，用于网上宣传、销售书籍等文化用品

D. 戊公司在自己生产的农药产品上使用"向阳花"商标

4. 甲公司使用在针织品上的"茸茸"商标尚未注册，为了防止其他企业在类似商品上使用该商标，甲公司采取了下列哪个是合法行为（   ）。

A. 在包装上注明"注册商标 仿冒必究"

B. 在广告中说明"知名品牌 不得仿冒"

C. 在产品外包装上附加®标志

D. 提起商标注册申请

5. 转让注册商标的，转让人和受让人应当签订转让协议，并共同向商标局提出申请。受让人自何日起享有商标专用权？（   ）

A. 自转让协议签订之日起   B. 自双方向商标局提出申请之日起

C. 自商标局核准之日起   D. 自商标局公告之日起

6. 某律师在向客户介绍商标异议程序时有如下说法，正确的是（   ）。

A. 异议申请应向商标局提出

B. 对初步审定的商标，自公告之日起 6 个月内任何人均可以提出异议

C. 异议申请应向商标评审委员会提出

D. 经裁定异议不能成立而核准注册的，商标注册申请人取得商标权的时间从核准注册之日起计算

7. 某公司有一注册商标"苹果"被核定使用于洗衣机上。为了有效保护该

商标，该公司在洗衣机上又申请注册了"红苹果""青苹果""黄苹果"三件商标，这三件商标是（　　）。

　　A. 联合商标　　　　　　　　　B. 防御商标

　　C. 集体商标　　　　　　　　　D. 证明商标

　　8. 某服装厂将其使用三年的"金叶"文字商标向商标局提出注册申请，但同日提出相同商标申请的还有某灯具厂，该厂未使用过该商标，商标局将核准注册的商标是（　　）。

　　A. 服装厂的商标　　　　　　　B. 灯具厂的商标

　　C. 两个厂作为共同申请人的商标　　D. 两个厂各自独立申请的商标

　　9. "花果山"市种植鸭梨具有历史渊源，出产的鸭梨营养丰富，口感独特，远近闻名，当地有关单位拟对其采取的保护措施中，合法的是（　　）。

　　A. 将"花果山"申请注册为商品商标，使用于鸭梨上

　　B. 将"花果山"申请注册为地理标志，使用于鸭梨上

　　C. 将鸭梨的形状申请注册为立体商标，使用于鸭梨上

　　D. 将"香梨"申请注册为文字商标，使用于鸭梨上

　　10. 甲公司使用在针织品上的"茸茸"商标尚未注册，为防止其他企业在类似商品上使用该商标，甲公司采取下列哪个是合法行为（　　）。

　　A. 包装上注明"注册商标 仿冒必究"

　　B. 广告中说明"知名品牌 不得仿冒"

　　C. 产品外包装上附加®标志

　　D. 提出注册申请

　　11. 注册商标连续（　　）年停止使用的，任何人可以向商标局申请撤销该注册商标。

　　A. 一　　　　　　　　　　　　B. 二

　　C. 三　　　　　　　　　　　　D. 五

　　12. 下列必须使用注册商标的是（　　）。

　　A. 农用药品　　　　　　　　　B. 人用药品和烟草制品

　　C. 药品原料　　　　　　　　　D. 兽用药品

　　13. 地理标志可以注册为（　　）。

　　A. 集体商标或证明商标　　　　B. 防御商标或证明商标

　　C. 联合商标或集体商标　　　　D. 防御商标或联合商标

　　14. 2021年7月1日，甲公司申请"满福春"食品商标和服务商标。经查，乙食品厂曾于2011年4月1日取得"满福春"食品注册商标，但迄今为止未提出该注册商标的续展申请。在此情况下，商标局应（　　）。

A. 可以核准该食品商标和服务商标

B. 不应核准该食品商标和服务商标

C. 可以核准该服务商标，但不核准该食品商标

D. 可以核准该服务商标，但延迟核准该食品商标

15. 甲公司在纸手帕等纸制产品上注册了"茉莉花"文字及图形商标。下列（   ）未经许可的行为不构成侵权。

A. 乙公司在其制造的纸手帕包装上突出使用"茉莉花"图形

B. 丙商场将假冒"茉莉花"牌纸手帕作为赠品进行促销活动

C. 丁公司长期制造茉莉花香型的纸手帕，并在包装上标注"茉莉花香型"

D. 戊公司购买甲公司的"茉莉花"纸手帕后，将"茉莉花"改为"山茶花"重新包装后销售

16. 下列可能获得商标注册的是（   ）。

A. "25W"牌灯泡   B. "3"牌电筒

C. "长青"牌水杯   D. "大同"牌饼干

二、简答题

1. 简述文字商标、图形商标、立体商标和声音商标。

2. 商标权的特征和商标权的排他性。

3. 注册商标依据的商品和商品服务分类依据及作用。

4. 驰名商标的概念和认定原则。

5. 不能成为注册商标但可以作为非注册商标使用的情形。

6. 商标注册原则。

7. 注册商标续展的规定。

8. 注册商标转让的形式。

9. 商标权的使用许可情形。

10. 注册商标的终止及法律后果。

三、案例分析题

案例一：商标主体案

甲电视机厂使用"山花"牌生产电视机，产品质量优良，价格适中，售后服务好，深受广大用户欢迎。该商标未申请注册。后该厂一名技术人员受聘于邻省生产电视机厂（乙厂）担任厂长，为扭转乙厂亏损，乙厂在技术上加大改造力度，并通过提升知名度打开销路。在甲厂商标未申请注册的情况下，向商标局申请注册了"山花"牌商标。此后，产品销路大有好转。

甲厂得知后，以该商标是自己首先创出，先使用为由，要求乙厂停止使用该注册商标。而乙厂则认为自己已注册该商标，享有商标专用权，要求甲厂停止使

用。为此，双方发生纠纷。

根据上述资料，回答下列问题：

本案"山花"商标权的归属？

案例二：商标权客体案

湖北日报讯：为弘扬楚商精神，打造楚商品牌，楚商联合会筹委会面向社会公开征集楚商精神口号和楚商标志设计方案。截至 8 月 20 日共征集楚商标志设计方案 570 多份，楚商精神口号 1 万余条。

评出楚商标志设计一等奖空缺；二等奖 2 名：上海宏晨家庭用品有限公司张进、A 大学艺术设计学院周峰；三等奖 2 名：江苏省徐州市铜山大学路 88 号王猛、湖北美术学院文建峰。楚商精神口号一等奖 3 名：深圳市金华航物流有限公司何兆旋提供的"楚商行四海信义赢天下"，湖北省襄阳市民政局袁睿提供的"楚人行商道明"，江西省黎川县农行周林提供的"思远楚无疆心诚商有道"。

根据上述资料，回答下列问题：

楚商标志设计可否去申请商标注册？

案例三：商标专用权案

甲厂原是生产加工和销售陶瓷产品的专业厂家，2012 年 4 月 27 日在陶瓷产品上注册了"宝龙"商标，自 2018 年，产品销量下降，为摆脱困境，该厂开发系列食品加工机产品，包括保鲜机、微波炉、电烤箱等，多种食品加工机一时很畅销，甲厂在产品上也使用"宝龙"商标。

根据上述资料，回答下列问题：

甲厂的行为是否合法？

案例四：商标禁用案

2018 年，新星洗涤剂厂向国家商标局申请"加酶"洗衣粉商标，在申请期间，被广州油脂化学工业公司提出了异议，称"加酶"是商品的通用名称。

根据上述资料，回答下列问题：

（1）异议人的异议有无道理？

（2）应否授予洗衣粉"加酶"商标？

案例五：商标禁用案

甲公司向《商标公告》杂志社发邮件，咨询如下问题：自 2015 年以来，我公司一直使用"南京""茶花"商标，用于生产和销售的冰激凌、雪糕、冰砖等冷饮食品。由于生产规模不大，没有申请过商标注册。

2016 年初，公司扩大生产规模，拟根据尼斯协定第 30 类冷饮食品上申请注册"南京"商标。委托一家商标事务所代理申请注册，该事务所称"南京"商标不符合商标法规定，不能作为商标申请注册。于是，准备以"冰砖"申请注册，代理事务所也说不行。我公司为什么不能以"南京""冰砖"作为商标申请注册？

根据上述资料，回答下列问题：

（1）对甲公司提出的问题，应当如何回答？

（2）分析该企业以未注册商标使用"南京""茶花"商标的行为是否合法？

案例六：商标注册原则案

2017 年，华南乳制品厂在其生产的系列产品上使用"蕊达"商标，没有申请注册。该厂生产的产品质量较好，深受消费者喜爱，曾连续三年被评为"消费者信得过产品"。2021 年 2 月田园食品厂将"蕊达"申请商标注册，核准注册后使用在其生产的乳制品上。田园食品厂要求华南乳制品厂停止使用"蕊达'商标。

根据上述资料，回答下列问题：

田园食品厂获得商标权是否合法？为什么？

案例七：商标保护案

甲厂"美华"牌锅炉在行业内具有很高知名度，该商标没有申请注册。2019年 1 月，同是生产锅炉的乙厂向知识产权局提出"美华"商标注册申请。

根据上述资料，回答下列问题：

（1）2019 年 10 月国家知识产权局对乙厂的注册申请初步审定后予以公告，甲厂看到公告，认为乙厂的行为损害自己的权益，甲厂应当如何救济？

（2）若 2020 年 1 月国家知识产权局核准乙厂美华商标的注册申请，乙厂向甲厂提出不得再使用美华商标的要求，甲厂不同意，乙厂遂告甲厂侵权，甲厂能否抗辩？如何抗辩？

案例八：商标保护案

东方电视机厂自 2000 年开始生产"乐音"牌电视机，曾获优质产品奖，2019 年 5 月 10 日该厂向国家商标局申请"乐音"电视机商标注册。同一日，华丰电脑公司将刚投入生产的"乐音"牌计算机也向国家商标局申请商标注册。同时，宏声电器厂也一直在使用"乐音"商标，用于它生产和销售的管弦乐器，而某无线电厂也在使用"乐音"商标生产收音机。

根据上述资料，回答下列问题：

（1）商标局可能将"乐音"商标专用权授予哪家？为什么？

（2）四个单位中有谁可能使用这一商标？谁不能再使用？为什么？

案例九：商标保护案

食品厂甲具有糖、奶、淀粉等产地优势，但因生产技术落后，产品滞销。甲厂便从某市乙食品厂引进奶糖制品技术和"光明"奶糖注册商标，双方签订的注册商标使用许可合同，合同约定注册商标使用期为五年，许可使用费以甲厂年盈利的15%，按年支付。

合同订立后，乙厂较重视技术指导和商品质量监督，而忽视将合同书副本送交当地商标局备案，经多次催交仍不办理，于是该市市场监督管理部门便通知撤销乙厂"光明"注册商标。在"光明"商标许可合同执行期间，因甲厂管理混乱而盈利甚微，除支付乙厂的技术改装费外，从未支付商标使用费，当甲厂得知乙厂商标被撤销后，更不愿意支付许可使用费，而将"光明"注册商标中的R涂掉当未注册商标使用。乙厂遂向人民法院起诉，要求追究甲厂违约和侵权责任。

根据上述资料，回答下列问题：

（1）该市市场监督部门的做法是否正确？

（2）甲厂将乙厂被撤销的商标立即作未注册商标使用是否正确？为什么？

（3）法院应否支持乙厂的诉讼请求？

案例十：商标权保护案

2019年4月，重庆市长寿区灯具厂向国家工商行政管理局商标局申请注册"长寿"商标。9月15日，商标局审查后认为"长寿"为县级以上行政区划名称而驳回申请，9月20日，灯具厂收到驳回通知。

根据上述资料，回答下列问题：

（1）商标局驳回申请的理由是否成立？能否获准注册？

（2）如果灯具厂不服商标局驳回申请决定，应在何时前向谁申请复审？

案例十一：商标侵权案

原告腾讯科技有限公司申请注册QQ商标用于汽车等产品，被核准。随后，奇瑞汽车股份有限公司向国家工商总局商标评审委员会提出撤销申请，腾讯用于汽车的QQ商标依法被裁定撤销。腾讯公司不服，将商标评审委员会诉至法院。

法院审理认为，腾讯作为互联网领域的著名企业，在汽车等商品上申请QQ商标时，理应知晓奇瑞公司的QQ商标在此类商品中已具有一定知名度的事实，因此腾讯申请注册汽车类QQ商标的行为具有不正当性。

根据上述资料，回答下列问题：

该案应如何解决？

案例十二：商标侵权案

"林书豪"被注册为商标。据说无锡公司的法定代表人看过林书豪比赛，认为此人可能取代姚明，基于"商业远见"，以林书豪姓名，于2010年7月提出商标注册申请，2011年8月7日核准，当时，很少有人知道林书豪是谁。林书豪欲举证侵犯姓名权。

根据上述资料，回答下列问题：

该案应如何认定？

案例十三：商标权许可使用案

A 市甲厂是某种饮料的商标注册人，在与 B 市乙厂签订的该商标使用许可合同中，特别约定乙厂使用甲厂商标的饮料全部使用甲厂的包装瓶，包装瓶上标注甲厂的名称和产地。该合同未报商标局备案即付诸履行。

根据上述资料，回答下列问题：

（1）该商标使用许可合同是否有效？为什么？

（2）该特别约定是否有效？为什么？

案例十四：商标权许可使用案

A 公司于 2015 年 1 月核准取得"A"注册商标，核定使用的商品为面包。2016 的 10 月 A 公司与 B 商场签订为期 3 年的"A"商标特许使用协议，约定由 B 商场生产并设专柜出售"A"注册商标面包，2017 年 4 月起，A 公司停止向 B 商场供货。同年 6 月 A 公司发现 B 商场仍在专柜销售"A"面包，厂名厂址标注为 B。A 公司认为 B 商场侵害其商标专用权。

根据上述资料，回答下列问题：

（1）A 公司停止向 B 商场供货行为是否合法？

（2）B 商场仍使用"A"注册商标销售面包是否侵犯？

案例十五：商标禁用和专利许可案

2019 年 1 月，A 大学与丰凯公司签订专利独占许可合同，将自己所有的"口罩专用熔喷料及驻极母料"专利技术许可给丰凯公司独占使用。

丰凯公司是位于湖北孝感的一家专业口罩生产商，该公司原本打算在其生产的口罩上注册"大悟"商标，但听说县级以上的地名不能注册商标，因此丰凯公司没有申请"大悟"商标注册，但在其生产的口罩上将"大悟"作为商标使用，并标明"TM"标志。

新冠肺炎疫情暴发不久，口罩一时供不应求，出现了较多的劣质口罩，还有不少侵权口罩在市场上销售。丰凯公司发现一家药店正在销售的医用口罩含"口罩专用熔喷料及驻极母料"专利技术，但生产厂家不是丰凯公司，于是要求该药店下架侵权医用口罩。该药店称不是自己生产的产品，也不知道是侵权产品，并出示了完整的进货证明，拒绝下架。丰凯公司通知 A 大学，请求向专利行政主管部门举报。

根据上述资料，回答下列问题：

（1）丰凯公司在没有申请注册商标的情况下将"大悟"作为商标使用的行为是否合法？

（2）药店的销售行为是否属于专利侵权？

第五章

制止不正当竞争

案例引入

甲厂生产的"玉叶"牌名称为"千里香"的白酒行销贵州省及西南地区。该酒自 1980 年起销售，广告力度较大，在西南各省乡镇、农村都可见到此酒的广告及销售点。此酒物美价廉，在西南农村广受欢迎。该酒的包装装潢是将酒瓶设计成葫芦型，并贴有黑底及金色字体的"千里香"名称，"香"字占据瓶贴 1/2 面积，极为醒目。

乙厂从 2000 年起生产"清玉"牌酒，酒瓶也设计成葫芦型，并贴有黑底金字瓶贴，酒的名称为"久久香"，其中"香"字也占瓶贴的 1/2，很是突出，该酒也在西南地区销售。

甲厂向执法部门投诉，诉乙厂行为属假冒仿冒行为。乙方辩称：甲厂生产使用的是"玉叶"商标，乙厂使用的是"清玉"商标，购买者不会误认；甲厂商品名称为"千里香"，乙厂商品名称"久久香"，根本不同，没有构成假冒；将两种酒摆在一起，细细观察，差别是明显的，不能认定为假冒仿冒。

问：乙厂的行为是否构成不正当竞争行为？

解析：乙厂的行为属于市场混淆的不正当竞争行为。本案乙厂擅自使用了与他人有一定影响的商品名称、包装、装潢等相同或者近似的标识。该行为：第一，被仿冒的商品必须是"一定影响"商品。"千里香"酒，在特定地区深受欢迎，属于"一定影响"商品。第二，被仿冒的名称、包装、装潢须为一定影响的商品所"特有"，"千里香"的名称、瓶呈葫芦型及突出的"香"字都属与通用名称、包装、装潢不同的"特有"。根据主要部分和整体印象来判断及异时异地隔离观察是认定时的准则，乙厂的商品的外形及瓶贴的主要部分和整体印象在外观上、内容上、观念上都使消费者容易误认，实际交易中消费者不可能将两个商品放在一起仔细辨认，乙厂的辩称没有根据。

　　资料来源：作者编写而得。

第一节　反不正当竞争制度概述

一、不正当竞争行为的概念和特征

（一）不正当竞争行为的概念

　　不正当竞争行为有广义和狭义之分，广义的不正当竞争行为，泛指一切违反商业道德和善良风俗，特别是违反有关法律而从事商品生产、经营的行为，包括垄断、限制竞争和以不正当手段从事竞争三种行为，其本质的特征是采用违反商业道德、商业惯例的手段竞争。狭义的不正当竞争一般指除垄断和限制竞争以外的以不正当手段从事竞争的行为。

　　依据《中华人民共和国反不正当竞争法》（以下简称《反不正当竞争法》）第二条规定，本法所称的不正当竞争行为，是指经营者在生产经营活动中，违反本法规定，扰乱市场竞争秩序，损害其他经营者或者消费者的合法权益的行为。

（二）不正当竞争行为的法律特征

　　不正当竞争行为的法律特征，可以概括为以下三个方面：

1. 行为主体是经营者

　　《反不正当竞争法》第二条第二款规定："本法所称的不正当竞争，是指经营者违反本法规定，损害其他经营者的合法权益，扰乱社会经济秩序的行为。"第三款规定："本法所称的经营者，是指从事商品经营或者营利性服务的法人、其他经济组织和个人。"可见，我国立法明确地将不正当竞争行为的主体界定为经营者。然而，在执法和司法的实践中，对于如何认定不正当竞争行为的实施主体，存在争议，通常理解是不应仅仅局限于狭义的经营者概念上，立法所举的不正当竞争行为不限于经营者，如《反不正当竞争法》第九条规定，经营者以外的其他自然人、法人和非法人组织实施前款所列违法行为的，视为侵犯商业秘密。

2. 行为的违法性

违法性是指不正当竞争行为直接违法或规避法律规定，或者违反自愿、平等、公平、诚实信用的原则及公认的商业道德，损害其他经营者的合法权益，扰乱社会经济秩序。直接违法或规避法律规定一般是故意，"过失"也可能构成不正当竞争行为，侵犯商业秘密的不正当行为即可由过失构成。

3. 行为结果的损害性

不正当竞争行为所侵害的客体是其他经营者或消费者的合法权益，从整体上扰乱了正常的社会经济秩序。不正当竞争行为不仅损害其他经营者和广大消费者的利益，而且损害到国家利益，破坏市场秩序，阻碍社会生产力的发展。

二、反不正当竞争立法

反不正当竞争法是指经过国家制定的，调整在维护公平、制止不正当竞争行为过程中发生的社会关系的法律规范的总称。经营者在市场交易中，应当遵循自愿、平等、公平、诚实信用、遵守公认的商业道德及合法经营的原则。反不正当竞争法通过确认竞争行为的公平性、正当性以及对市场竞争秩序的影响，制止不正当竞争行为，确保公平竞争。

规范不正当竞争的法律依据主要是《中华人民共和国反不正当竞争法》，1993年9月2日第八届全国人民代表大会常务委员会第三次会议通过，2017年11月4日第十二届全国人民代表大会常务委员会第三十次会议修订，根据2019年4月23日第十三届全国人民代表大会常务委员会第十次会议《关于修改〈中华人民共和国建筑法〉等八部法律的决定》修正。修改后的《反不正当竞争法》增加了互联网不正当竞争行为，删除了低价销售行为等。

《中华人民共和国刑法》，1979年7月1日第五届全国人民代表大会第二次会议通过，经五次会议修订，2017年11月4日第十次修正。现行刑法规定有侵犯商业秘密，损害商业信誉、商品声誉，虚假广告，非法经营四种不正当竞争行为罪。

《中华人民共和国商标法》第五十八条规定，将他人注册商标、未注册的驰名商标作为企业名称中的字号使用，误导公众，构成不正当竞争行为的，依照《中华人民共和国反不正当竞争法》处理。

三、反不正当竞争法与其他知识产权法的关系

在知识产品保护上，知识产权法和反不正当竞争法是两种基本方式，分别被

称为知识产品保护的"设权模式"和"行为规制模式"。

（一） 二者区别

我国专利法、商标法、著作产权法等知识产权法为设权模式，其与反不正当竞争的区别在于：

1. 设权模式是保护财产，反不正当竞争是禁止行为

专利法、商标法、著作权法等法律直接为知识产权设立专门权利，从产出知识产品开始，明确其权利义务、权利取得的条件、内容、范围、权利期限等；反不正当竞争法规定禁止行为，是"在侵权行为的延长线上展开保护"。

2. 设权模式是类物权模式，反不正当竞争是侵权模式

知识产权法是"将特定种类的信息拟制为'物'，通过赋予类似所有权的方式加以保护"；制止反不正当竞争是基于原权利（知识产权）派生而来的，设定侵权行为种类。

3. 设权模式是事前的、积极的、普遍的，反不正当竞争是个案的、事后的、消极的

关于知识产权法与反不正当竞争法在保护知识产品中的地位和作用，学者存在两种观点，"平行保护说"认为知识产权法和反不正当竞争法是两种不同的知识产权保护路径，两者是平行适用的；"补充保护说"认为反不正当竞争法为知识产权法提供了补充保护，知识产权法优先于反不正当竞争法适用。"补充保护说"又可以分为"兜底保护说"与"有限保护说"，其中，"兜底保护说"认为，知识产权法与反不正当竞争法是"冰山与海水"的关系，反不正当竞争法作为知识产权法的"兜底"保护法应积极适用；"有限保护说"认为，反不正当竞争法应在不抵触知识产权立法政策的前提下进行扩展保护，其更突出对其他知识产权保护不到、处理不周的补充。如郑成思认为，"单行的知识产权法与《反不正当竞争法》之间并不存在谁挤占了谁的位置的'关系'问题，而是后者对前者如何给予补充。"

（二） 二者联系

尽管我国学者对知识产权法与反不正当竞争法在保护知识产品中的地位和作用存在不同观点，但也存在基本共识，即反不正当竞争法是知识产品保护的重要方法，在知识产权领域有特定的适用空间。[①] 专利法、商标法、著作产权法等知识产权法与反不正当竞争的联系表现为：

---

① 卢纯昕. 反不正当竞争法在知识产权保护中适用边界的确定 [J]. 法学，2019（9）：30－42.

1. 反不正当竞争法与专利法

一项新的专利技术被创造发明出来时，在被授予专利权前，需要《反不正当竞争法》以商业秘密的形式对其予以临时保护，知名的外观产品在专利权到期届满后，可以由《反不正当竞争法》给予继续保护。实践中，当技术成果权益纠纷遇到法律竞合时，一般应优先适用《专利法》，在《专利法》受到限制时，可以考虑适用《反不正当竞争法》。

2. 反不正当竞争法与商标法

《反不正当竞争法》与《商标法》联系密切，对未注册知名商标的商品，《商标法》着重于对驰名商标的反淡化保护，《反不正当竞争法》注重反混同保护；对"搭便车""反向假冒"等恶意竞争行为，在《商标法》不能完全保护的情况下，《反不正当竞争法》予以补充保护。

3. 反不正当竞争法与著作权法

两者联系相对来说不太密切，实践中，出现冒用他人作品名称、将他人作品中的人物形象商业化等情形，解决这些问题，可以看作是与著作权有关的不正当竞争行为。

知识产权法与《反不正当竞争法》从来就不是冲突、对立的关系，也不是无条件、无边界的补充关系，实践中，知识产权法与《反不正当竞争法》共同对知识产权、权利主体提供保护，利于推动技术、社会进步。①

四、不正当竞争行为

《反不正当竞争法》采取定义加列举式立法，根据法律规定，不正当竞争行为有八种：

（一）市场混淆行为

1. 概念

市场混淆行为，又称假冒或欺骗性交易行为，是指经营者在市场经营活动中，以不实手段对自己的商品或服务做虚假表示、说明或承诺，或利用他人的智力劳动成果推销自己的商品或服务，使用户或消费者产生误解。扰乱市场秩序、损害同业竞争者的利益或消费者利益的行为。

混淆行为表现形式多种多样，《反不正当竞争法》择其要者列举出四项明文禁止，其第六条规定，经营者不得实施下列混淆行为，引人误认为是他人商品或者与他人存在特定联系：（1）擅自使用与他人有一定影响的商品名称、包装、

---

① 郑成思. 反不正当竞争——知识产权的附加保护［J］. 知识产权，2003（5）：3－6.

装潢等相同或者近似的标识；（2）擅自使用他人有一定影响的企业名称（包括简称、字号等）、社会组织名称（包括简称等）、姓名（包括笔名、艺名、译名等）；（3）擅自使用他人有一定影响的域名主体部分、网站名称、网页等；（4）其他足以引人误认为是他人商品或者与他人存在特定联系的混淆行为。

其中，其他是一个兜底条款，如《商标法》第五十八条规定，将他人注册商标、未注册的驰名商标作为企业名称中的字号使用，误导公众，构成不正当竞争行为的，依照《中华人民共和国反不正当竞争法》处理。

2. 行为要件

（1）行为主体是从事市场交易活动的经营者。不是经营者，不构成此行为的主体，如国家机关工作人员利用其特殊的身份进行欺骗行为，不属于该法规范的对象。

（2）经营者在市场经营活动中。客观上实施了《反不正当竞争法》第六条禁止的不正当竞争手段，其实质在于盗用他人的劳动成果，利用其良好的商品声誉或者商业信誉为自己牟取非法利益。

（3）经营者的欺骗性行为已经或足以使用户或消费者误认，亦即这种欺骗行为达到了较为严重的程度。

【案例 5 – 1】

市场混淆行为案

原告是北京瑞平国际拍卖行有限公司（以下简称"瑞平公司"），被告是北京搜房科技发展有限公司（以下简称"搜房公司"）。瑞平拍卖公司，在业内有一定的知名度，瑞平公司曾于 2012 年为搜房公司在搜房网开展的"搜房拍"房产拍卖，提供网络拍卖服务支持。双方合作一年期满后没有续约。此后，搜房公司仍将瑞平公司作为"搜房拍"合作伙伴，在近两年期间共组织房产拍卖 400 余场次，成交金额过 3.8 亿元。瑞平公司认为，搜房公司已使包括竞买人、委托人在内的相关公众误认为瑞平公司是为"搜房拍"提供拍卖服务支持的拍卖人，构成侵权。

搜房公司抗辩称，由于公司员工离职交接疏忽，未撤回搜房网上瑞平公司相关信息。法院受理本案，查明原告陈述属实。

解析：本案是市场混淆的不正当竞争纠纷案。搜房公司的行为属于市场混淆（假借他人企业名称）的不正当竞争行为，且主观存在过错。法院判决搜房公司停止不正当竞争行为，赔偿瑞平公司经济损失 100 万元。本案一审宣判后，双方均未上诉，一审判决生效。

资料来源：文海轩. 网络不正当竞争典型案例分析 [N]. 人民网，2018 – 4 – 25.

3. 法律责任

《反不正当竞争法》第十八条针对第六条所列不正当竞争行为作出相应的行政处罚规定，第十八条规定，经营者违反本法第六条规定实施混淆行为的，由监督检查部门责令停止违法行为，没收违法商品。违法经营额五万元以上的，可以并处违法经营额五倍以下的罚款；没有违法经营额或者违法经营额不足五万元的，可以并处二十五万元以下的罚款。情节严重的，吊销营业执照。经营者登记的企业名称违反本法第六条规定的，应当及时办理名称变更登记；名称变更前，由原企业登记机关以统一社会信用代码代替其名称。

（二）商业贿赂行为

1. 概念

商业贿赂是指经营者为争取交易机会，暗中给予交易对方有关人员或者其他能影响交易的相关人员以财物或其他好处，损害其他经营者的合法权益，扰乱社会经济秩序的行为。

《反不正当竞争法》第七条规定，经营者不得采用财物或者其他手段贿赂下列单位或者个人，以谋取交易机会或者竞争优势：（1）交易相对方的工作人员；（2）受交易相对方委托办理相关事务的单位或者个人；（3）利用职权或者影响力影响交易的单位或者个人。经营者在交易活动中，可以以明示方式向交易相对方支付折扣，或者向中间人支付佣金。经营者向交易相对方支付折扣、向中间人支付佣金的，应当如实入账。接受折扣、佣金的经营者也应当如实入账。经营者的工作人员进行贿赂的，应当认定为经营者的行为；但是，经营者有证据证明该工作人员的行为与为经营者谋取交易机会或者竞争优势无关的除外。

以回扣、折扣、佣金、咨询费、介绍费等名义争取交易机会的现象在某些行业或区域相当普遍，如何判断其是否违法，需以法律为标准，分析其实质特征，得出正确结论。实践中，其主要表现为账外暗中给付和收受回扣。这里的"回扣"是指经营者在销售商品时，在账外暗中以现金、实物或者其他方式退给对方单位或者个人的一定比例的商品价款。包括以下几种形式：（1）现金回扣，如辛苦费、劳务费、手续费、交通费、茶水费等；（2）实物回扣，如赠送一些很名贵物品；（3）服务性回扣，如供其子女出国留学、出国旅游。

在账外暗中给予对方单位或者个人回扣的，以行贿论处；对方单位或者个人在账外暗中收受回扣的，以受贿论处。但是，应将回扣同折扣、佣金区分开来。经营者销售或者购买商品，可以以明示方式给对方折扣，也可以给中间人佣金。经营者给对方折扣，给中间人佣金的，必须如实入账，接受折扣、佣金的经营者也必须入账。

2. 商业贿赂行为的认定

实践中，认定商业贿赂行为应综合考量以下因素：

（1）行为的主体是经营者或受经营者指使的人（包括其职工）；其他主体可能构成贿赂行为，但不是商业贿赂。

（2）行为的目的是争取市场交易机会，而非其他目的（如政治目的、提职、获取职称等）。

（3）有私下暗中给予他人财物和其他好处的行为，且达到一定数额。构成商业贿赂的标准：除支付方和接收方都要如实入账以外，其他情形均构成商业贿赂（一方未入账，入错账情形均构成商业贿赂）。如若只是许诺给予财物，不构成该行为；给予的财物或好处数额过小，如为联络感情赠送小礼物，亦不构成该行为。

（4）该行为由行贿与受贿两方面构成。一方行贿，另一方不接受，不构成商业贿赂；一方索贿，另一方不给付，也不构成商业贿赂。

3. 法律责任

《反不正当竞争法》第十九条规定，经营者违反本法第七条规定贿赂他人的，由监督检查部门没收违法所得，处十万元以上三百万元以下的罚款。情节严重的，吊销营业执照。

（三）广告中的虚假宣传

1. 概念

广告中的虚假宣传是指经营者利用广告或者其他方法，对商品的质量、制作成分、性能、用途、生产者、有效期限、产地等作引人误解的虚假宣传，欺骗、误导消费者的行为构成虚假宣传行为。

《反不正当竞争法》第八条第一款规定，经营者不得对其商品的性能、功能、质量、销售状况、用户评价、曾获荣誉等作虚假或者引人误解的商业宣传，欺骗、误导消费者。

引人误解的虚假宣传，既包括虚假宣传，也包括引人误解的宣传。通常，极限性用语不可以使用，如首个、最、第一等。

【案例 5 - 2】

虚假广告宣传案

珂兰公司和卓美公司分处京沪两地，同为珠宝饰品经营者，原来从来没有任何往来。热播剧《夏家三千金》播出，剧中北京珂兰公司享有著作权的吊坠，放进了上海卓美公司的首饰盒中，让两家经营珠宝首饰的同行对簿公堂。

《夏家三千金》第二集第24分钟处，为了给女友庆生，剧中人物皓天与母亲到珠宝店选购首饰，此时，镜头里显示卓美公司克徕帝珠宝的"CRD"标识；随后，皓天将首饰送给女友，首饰盒上有明显的"CRD"标识。但是，打开首饰盒后，作为道具出现的项链吊坠却是珂兰公司设计的"天使之翼"。有网友发帖称，他为女友购买的吊坠款式与《夏家三千金》一样，于是向女友吹嘘，细心的女友却发现吊坠与首饰盒张冠李戴并质疑，传到珂兰公司，珂兰公司将电视剧摄制方上海辛迪加公司及卓美公司诉之法院。

上海市浦东区人民法院查明，在电视剧《夏家三千金》拍摄中，卓美公司免费提供场地，辛迪加公司免费为其宣传，双方虽无书面合同，但形成事实合作关系，电视剧剧情及片尾内容有明显的植入广告的特征。

问：该案性质？

解析：本案构成虚假广告宣传的不正当竞争，两被告连带赔偿。电视剧剧情及片尾内容有明显的植入广告的特征，其中，"天使之翼"吊坠与CRD首饰盒一同出现，已构成对卓美公司品牌的宣传。珂兰公司与卓美公司同为珠宝首饰产品的经营者，存在竞争关系，而本案中，卓美公司并不设计、生产或销售"天使之翼"吊坠，电视剧中的相关情节却足以使公众误认为该公司设计、生产或销售了这款吊坠，或使公众误认为珂兰公司仿冒了该公司设计的吊坠款式，损害珂兰公司合法权益。

资料来源：王治国. 电视剧植入广告虚假宣传构成侵权［N］. 人民法院报，2012 – 6 – 13.

2. 法律责任

《反不正当竞争法》第二十条规定，经营者违反本法第八条规定对其商品作虚假或者引人误解的商业宣传，或者通过组织虚假交易等方式帮助其他经营者进行虚假或者引人误解的商业宣传的，由监督检查部门责令停止违法行为，处二十万元以上一百万元以下的罚款；情节严重的，处一百万元以上二百万元以下的罚款，可以吊销营业执照。经营者违反本法第八条规定，属于发布虚假广告的，依照《中华人民共和国广告法》的规定处罚。

（四）组织虚假交易

1. 概念

虚假交易是指不存在、不真实的买卖行为。在电子商务交易中，组织虚假交易一般指在网络购物平台中通过不正当方式获得商品销量、店铺评分、信用积分等不当利益，妨害买家权益行为，含刷单炒信、删除差评、虚构交易、虚假荣誉评比等行为。

《反不正当竞争法》第八条第二款规定，经营者不得通过组织虚假交易等方式，帮助其他经营者进行虚假或者引人误解的商业宣传。

《电子商务法》第十七条规定："电子商务经营者应当全面、真实、准确、及时地披露商品或者服务信息，保障消费者的知情权和选择权。电子商务经营者不得以虚构交易、编造用户评价等方式进行虚假或者引人误解的商业宣传，欺骗、误导消费者。"

2. 法律责任

《反不正当竞争法》第二十条规定，经营者违反本法第八条规定对其商品作虚假或者引人误解的商业宣传，或者通过组织虚假交易等方式帮助其他经营者进行虚假或者引人误解的商业宣传的，由监督检查部门责令停止违法行为，处二十万元以上一百万元以下的罚款；情节严重的，处一百万元以上二百万元以下的罚款，可以吊销营业执照。经营者违反本法第八条规定，属于发布虚假广告的，依照《中华人民共和国广告法》的规定处罚。

此外，组织虚假交易，如网络水军组织者，可能违反《中华人民共和国刑法》二百二十五条规定，构成其他严重扰乱市场秩序的非法经营行为，追究非法经营罪。

（五）侵犯商业秘密行为

1. 概念

商业秘密是指不为公众所知悉，能为权利人带来经济利益、具有实用性并经权利人采取保密措施的技术信息和经营信息。它具有秘密性、保密性和实用性三方面的特征。侵犯商业秘密行为就是指经营者不正当获取、披露或使用权利人商业秘密的行为。

2. 侵犯商业秘密行为的认定

《反不正当竞争法》第九条规定，经营者不得实施下列侵犯商业秘密的行为：（1）以盗窃、贿赂、欺诈、胁迫、电子侵入或者其他不正当手段获取权利人的商业秘密；（2）披露、使用或者允许他人使用以前项手段获取的权利人的商业秘密；（3）违反保密义务或者违反权利人有关保守商业秘密的要求，披露、使用或者允许他人使用其所掌握的商业秘密；（4）教唆、引诱、帮助他人违反保密义务或者违反权利人有关保守商业秘密的要求，获取、披露、使用或者允许他人使用权利人的商业秘密。经营者以外的其他自然人、法人和非法人组织实施前款所列违法行为的，视为侵犯商业秘密。第三人明知或者应知商业秘密权利人的员工、前员工或者其他单位、个人实施本条第一款所列违法行为，仍获取、披露、使用或者允许他人使用该商业秘密的，视为侵犯商业秘密。本法所称的商业秘密是指不为公众所知悉、具有商业价值并经权利人采取相应保密措施的技术信息、经营信息等商业信息。

实践中，认定侵犯商业秘密的行为应综合考量以下因素：

（1）认定是否构成侵权，必须首先依法确认商业秘密的存在。

（2）行为主体可以是经营者，也可以是其他人。反不正当竞争法规范的各种不正当竞争行为的实施者，绝大多数要求其具有经营者身份，而侵犯商业秘密则不受该限制。

（3）客观上，行为主体实施了侵犯他人商业秘密的行为。实施的方式有盗窃、贿赂、欺诈、胁迫、电子侵入或者不当披露、使用等。

（4）以非法手段获取、披露、使用或者允许他人使用商业秘密的行为已经或可能给权利人带来损害后果。

3. 法律责任

《反不正当竞争法》第二十一条规定，经营者及其他自然人、法人和非法人组织违反本法第九条规定侵犯商业秘密的，由监督检查部门责令停止违法行为，没收违法所得，处十万元以上一百万元以下的罚款；情节严重的，处五十万元以上五百万元以下的罚款。

（六）违反规定的有奖销售

1. 概念

不正当有奖销售行为是指经营者违反诚实公平竞争原则，利用物质、金钱或其他经济利益引诱购买者与之交易，排挤竞争对手的不正当竞争行为。

《反不正当竞争法》第十条规定，经营者进行有奖销售不得存在下列情形：（1）所设奖的种类、兑奖条件、奖金金额或者奖品等有奖销售信息不明确，影响兑奖；（2）采用谎称有奖或者故意让内定人员中奖的欺骗方式进行有奖销售；（3）抽奖式的有奖销售，最高奖的金额超过五万元（累计不算、多次抽奖不算）。

2. 法律责任

《反不正当竞争法》第二十二条规定，经营者违反本法第十条规定进行有奖销售的，由监督检查部门责令停止违法行为，处五万元以上五十万元以下的罚款。

【案例 5 - 3】

违反规定的有奖销售案

某餐厅为促销，在大众媒介上宣传称：凡在 2020 年 5 月 1 日～5 月 15 日期间来本店就餐的顾客，都能获得惊喜——精美礼品 1 份；若想知道是什么礼品，请于上述期限到本店就餐。5 月 12 日，顾某来该店就餐，询问可获得的礼品，被告知必须消费满 150 元，离店付款时，才可了解奖品。顾某消费价值 155 元，却被告知最后一份礼品刚刚发完，没有了。双方发生争执，顾某认为餐厅欺诈消费者，实际做法与宣传不符；而餐厅店员认为是顾某运气不好，宣传只是为了招揽顾客，本身就不全是真的。

问：餐厅行为性质？应承担什么责任？

解析：餐厅行为是违反规定的有奖销售的不正当竞争行为，也是虚假广告的不正当竞争行为。同时有违消费者权益保护法，有损消费者的知情权。发布虚假广告、违规有奖销售，及欺骗消费者，餐厅对消费者应承担民事责任，使消费者的合法权益受到侵害，可责令停止虚拟广告发布、公开赔礼道歉、罚款等。

资料来源：作者编写而得。

（七）商业诽谤

1. 概念

商业诽谤，又称诋毁商誉行为，是指经营者为了占领市场，针对同类竞争对手，故意捏造和散布有损于其商业信誉和商品声誉的虚假信息，贬低其法律上的人格，削弱其市场竞争能力，使其无法正常参与市场交易活动，从而使自己在市场竞争中取得优势地位的行为。

《反不正当竞争法》第十一条规定，经营者不得编造、传播虚假信息或者误导性信息，损害竞争对手的商业信誉、商品声誉。

2. 构成要件

（1）行为主体：市场经营活动中经营者（必须是经营者，新闻媒体、自己编造等不算）；

（2）行为方式：捏造、传播虚假事实和编造、传播误导性事实（包括捏造、传播虚假事实，还包括编造、传播误导性事实）；

（3）主观心态：必须是故意，不能是过失；

（4）诋毁行为指向的对象：不要求指名道姓，与特定主体相联系即可。

【案例 5 – 4】

商业诽谤案

2012 年 6 月，杨某通过网络 QQ 群等，分别与其他被告人联系，并教授他们做"网络差评师"方法，勒索淘宝网上网店卖家钱款。

由"网络差评师"在淘宝网网店恶意下单，再由杨某与该卖家"谈判"，向卖家表示如果发货就给差评、不发货就投诉，只有向他转钱，才同意关闭交易。卖家为不受差评，不影响网络经营和淘宝网评分，同意付钱给杨某。杨某收到钱款后，与"网络差评师"分赃。2012 年 4 ~ 6 月，杨某累计作案 40 余次，非法获利 2 万元。

问：该行为性质？

解析：若金额不高，构成以交易达成后违背事实的恶意评价损害他人商业信誉的不正当竞争行为（雇"水军"诋毁他人商誉）。若金额高或情节严重，构成敲诈勒索罪。虽然案中每次涉案金额不高，但据 2011 年 5 月 1 日施行《刑法》修正案八规定，多次敲诈勒索的，构成敲诈勒索罪。本案各被告人在短短时间，作案均在 3 次以上，行为构成敲诈勒索罪。2013 年 7 月 3 日，杭州市上城区法院对杨某等 12 名"淘宝差评师"敲诈勒索案判决，主犯判处有期徒刑二年，其余 11 名十个月至一年二个月不等。为遏制恶意差评，淘宝网负责人表示，2012 年淘宝网共处罚恶意买家账号 6.5 万个，拦截关闭 10 多万笔恶意订单。截至 2013 年底，淘宝网接到的恶意差评、敲诈类电话投诉量减少 90% 以上。为遏制恶意差评，淘宝网从 2013 年 6 月取消好评率与搜索排名的关联。

资料来源：杭州网购"恶意差评师"案一审判决 12 人因敲诈勒索罪获刑 [EB/OL]. 新华网，2013 - 7 - 3.

3. 法律责任

《反不正当竞争法》第二十三条规定，经营者违反本法第十一条规定损害竞争对手商业信誉、商品声誉的，由监督检查部门责令停止违法行为、消除影响，处十万元以上五十万元以下的罚款；情节严重的，处五十万元以上三百万元以下的罚款。

（八）利用网络从事的不正当行为

1. 概念

利用网络从事的不正当行为是指利用技术手段在互联网领域从事妨碍、破坏其他经营者合法提供的网络产品或者服务正常运行的行为。《反不正当竞争法》第十二条规定"互联网不正当竞争专门条款"，作了四类规定，包括一项兜底条款。第十二条规定："经营者利用网络从事生产经营活动，应当遵守本法的各项规定。经营者不得利用技术手段，通过影响用户选择或者其他方式，实施下列妨碍、破坏其他经营者合法提供的网络产品或者服务正常运行的行为：（1）未经其他经营者同意，在其合法提供的网络产品或者服务中，插入链接、强制进行目标跳转；（2）误导、欺骗、强迫用户修改、关闭、卸载其他经营者合法提供的网络产品或者服务；（3）恶意对其他经营者合法提供的网络产品或者服务实施不兼容；（4）其他妨碍、破坏其他经营者合法提供的网络产品或者服务正常运行的行为。"

2014 年 1 月 26 日国家工商行政管理总局令第 60 号公布《网络交易管理办法》（以下简称《办法》），自 2014 年 3 月 15 日起施行，《办法》是为规范网络商品交易及有关服务，保护消费者和经营者的合法权益而制定。《办法》第 19 条规定，"不得利用网络技术手段或者载体等方式，从事下列不正当竞争行为：（1）擅自使用知名网站特有的域名、名称、标识或者使用与知名网站近似的域名、名称、标识，与他人知名网站相混淆，造成消费者误认；（2）擅自使用、伪造政府部门或者社会团体电子标识，进行引人误解的虚假宣传；（3）以虚拟物品为奖品进行抽奖式的有奖销售，虚拟物品在网络市场约定金额超过法律法规允许的限额；（4）以虚构交易、删除不利评价等形式，为自己或他人提升商业信誉；（5）以交易达成后违背事实的恶意评价损害竞争对手的商业信誉。"《办法》第 20 条规定，"网络商品经营者、有关服务经营者不得对竞争对手的网站或者网页进行非法技术攻击，造成竞争对手无法正常经营"。

2. 法律责任

《反不正当竞争法》第二十四条规定，经营者违反本法第十二条规定妨碍、破坏其他经营者合法提供的网络产品或者服务正常运行的，由监督检查部门责令停止违法行为，处十万元以上五十万元以下的罚款；情节严重的，处五十万元以上三百万元以下的罚款。

【案例 5 - 5】

数据权益不正当竞争纠纷案

深圳市腾讯计算机系统有限公司、腾讯科技（深圳）有限公司与浙江搜道网络技术有限公司、杭州聚客通科技有限公司不正当竞争纠纷案（浙江省杭州铁路运输法院〔2019〕浙 8601 民初 1987 号民事判决书）。

深圳市腾讯计算机系统有限公司、腾讯科技（深圳）有限公司（统称腾讯公司）开发运营个人微信产品，为消费者提供即时社交通信服务。个人微信产品中的数据内容主要为个人微信用户的账号数据、好友关系链数据、用户操作数据等个人身份数据和行为数据。浙江搜道网络技术有限公司、杭州聚客通科技有限公司（统称两被告）开发运营的"聚客通群控软件"，利用 Xposed 外挂技术将该软件中的"个人号"功能模块嵌套于个人微信产品中运行，为购买该软件服务的微信用户在个人微信平台中开展商业营销、商业管理活动提供帮助。腾讯公司向浙江省杭州铁路运输法院提起诉讼，主张其享有微信平台的数据权益，两被告擅自获取、使用涉案数据，构成不正当竞争。一审法院认为，网络平台方对于数据资源整体与单一原始数据个体享有不同的数据权益。两被告通过被控侵权软件擅自收集微信用户数据，存储于自己所控制的服务器内的行为，不仅危及微信用户的数据安全，且对腾讯公司基于数据资源整体获得的竞争权益构成了实质性损害。两被告的行为有违商业道德，且违反了网络安全法的相关规定，构成不正当竞争。一审法院遂判决两被告停止涉案不正当竞争行为，共同赔偿腾讯公司经济损失及为制止不正当竞争行为所支付的合理费用共计 260 万元。

解析：本案系涉及数据权益归属判断及数据抓取行为正当性认定的典型案件。本案判决兼顾平衡了各相关方的利益，合理划分了各类数据权益的权属及边界，为数据权益司法保护提供了理性分析基础，也为防止数据垄断、完善数字经济法律制度、促进数字经济健康发展提供了可借鉴的司法例证。

资料来源：数据权益不正当竞争纠纷案［EB/OL］.中国法院网，2021 - 4 - 23.

五、制止不正当竞争法律适用要件和法律责任

（一）法律适用要件

根据现有法律规定，当其他知识产权法律无法保护知识产权时，适用反不正当竞争救济，应考虑以下四个要件：

1. 侵权人的主观恶意

适用《反不正当竞争法》对知识产权提供保护，要求侵犯知识产权的行为属于不正当竞争行为，即行为人必须有主观恶意，这也是《反不正当竞争法》自身特点。

2. 权利主体间应当存在竞争关系

实践中，尽管竞争关系的强调已经被弱化，但它仍然属于考量因素，在适用一般条款拓宽保护时，不能完全忽视竞争关系的存在。

3. 竞争关系发生在市场中

对适用范围做了限制性规定，对于仅用于个人学习、个人交流的行为不构成侵权，实际操作中也应排除私下相互交流的行为，要求竞争行为发生在公共领域。

4. 权利人的权益受到侵害

权利人必须因为行为人的行为受到实质损害，这一损害必须是实际发生的，不包括期待利益等实现不了的利益。

（二）责任形式

《反不正当竞争法》第二十七条规定，经营者违反本法规定，应当承担民事责任、行政责任和刑事责任，其财产不足以支付的，优先用于承担民事责任。

1. 民事责任

《反不正当竞争法》第十七条规定，经营者违反本法规定，给他人造成损害的，应当依法承担民事责任。经营者的合法权益受到不正当竞争行为损害的，可以向人民法院提起诉讼。

民事责任主要是民事损害赔偿责任，因不正当竞争行为受到损害的经营者的赔偿数额，按照其因被侵权所受到的实际损失确定；实际损失难以计算的，按照侵权人因侵权所获得的利益确定。经营者恶意实施侵犯商业秘密行为，情节严重的，可以在按照上述方法确定数额的一倍以上五倍以下确定赔偿数额。赔偿数额还应当包括经营者为制止侵权行为所支付的合理开支。经营者违反第六条、第九条规定，权利人因被侵权所受到的实际损失、侵权人因侵权所获得的利益难以确定的，由人民法院根据侵权行为的情节判决给予权利人五百万元以下的赔偿。

2. 行政责任

行政责任分为行政处分和行政处罚。行政处分是国家机关根据法律、法规和规章制度，给予犯有轻微违法失职行为或者内部违纪人员的一种制裁。对实施不正当竞争行为的经营者，由工商行政管理部门或法律、行政法规规定的其他监督检查部门进行行政处罚。《反不正当竞争法》第二十五条规定，经营者违反本法规定从事不正当竞争，有主动消除或者减轻违法行为危害后果等法定情形的，依法从轻或者减轻行政处罚；违法行为轻微并及时纠正，没有造成危害后果的，不予行政处罚。第二十八条规定，妨害监督检查部门依照本法履行职责，拒绝、阻碍调查的，由监督检查部门责令改正，对个人可以处五千元以下的罚款，对单位可以处五万元以下的罚款，并可以由公安机关依法给予治安管理处罚。

当事人对行政处罚决定不服的，可以在法定期限内向有关监督检查部门的上级机关提出复议或直接向人民法院提起诉讼。

3. 刑事责任

经营者的不正当竞争行为，如果触犯刑法构成犯罪，应当追究刑事责任。在我国，能够构成犯罪的不正当竞争行为，主要是侵犯商业秘密；损害商业信誉、商品声誉；虚假广告等。

《刑法》第二百一十九条规定侵犯商业秘密罪，"有下列侵犯商业秘密行为之一，给商业秘密的权利人造成重大损失的，处三年以下有期徒刑或者拘役，并处或者单处罚金；造成特别严重后果的，处三年以上七年以下有期徒刑，并处罚金：（1）以盗窃、利诱、胁迫或者其他不正当手段获取权利人的商业秘密的；（2）披露、使用或者允许他人使用以前项手段获取的权利人的商业秘密的；（3）违反约定或者违反权利人有关保守商业秘密的要求，披露、使用或者允许他人使用其所掌握的商业秘密的。明知或者应知前款所列行为，获取、使用或者披露他人的商业秘密的，以侵犯商业秘密论。"第二百二十一条规定损害商业信誉、商品声誉罪，"捏造并散布虚伪事实，损害他人的商业信誉、商品声誉，给他人造成重大损失或者有其他严重情节的，处二年以下有期徒刑或者拘役，并处或者单处罚金。"第二百二十二条规定虚假广告罪，"广告主、广告经营者、广告发布者违反国家规定，利用广告对商品或者服务做虚假宣传，情节严重的，处二年以下有期徒刑或者拘役，并处或者单处罚金。"

【案例 5-6】

制止不正当竞争案

原告是搜狗科技公司和搜狗信息公司（以下简称"搜狗公司"）；被告是百度网讯和百度在线（以下简称"百度公司"）。本案"搜狗拼音输入法""搜狗高速浏览器""搜狗手机助手"等软件著作权人是搜狗科技公司，对软件进行运营的是搜狗信息公司，提供软件发布、升级、下载等服务。百度网的经营者是百度公司，且是百度浏览器、杀毒软件、App下载软件的开发经营者，百度在线公司是"百度手机助手"App开发者和经营者。

搜狗公司认为百度公司通过其运营的"百度手机助手"等软件实施了不正当竞争行为：没有明确提示用户也未经过用户授权，在用户下载安装搜狗公司的软件时，通过其运营的"百度软件中心助手"将其杀毒软件和浏览器软件静默下载安装；用户在手机客户端下载搜狗公司软件时，静默下载百度手机助手App和手机百度App。请求判令被告百度公司：（1）立即停止不正当竞争行为；（2）在百度网、搜狐网的首页，及报纸上刊登声明，以消除对搜狗公司带来的影响；（3）向搜狗公司赔偿1000万元，包括经济损失和合理支出。

一审法院认为，百度公司在用户下载搜狗软件时，误导用户下载百度软件，损害搜狗公司经营利益，搜狗公司有权针对百度公司的行为提起不正当竞争诉讼，百度公司涉案经营活动具有不正当性，构成不正当竞争纠纷，百度公司应承担停止侵权、赔偿损失等责任。

本案主要争议焦点有：被告竞争方式是否具有正当性；当事人举证是否充分；被告如何承担责任。

解析：（1）百度公司涉案行为，虽然不属于反不正当竞争法中的特别规定的行为，但是具有不正当性，其违反了商业道德，损害了消费者利益、搜狗公司利益以及竞争秩序。实际上违背了反不正当竞争法第二条的规定。（2）当事人举证是否充分上，原告搜狗公司提交了十二份公证书，证明百度公司属于市场混淆的不正当竞争行为。（3）搜狗公司主张赔偿金额缺乏相应的法律依据，金额明显过高，不应被支持。本案非传统不正当竞争案件，百度公司通过经营行为获得是本身的软件被下载，难以计算价值。

资料来源：黄晓宇. 百度诉搜狗不正当竞争案胜诉 [N]. 新浪网，2015-2-5.

【案例5-7】

制止不正当竞争案

甲乙两厂均为生产饮料的企业，使用在饮料上的商标分别注册A、B，其中甲厂是老企业，乙是新企业，由于乙厂饮料质优价廉，销路好，使甲厂市场占有率下降，甲为了在竞争中取胜，2018年以来，在该市电视台加大广告宣传力度，广告称："目前本市有一些厂家生产同类产品，与本厂生产的保健饮料在质量上有根本差别，系本厂产品的仿制品，唯有本厂生产的A牌饮料不含化学成分，是正宗。特别提请广大消费者注意，购买保健饮料认准A牌商标，谨防上当。"甲厂的广告作出后，许多经营乙厂保健饮料的客户退货，称其是仿制产品，造成乙厂近10万元的经济损失，于是，乙厂向国家工商行政管理局机关反映，要求公平处理。

请结合相关法律知识谈谈对本案的认识。

解析：甲厂为了在竞争中取胜，采取了违反我国《反不正当竞争法》第九条、第十四条规定的不正当竞争行为（虚假宣传、诋毁商誉）损害了同类经营者乙厂的合法权益，扰乱了社会经济秩序，是一种违法行为，应当承担相应的法律责任。

事实上，良好的市场秩序是市场经济健康发展的重要条件，是社会中人人不可或缺的公共产品，但是不受规制的自由竞争往往会破坏市场秩序，严重阻碍经济的发展。在不损害自由竞争的基础上建立良好的市场秩序是市场经济发展的客观要求。

如果利益驱动下的竞争是在平等自愿、诚实信用和自己责任的基础上的竞争，就可以实现"优胜劣汰"的结果，从而实现资源的优化配置和财富的增长。但是，由于现实的市场中存在着信息不对称，存在着转嫁风险和成本的机会，存在着各种各样的道德风险，竞争总是会自然地产生种种不公平现象。所以，竞争必须有规则。健康的市场不仅需要实现竞争的价格机制，而且需要保护竞争的行为规范。

只有公平竞争的市场才能最大限度地满足消费者需求和增进消费者福利，而垄断和不正当竞争行为扭曲了契约自由原则，在侵害竞争者权利的同时也损害了消费者的利益，窒息了市场的创新活力和技术进步的动力，导致"劣币驱逐良币"① 的后果。

资料来源：作者编写而得。

第二节　商业秘密的法律保护

商业秘密作为无形财产，具有特殊性。商业秘密主要包括两大类，即经营信息和技术信息，如企业战略规划、管理方法、商业模式、改制上市、并购重组、产权交易、财务信息、投融资决策、产购销策略、资源储备、客户信息、招投标事项等属于经营信息；设计、程序、产品配方、制作工艺、制作方法、技术诀窍等属于技术信息。

一、商业秘密的概念及特征

（一）商业秘密的概念

根据《反不正当竞争法》规定，商业秘密，指不为公众所知悉、能为权利人带来经济利益、具有实用性并经权利人采取保密措施的技术信息和经营信息。

---

① 劣币驱逐良币（bad money drives out good）也称"格雷欣法则"（Gresham's Law），是经济学中的一个著名定律。该定律是这样一种历史现象的归纳：在铸币时代，当那些低于法定重量或者成色的铸币——"劣币"进入流通领域之后，人们就倾向于将那些足值货币——"良币"收藏起来。最后，良币将被驱逐，市场上流通的就只剩下劣币了。

　　《与贸易有关的知识产权协定》（TRIPs）中没有"商业秘密"一词，而将商业秘密定义为"未披露的信息"，只要求有关信息其在一定的范围领域并未被确定的人群所普遍了解或容易获得，具有一定的商业价值，且采取了恰当的保密措施[①]。

（二）商业秘密的法律特征

　　并不是所有的经营信息和技术信息都当然属于商业秘密而受法律保护，一般来说，只有同时具备以下五个特征的经营信息和技术信息才构成法律所保护的商业秘密。

1. 秘密性

　　秘密性是指该信息不为公众所知悉，只能在一定范围内由特定人了解、掌握，不能从公开的渠道获得。即该商业秘密处于秘密状态，没有被任何人向社会公开，不为公众所知悉，所谓向社会公开，是指向不特定的人员透露。他人窃取商业秘密但该秘密尚未扩散的，不视为已经丧失秘密性。权利人使用技术秘密制造的产品公开出售，也不破坏其秘密性。

2. 商业价值性

　　商业价值性是指该技术信息或经营信息可以用于实践中，有现实的或潜在的使用价值，能为权利人带来经济利益。即能为权利人带来实际的或潜在的经济价值或竞争优势。没有价值的信息，既然不能为权利人带来经济利益，也就不具有保护价值。判断一项信息是否具有经济价值，应当确定该项信息与经营者经济利益的内在联系，判断其是否有利用价值，与其他信息有什么关系，丧失该信息的秘密性对经营者有没有影响等。

3. 实用性

　　实用性即该信息能够被权利人实际使用于生产或者经营，而不仅仅是一种纯理论方案。一项信息具有实用性，并不意味着必须能够直接用于生产经营，如果该项信息能够为权利人的生产经营活动提供间接的、有益的帮助，该项信息仍然应当认定为具有实用性。例如，阶段性的技术成果，往往不能直接用于生产经营，但是，它是权利人进一步开展研究工作的基础，对技术成果的最终完成具有重要作用，所以，它就应当被认定具有实用性。

4. 保密性

　　权利人对商业秘密采取适当的保密措施，包括制定保密制度、签订保密协议、对文件加密、加锁等措施，这是该技术信息或经营信息能否认定为商业秘密

[①]《与贸易有关的知识产权协定》第 39 条第二款。

的关键，若不采取保密措施，对该项信息采取放任其公开的态度，则此信息不能构成商业秘密。即权利人对该信息采取了保密措施，权利人不仅主观上有将某项信息作为商业秘密保护的愿望，而且在客观上采取了一定的防止该商业秘密被泄露的合理措施，如果权利人对一项信息没有采取保护措施，则说明他自己就不认为是商业秘密，或者其并不要求保护，那么法律也就不会给予保护。

5. 无期限性

无期限性即商业秘密保护不受法定期限限制，与其他知识产权相比，商业秘密的保护期限具有任意性，通常情况下，商业秘密没有保护期限，其保护期限随着商业秘密的信息秘密性的保持而一直存在。

【案例 5 - 8】

认定商业秘密案

原告是某商标代理有限公司，主要以提供专业的知识产权代理服务为业，被告魏某曾担任该公司的客户服务部专员，其工作内容主要是对新老客户进行"跟踪"，管理与客户有关的资料。被告魏某每月工资中均包含有"保密"费100元。原告认为，被告因职务之便掌握了公司众多的客户信息，辞职后与本公司原有的特定客户进行交易，危害本公司合法权益，侵害公司的商业秘密，遂诉至法院。

法院认为：不支持商标代理公司的诉求，理由是记载本案经营信息内容的文件，形式上没有做特殊标记，同时不能体现不为社会公众所知悉，也没有反映甲方采取了合理的保密措施，不足以认定该经营信息构成法律意义上的商业秘密。

解析：据案情，认定公司经营过程中信息的机密性，主要关注有：第一，涉案信息为经营信息，考虑交易关系的稳定性；第二，商业信息持有人是否针对该信息采取特殊的保密措施；第三，原告所持有的商业信息与公有的信息相比具有特殊性。本案没有体现不为社会公众所知悉，也没有反映甲方采取了保密措施。

资料来源：作者编写而得。

二、侵害商业秘密行为类型

根据我国《反不正当竞争法》第九条的规定，侵犯商业秘密的行为主要有以下几种情形：

（一）侵害商业秘密主要行为类型

1. 以盗窃、贿赂、欺诈、胁迫、电子侵入或者其他不正当手段获取权利人的商业秘密

盗窃是以非法占有为目的的窃取他人财物的行为；贿赂是以非法占有为目的，以给予利益或者许诺给予利益为手段，从有关人员手中得到商业秘密的行为；欺诈、胁迫是指用威胁或要挟等方法逼迫有关人员透露其掌握的商业秘密；电子侵入或者其他不正当手段是指欺诈或诱导他人泄密，或者用电子及其他方法进行侦查以获取他人商业秘密的行为。其行为主体可以是企业内部人员，也可以是外部人员。非法获取商业秘密的行为本身就构成侵权，而不论行为人获取他人的商业秘密后是否公开或者利用。

2. 披露、使用或者允许他人使用以前项手段获取的权利人的商业秘密

披露是指侵权人将权利人的商业秘密向他人公开。使用包括直接使用和间接使用，直接使用是指侵权人在生产经营中进行有形使用；间接使用是指侵权人将以不正当手段获取的商业秘密用于科研活动中。许可他人使用以不正当手段获取的商业秘密，是指侵权人将以不正当手段获取的权利人的商业秘密提供给他人使用，这种许可可以是有偿的，也可以是无偿的，但不管有偿还是无偿，只要是以不正当手段获取的商业秘密，再允许别人使用，就构成侵权行为。

3. 违反保密义务或者违反权利人有关保守商业秘密的要求，披露、使用或者允许他人使用其所掌握的商业秘密

此类行为的对象虽然也是商业秘密，但它却可能是行为人合法获取或者掌握的。不过，由于行为人对权利人曾有明示或默示的义务，因而负有不得披露、使用或允许他人使用的职责。一些通过工作关系、业务关系或许可关系等合法途径掌握商业秘密的人，违反了与权利人的约定或违反了权利人对其保守商业秘密的要求（如内部保密制度），而向他人泄露、向社会公开、由自己使用或允许他人使用权利人的商业秘密，均构成对商业秘密的侵害。

4. 教唆、引诱、帮助他人违反保密义务或者违反权利人有关保守商业秘密的要求，获取、披露、使用或者允许他人使用权利人的商业秘密

教唆、引诱、帮助他人侵犯商业秘密，必须具备两个条件：一是教唆、引诱、帮助他人违反保密义务或者违反权利人有关保守商业秘密的要求；二是获取、披露、使用或者允许他人使用权利人的商业秘密。教唆、引诱、帮助他人侵犯商业秘密是第三人主观违法，且造成非法获取、非法泄露、非法使用商业秘密的结果。

（二）网络环境下的表现形式

网络环境下存在的商业秘密侵害行为主要表现为：

（1）利用管理网站的优势，非法操作计算机系统，窃取、泄露或者利用上网企业具有商业价值的保密性资料信息。

（2）采用黑客技术，通过互联网，破解企业内部安全系统，非法侵入其计算机信息系统，窃取系统中的资料和数据；或者非法攻击企业网络，包括故意传播计算机病毒等破坏性程序，对信息数据删除、修改等，造成侵害商业秘密的行为。

（3）企业尚未建立起相应的网络信息传播的制约制度，使用电子邮件窃取商业秘密。

（4）将商业秘密置放于电子公告板（BBS）、互联网网页、新闻组（news group）上，使他人任意下载、转载、读取。

三、商业秘密立法

我国目前并没有制定专门的商业秘密法，对商业秘密的保护依据的是《中华人民共和国民法典》《中华人民共和国反不正当竞争法》《中华人民共和国劳动法》《中华人民共和国电子商务法》《中华人民共和国刑法》等法律中的相关规定及其他一些规范性文件加以保护。

《中华人民共和国民法典》第五百零一条规定："当事人在订立合同过程中知悉的商业秘密或者其他应当保密的信息，无论合同是否成立，不得泄露或者不正当地使用；泄露、不正当地使用该商业秘密或者信息，造成对方损失的，应当承担赔偿责任。"第八百五十条规定："非法垄断技术或者侵害他人技术成果的技术合同无效。"第八百六十一条规定："委托开发或者合作开发完成的技术秘密成果的使用权、转让权以及收益的分配办法，由当事人约定；没有约定或者约定不明确，依据本法第五百一十条的规定仍不能确定的，在没有相同技术方案被授予专利权前，当事人均有使用和转让的权利。但是，委托开发的研究开发人不得在向委托人交付研究开发成果之前，将研究开发成果转让给第三人。"第八百六十二条第二款规定："技术许可合同是合法拥有技术的权利人，将现有特定的专利、技术秘密的相关权利许可他人实施、使用所订立的合同。"

2019年4月23日第十三届全国人民代表大会常务委员会第十次会议修订《反不正当竞争法》，新修订的《反不正当竞争法》第九条对商业秘密部分作了大篇幅的修改，包括三个方面：第一，对商业秘密的含义描述增加了"等商业信息"5 个字，扩展了相关概念，弥补了现有规定对信息分类不周延的问题，对可能构成商业秘密的信息种类起到了概括性的作用。这使得原本可能出现问题和瑕疵的信息得到了保护，使零散的信息类型变得集中了起来，更加有利于司法实践。第二，对侵犯商业秘密的类型进行了有效而系统的说明。增加了"电子侵入"方式的规定，适应了互联网发展之所需。用具有强制性特征的保密义务代替非强制性的约定责任，使侵犯的客体规则更加明确。同时将侵犯商业秘密的主体进行扩大，从单纯的实施者扩大为有作为效果的间接人。第三，与 2017 年《反不正当竞争法》相比，新修订的《反不正当竞争法》，扩大了权利责任主体的范围。

《中华人民共和国劳动法》第二十二条规定："劳动合同当事人可以在劳动合同中约定保守用人单位商业秘密的有关事项。"第一百零二条进一步规定："劳动者违反劳动合同中的保密事项，对用人单位造成经济损失的，应当依法承担赔偿责任。"此外，《中华人民共和国劳动合同法》第二十三条还规定："用人单位与劳动者可以在劳动合同中约定保守用人单位的商业秘密和与知识产权相关的保密事项。对负有保密义务的劳动者，用人单位可以在劳动合同或者保密协议中与劳动者约定竞业限制条款，并约定在解除或者终止劳动合同后，在竞业限制期限内按月给予劳动者经济补偿。劳动者违反竞业限制约定的，应当按照约定向用人单位支付违约金。"

《中华人民共和国电子商务法》第二十五条规定："有关主管部门依照法律、行政法规的规定要求电子商务经营者提供有关电子商务数据信息的，电子商务经营者应当提供。有关主管部门应当采取必要措施保护电子商务经营者提供的数据信息的安全，并对其中的个人信息、隐私和商业秘密严格保密，不得泄露、出售或者非法向他人提供。"

《中华人民共和国刑法》第二百一十九条规定了侵犯商业秘密罪，"有下列侵犯商业秘密行为之一，给商业秘密的权利人造成重大损失的，处三年以下有期徒刑或者拘役，并处或者单处罚金；造成特别严重后果的，处三年以上七年以下有期徒刑，并处罚金：以盗窃、利诱、胁迫或者其他不正当手段获取权利人的商业秘密的；披露、使用或者允许他人使用以前项手段获取的权利人的商业秘密的；违反约定或者违反权利人有关保守商业秘密的要求，披露、使用或者允许他人使用其所掌握的商业秘密的。明知或者应知前款所列行为，获取、使用或者披露他人的商业秘密的，以侵犯商业秘密论。"

此外，从行政法规层面，原国家工商行政管理总局《关于禁止侵犯商业秘密行为的若干规定》第七条规定："对侵权物品可以做以下处理：（1）责令并监督侵权人将载有商业秘密的图纸、软件及其他有关资料返还给权利人；（2）监督侵权人销毁使用权利人商业秘密生产的、流入市场将会造成商业秘密公开的产品。但权利人同意收购、销售等其他处理方式的除外"，规定是对《反不正当竞争法》责令停止违法行为的细化规定，操作起来更有针对性。对于罚款行政处罚程度较轻的情况，一方面，对于"二万元至二十万元"的罚款数额在可以根据商业秘密侵权案件行政救济的实际情况予以适当调整，可以考虑与知识产权保护的水平发展趋势相适应。另一方面，对于罚款幅度内具体数额的确定，应当通过相应规定进一步细化，可以根据侵权手段的恶劣程度、商业秘密的经济价值大小、侵权后果的严重程度、侵权人是否采取补救措施加以细化和区分。

国务院国有资产监督管理委员会出台《中央企业商业秘密保护暂行规定》，商业秘密指不为公众所知悉、能为中央企业带来经济利益、具有实用性并经中央企业采取保密措施的经营信息和技术信息。第十条规定："中央企业依法确定本企业商业秘密的保护范围，主要包括战略规划、管理方法、商业模式、改制上市、并购重组、产权交易、财务信息、投融资决策、产购销策略、资源储备、客户信息、招投标事项等经营信息；设计、程序、产品配方、制作工艺、制作方法、技术诀窍等技术信息。第十九条规定："中央企业与员工签订的劳动合同中应当含有保密条款。"

四、商业秘密管理与抗辩权行使

（一）商业秘密管理

1. 内部管理

合理的保护措施包括经营者建立保密制度，将有关信息明确列为保密事项；经营者没有制定保密制度，但明确要求对某项信息予以保密的；经营者与他人合作开发或者委托开发一项新技术，在开发合同或者委托合同中，明确要求对待开发的技术进行保密；在开发的软件上进行加密等措施；经营者在向他人披露，提供该项信息时，在保密协议、竞业禁止协议等有关合同或者其他文件中明确要求予以保密。合同中一般须明确：

（1）商业秘密的范围。企业应当在合同中明确界定哪些技术和信息属于商业秘密。避免笼统地将所有的信息或技术都约定为商业秘密，这样在实践中不易操作，发生争议时也不利于举证。需要引起注意的是当商业秘密具有企业无形资产和职工个人劳动成果双重性质时，应当特别注意明确其性质属于个人著作权还是公司商业秘密，当事人是否要承担保密义务。

（2）保密主体。一般来讲在保密岗位、技术岗位工作的员工是主要的保密主体。当然，企业还应当根据自身的性质和情况分析确定企业中的哪些人员掌握了商业秘密。对于某些不在保密岗位和技术岗位的普通员工，在工作中有意或无意获悉公司的商业秘密时，也应该列入保密主体的范围。

（3）保密期限。鉴于商业秘密的性质，只要其不被公开就可以永远保持其秘密性，因此企业可以在劳动合同中约定不仅在劳动合同存续期间，而且在劳动合同变更、解除、终止后直至商业秘密公开为止，员工都不得披露使用或许可他人使用企业的商业秘密。

（4）保密义务和泄密行为。在劳动合同中应当明确员工保守商业秘密的具体义务，确定员工的哪些行为属于泄密行为。

（5）违约责任和赔偿方式。在合同中应当明确哪些情况属于违约，发生违约时如何计算赔偿数额，这一内容是企业日后向违约员工主张权利的重要依据。因为一般来讲，当侵犯商业秘密的情况发生时，要确定企业所遭受的损失相当困难，而我国立法在这方面的规定也不完善，如果没有明确约定违约情况和赔偿标准，则企业损失的弥补将难以实现。

2. 外部管理

其他单位因业务往来了解到经营者秘密的，签订合作或委托研发中的商业秘密归属协议，如果有约定或者明知该项信息是他人的商业秘密，其他单位应当负有保密责任，该项信息不视为已对外公开的信息。

（二）抗辩权的行使

商业秘密信息或创意并非为商业秘密持有人专有，若通过公平手段，比如自主创造、反向工程或因许可合同等获得的主题，而不受商业秘密保护，即商业秘密不提供专有的信息使用权，存在他人获得信息或者该信息后进行交易同一领域，故其可能同时或异时被不同持有人持有（并非导致）。

1. 自主研发

自主研发指根本上进行新技术、新材料和新工艺等研究，并在此基础上开发出具有特色的新技术或新产品。

在商业秘密保护中，保护范围限于制止他人非法泄露、披露、使用商业秘密等行为，而不能对独立研制开发的同样技术加以禁止。即商业秘密权利人以外的人经过独立的技术开发获得与权利人相同或近似的商业秘密的，不属于侵权商业秘密。

2. 反向工程

反向工程也称逆向工程，是指商业秘密权利人以外的人，对市售或者其他合法渠道取得的产品进行解剖与分析，推知该商业秘密产品的具体技术方案。对通过技术手段对从公开渠道取得的产品进行拆卸、测绘、分析等而获得该产品的有关技术信息，不认为是侵犯商业秘密。

《最高人民法院关于审理不正当竞争民事案件应用法律若干问题的解释》第十二条规定，"通过自行开发研制或者反向工程等方式获得的商业秘密，不认定为反不正当竞争法第十条第（1）和第（2）项规定的侵犯商业秘密行为。"

但是，通过反向工程获得的技术秘密只要仍被权利人和获得方采取保密措施而处于保密状态，相对秘密性，符合不为所属领域的相关人员普遍知悉和容易获得的商业秘密之要件，技术秘密不会因为被反向工程后就丧失秘密性。

3. 其他事由

（1）通过合法受让或许可获得商业秘密而使用。他人取得商业秘密权利人的合法受让或者实施许可后，可依照实施许可的约定，使用商业秘密。

（2）因商业秘密所有人的疏忽泄露而获取并使用。商业秘密权利人对其所拥有的商业秘密未采取严格的保密措施，导致商业秘密泄露，则商业秘密失去法律的保护，而取得人主观上并无有意取得该信息，即无意中了解该信息，无保密义务，故取得人对商业秘密的使用不构成侵犯商业秘密。

【案例 5 – 9】

侵犯商业秘密案

精灵公司是一家从事软件开发的企业，经过十多年的努力，该公司开发出一种能够强力杀毒的软件。该杀毒软件推向市场后，由于明显的技术优势获得了用户的广泛好评，为公司带来了可观的经济效益。该杀毒软件的源程序被采用加密手段后保存在只有该公司的董事长、总经理和技术副总才能使用的计算机内。柳德鸿是该公司的一名工程师，他利用别人不在办公室的时间破解了计算机的加密手段，获得了该杀毒软件的源程序，并谎称是自己开发的，以 15 万元的价格转让给了不知内情的巨龙公司。

问：（1）该杀毒软件的源程序是否属于商业秘密？

（2）柳德鸿的行为是否构成侵犯商业秘密？

解析：（1）属于技术性商业秘密。商业秘密是不为公众所知悉，能够给权利人带来经济利益，并经权利人采取保密措施的技术信息和经营信息。

（2）构成侵犯商业秘密。侵犯商业秘密的行为，以盗窃、贿赂、欺诈、胁迫、电子侵入或者其他不正当手段获取权利人的商业秘密，应做出停止侵害、赔偿损失、赔礼道歉的处理。

资料来源：作者编写而得。

本章练习题

一、单项选择题

1. 我国《反不正当竞争法》的立法目的是（   ）。

A. 制止不正当竞争行为，保护经营者和消费者的合法权益

B. 鼓励市场竞争，保护经营者和消费者的合法权益

C. 制止不正当竞争行为，保护经营者的合法权益

D. 促进市场竞争，保证国家利益的实现

2. 甲公司为宣传开发的游戏，在某游戏平台网站传播虚假信息，称乙公司的同类游戏速度非常慢。遭到玩家抵制，即将下线，下列关于甲公司行为性质的表述中，符合反不正当竞争法律制度规定的是（   ）。

A. 甲公司的行为构成仿冒　　　　B. 甲公司的行为构成诋毁商誉

C. 甲公司的行为构成虚假陈述　　D. 甲公司的行为构成侵犯商业秘密

3. 乙工厂为增加自己产品销量，模仿某著名厂家甲生产的同类产品的包装，足以使消费者认为该产品是甲工厂生产的。关于这一事件下列表述正确的是（   ）。

A. 两种产品的包装类似，足以使消费者产生混淆，故乙工厂行为属不正当行为

B. 尽管包装类似，如果消费者经过仔细判断仍然能够区分出来属于乙工厂生产，就不属于不正当竞争行为

C. 乙工厂的产品如果表明了自己的商标和厂址，就不构成侵权

D. 如果甲工厂没有就该包装申请专利权，则乙工厂的行为就是正当行为

4. 经纪人王某介绍撮合，甲工厂与乙公司签订合同做成一笔交易。甲工厂明确作为成本，并通过银行走账在王某的个人信用卡账号上汇入 1 万元作为"酬谢"。该行为的性质属于（   ）。

A. 折扣　　　　　　　　　　　　B. 回扣

C. 佣金　　　　　　　　　　　　D. 商业贿赂

5. 甲公司于 2015 年 2 月开始使用"乐翻天"作为其儿童玩具的商品名称，其注册商标为"小熊"。在玩具包装和广告宣传中，均突出宣传"乐翻天"，消费者熟知"乐翻天"而不熟悉其注册商标。2020 年 10 月，当地乙公司儿童玩具类商品也称"乐翻天"，并拟以此申请商标注册。下列选项正确的是（   ）。

A. 乙公司的行为属于不正当竞争

B. 乙公司申请"乐翻天"商标注册，将会被核准

C. 乙公司侵犯了甲公司的商标专用权

D. "乐翻天"同时是甲公司未注册商标

6. 某市一电器商场，在广告牌上写明："凡在本商场购买手机的，返还价款的10%，凡是介绍他人购买的，付给介绍者价款2%的佣金。"此广告被举报，有关部门调查后发现，该商场给付的返款和佣金在账上有明确记载，所售手机的成本为价款的65%。对于该公司的行为下列说法中正确的是哪些?（   ）

A. 根据《反不正当竞争法》构成不正当竞争

B. 根据《反不正当竞争法》构成低价倾销

C. 根据《反不正当竞争法》构成商业贿赂

D. 正常销售行为竞争

7. 甲公司因与乙公司有经济合同纠纷，甲不再经营乙公司的产品，当老客户询问甲有无乙的产品时，甲的职工故意说："乙的产品不行了，价格又高，我们不再经销乙的产品了。"下列有关该行为的表述哪些是正确的（   ）。

A. 甲侵犯了乙的名誉权

B. 甲侵犯了乙的荣誉权

C. 甲的行为因未通过宣传媒体诋毁乙的商业信誉，不构成诋毁商业信誉

D. 甲的行为属于侵犯乙的商业信誉的不正当行为

8. 商业秘密权与专利权相同的特征是（   ）。

A. 独占性   B. 时间性

C. 权利客体的非物质性   D. 依行政程序取得

9. 以下属于商业秘密的是（   ）。

A. 某项已获得专利的技术   B. 某人的个人生活隐私

C. 某公司保密的客户名单   D. 某企业公开的技术信息

二、简答题

1. 不正当竞争行为法律特征。

2. 市场混淆的不正当竞争行为表现形式。

3. 商业贿赂不正当竞争行为认定时的考量因素。

4. 不正当有奖销售行为及表现。

5. 适用反不正当竞争救济应考虑的要件。

6. 商业秘密及其法律特征。

7. 商业秘密抗辩权行使。

三、案例分析题

案例一：不正当竞争行为案

原告是北京瑞平国际拍卖行有限公司（以下简称"瑞平公司"），被告是北京搜房科技发展有限公司（以下简称"搜房公司"）。瑞平拍卖公司，在业内有一定的知名度，瑞平公司曾于2012年为搜房公司在搜房网开展的"搜房拍"房产拍卖，提供网络拍卖服务支持。双方合作一年期满后没有续约。此后，搜房公司仍将瑞平公司作为"搜房拍"合作伙伴，在近两年期间共组织房产拍卖400余场次，成交金额过3.8亿元。瑞平公司认为，搜房公司已使包括竞买人、委托人在内的相关公众误认为瑞平公司是为"搜房拍"提供拍卖服务支持的拍卖人，构成侵权。

搜房公司抗辩称，由于公司员工离职交接疏忽，未撤回搜房网上瑞平公司相关信息。法院受理本案，查明原告陈述属实。

根据上述资料，回答下列问题：

该案的性质？

案例二：不正当竞争行为案

甲厂生产的"玉叶"牌名称为"千里香"的白酒行销贵州省及西南其他地区。该酒自1980年起销售，广告力度较大，在西南地区各省乡镇、农村都可见到此酒的广告及销售点。此酒物美价廉，在西南农村广受欢迎。该酒的包装装潢是将酒瓶设计成葫芦型，并贴有黑底及金色字体的"千里香"名称，"香"字占据瓶贴1/2面积，极为醒目。

乙厂从2000年起生产"清玉"牌酒，酒瓶也设计成葫芦型，并贴有黑底金字瓶贴，酒的名称为"久久香"，其中"香"字也占瓶贴的1/2，很是突出，该酒也在西南地区销售。

甲厂向执法部门投诉，诉乙厂行为属假冒仿冒行为。乙方辩称：甲厂生产使用的是"玉叶"商标，乙厂使用的是"清玉"商标，购买者不会误认；甲厂商品名称为"千里香"，乙厂商品名称"久久香"，根本不同，没有构成假冒；将两种酒摆在一起，细细观察，差别是明显的，不能认定为假冒仿冒。

根据上述资料，回答下列问题：

乙厂的行为是否构成不正当竞争行为？

案例三：不正当竞争行为案

某餐厅为促销，在大众媒体上宣传称：凡在2020年5月1日—5月15日期间来本店就餐的顾客，都能获得惊喜——精美礼品1份；若想知道是什么礼品，请于上述期限到本店就餐。5月12日，顾某来该店就餐，询问可获得的礼品，被告知必须消费满150元，离店付款时，才可了解奖品。顾某消费价值155元，却被告知最后一份礼品刚刚发完，没有了。双方发生争执，顾某认为餐厅欺诈消费者，实际做法与宣传不符；而餐厅店员认为是顾某运气不好，宣传只是为了招揽顾客，本身就不全是真的。

根据上述资料，回答下列问题：

餐厅行为性质？餐厅应承担什么责任？

案例四：不正当竞争行为案

甲、乙两厂均为生产饮料的企业，使用在饮料上的商标分别注册 A、B，其中甲厂是老企业，乙是新企业，由于乙厂饮料质优价廉，销路好，使甲厂市场占有率下降，甲为了在竞争中取胜，在该市电视台加大广告宣传力度，广告称："目前本市有一些厂家生产同类产品，与本厂生产的保健饮料在质量上有根本差别，系本厂产品的仿制品，唯有本厂生产的 A 牌饮料不含化学成分，是正宗特别提请广大消费者注意，购买保健饮料认准 A 牌商标，谨防上当。"甲厂广告作出后，许多经营乙厂保健饮料的客户退货，称其是仿制产品，造成乙厂近 10 万元的经济损失。乙厂向工商行政管理机关反映，要求公平处理。

根据上述资料，回答下列问题：

（1）甲厂的行为性质？

（2）市场监督管理部门应如何处理该案件？

案例五：不正当竞争行为案

珂兰公司和卓美公司分处京沪两地，同为珠宝饰品经营者，原没有任何往来。热播剧《夏家三千金》播出，剧中北京珂兰公司享有著作权的吊坠，放进上海卓美公司的首饰盒中，让两家经营珠宝首饰商对簿公堂。

《夏家三千金》第二集第 24 分钟处，为给女友庆生，剧中人物皓天与母亲到珠宝店选购首饰，此时，镜头里显示卓美公司克徕帝珠宝的"CRD"标识；随后，皓天将首饰送给女友，首饰盒上有明显的"CRD"标识。但是，打开首饰盒后，作为道具的项链吊坠却是珂兰公司设计的"天使之翼"。有网友发帖称，他为女友购买的吊坠款式与《夏家三千金》一样，于是向女友吹嘘，细心的女友却发现吊坠与首饰盒张冠李戴，提出质疑，传到珂兰公司，珂兰公司将电视剧摄制方上海辛迪加公司及卓美公司诉之法院。

上海浦东区法院查明，《夏家三千金》拍摄中，卓美公司免费提供场地，辛迪加公司免费为其宣传，双方虽无书面合同，但形成事实合作关系，剧情及片尾有明显的植入广告特征。

根据上述资料，回答下列问题：

该案性质？为什么？

案例六：不正当竞争行为案

2017 年 7 月 19 日，京东发公告表示，为提高平台物流服务质量，2017 年

7月底平台将对天天快递作停用处理。京东强调停用天天快递是因为在服务质量和用户满意度方面都得分较低，位于所有快递公司中的最后位，还发现其存在部分违反平台规则的行为。

天天快递表示，京东封杀天天理由牵强，京东从未曾监管平台物流服务质量，也从未公布任何考核数据，在此次事件中，也未对天天出示任何数据证据。根据国家邮政局2016年度快递市场监管报告，其中对快递服务满意度调查结果的通报显示，在总体满意度前十名的公司中，天天快递排名第九，天天快递已对京东发起民事诉讼，目前法院已经立案受理。

根据上述资料，回答下列问题：

分析京东行为性质？

案例七：不正当竞争行为案

2012年6月，杨某通过网络、QQ群等，分别与其他被告人联系，并教授他们做"网络差评师"方法，勒索淘宝网上网店卖家钱款。

由"网络差评师"在淘宝网网店恶意下单，再由杨某与该卖家"谈判"，向卖家表示如果发货就给差评、不发货就投诉，只有向他转钱，才同意关闭交易。卖家为不受差评，不影响网络经营和淘宝网评分，同意付钱给杨某。杨某收到钱款后，与"网络差评师"分赃。2012年4~6月，杨某累计作案40余次，非法获利2万元。

根据上述资料，回答下列问题：

该行为性质？

案例八：不正当竞争行为案

2012年8月中旬，京东、苏宁等三大电商发起价格战，京东CEO刘强东率先在微博上称，京东大家电"三年内零毛利"，家电保证比国美、苏宁连锁店便宜10%以上，随后苏宁、国美纷纷应战，苏宁易购执行副总裁李斌回应："苏宁易购所有产品价格必然低于京东，任何网友发现苏宁易购价格高于京东，会即时调价并赔付。"

国家发改委价监局初步调查认为，有电商的促销宣传行为涉嫌虚构原价、欺诈消费者，但具体结果及罚款数额尚未有结论。

根据上述资料，回答下列问题：

本案的性质？应如何处理？

案例九：侵犯商业秘密案

某公司是生产销售化妆品的专业公司，为了提高某护肤品的增白效果，该公司在其中添加了超过国家规定标准的对人体有害的增白剂。公司总工程师付某因不满工资待遇，离开公司，将增白剂一事向媒体公开，该公司以侵犯商品秘密权为由将付某诉至法院。

根据上述资料，回答下列问题：

付某是否构成侵犯商业秘密？

案例十：侵犯商业秘密案

精灵公司是一家从事软件开发的企业，经过十多年的努力，该公司开发出一种能够强力杀毒的软件。该杀毒软件推向市场后，由于明显的技术优势获得了用户的广泛好评，为公司带来了可观的经济效益。该杀毒软件的源程序被采用加密手段后保存在只有该公司的董事长、总经理和技术副总才能使用的计算机内。柳德鸿是该公司的一名工程师，他利用别人不在办公室的时间破解了计算机的加密手段，获得了该杀毒软件的源程序，并谎称是自己开发的，以 15 万元的价格转让给了不知内情的巨龙公司。

根据上述资料，回答下列问题：

（1）该杀毒软件的源程序是否属于商业秘密？并说明理由。

（2）柳德鸿的行为是否构成侵犯商业秘密？为什么？

案例十一：侵犯商业秘密案

某市甲厂生产的产品因市场信息来源不足，销售发生困难，而该市乙厂生产的同类产品因市场信息多，销售情况好。由于乙厂对其经营信息采取了保密措施，甲厂无法从公开渠道直接获取。甲厂为了获取乙厂的经营信息，扩大本厂产品销路，谋取利益，租用乙厂附近一间民房，安装了自制的窃听装置。从 2019 年 5 月初开始，甲厂厂长指使本厂两名职工通过电信线路，对乙厂销售科电话进行窃听、录音。到 7 月中旬，共获取乙厂经营信息 200 余条，其中有价值的客户名单 10 多家。同时，甲厂逐一与乙厂客户进行联系，采取以低于乙厂同类产品价格每台 1000 多元的报价推销本厂产品，先后与其中五家单位达成业务，共推销本厂产品 8 台。

根据上述资料，回答下列问题：

甲厂行为属于哪种不正当竞争行为？应如何处理？

案例十二：侵犯商业秘密案

2010 年 7 月 ~2016 年 5 月，被告人王更册在黑龙江哈尔滨市 A 五金工具厂任职，其间违反工厂管理规定，以偷拍、复制等手段，获取工厂采取过保密措施的金刚石五金生产工艺的图纸等商业秘密。

2016 年 5 月 11 日，王更册以技术入股的形式，与他人成立哈尔滨 B 材料科技有限公司，持股 40%，并任总经理。B 公司利用王更册获取的商业秘密，生产销售金刚石五金生产设备 7 台，获利 2002 万余元。2017 年 8 月 21 日，哈尔滨市某区检察院以王更册侵犯商业秘密权为由，对其提起公诉。

根据上述资料，回答下列问题：

（1）本案被告人王更册是否侵犯商业秘密？

（2）分析该行为特点？

案例十三：不正当竞争案

某公司专门生产实木家具，因价格昂贵，市场占有量不高，而复合家具价格便宜，规格齐全，色彩多样，近几年销售量直线上升。为此，该实木家具公司发布广告并利用连环漫画形式长期宣传，以专家身份告诫用户，复合家具有两个特点：一是容易变形，二是甲醛含量过高。一时间，宣传力度大的沪广两地，复合家具销量锐减。为正视听，沪市复合家具生产商请国家产品质量技术监督局对其有关产品进行质量鉴定，证明上述危害并不存在。

根据上述资料，回答下列问题：

该实木家具公司的行为是否构成不正当竞争？若构成，构成什么不正当竞争行为？若不构成，理由是什么？

第六章

其他知识产权

第六章
课件

案例引入

西瓜"羞月4号"品种权无效宣告案

涉案品种为西瓜品种"羞月4号",品种权申请日为2015年4月24日,授权日为2018年4月23日,品种权人为北京华耐农业发展有限公司,品种权号为CNA20150529.1。另一涉案西瓜品种为"华欣",申请日为2009年11月25日,授权日为2014年11月1日,品种权人为北京市农林科学院,品种权号为CNA20090729.7。

2018年8月3日,北京市农林科学院蔬菜研究中心向复审委员会请求宣告"羞月4号"品种权无效,理由是"羞月4号"与"华欣"是同一品种,不具有特异性和新颖性,并提交了分子检测结果和送检样品公正性的证明材料等证据。

农业农村部植物新品种复审委员会秘书处(以下简称"复审委员会秘书处")经形式审查,于2018年9月4日受理本案,2018年12月22日"羞月4号"品种权人称其已于2018年8月2日向保护办公室提交放弃品种权声明,2018年9月1日保护办公室发布该品种权终止公告。2019年2月复审委员会安排"羞月4号"与"华欣"的田间特异性测试和DNA指纹鉴定,根据农业农村部植物新品种测试(乌鲁木齐)分中心出具的植物品种特异性鉴定报告和农业农村部蔬菜种子质量监督检验测试中心出具的DNA分子指纹检验报告,"羞月4号"与"华欣"在田间性状上无明显差异,在28个SSR位点上带型一致,"羞月4号"不具备特异性。复审委员会经审理认为,虽然"羞月4号"品种权已经于2018年9月1日终止,但仍可以请求宣告"羞月4号"品种权无效。根据《中华人民共和国植物新品种保护条例》（以下简称《条例》），第三十七条规定，请求宣告品种权无效的理由成立，复审委员会对请求人提出的"羞月4号"无效宣告请求予以支持（农业农村部植物新品种复审委员会2020年第14号复审决定）。

解析：本案属于品种权终止后被宣告品种权无效的典型案例。复审委员会在审理过程中发现涉案西瓜新品种的品种权在本案受理前已经终止，依法就涉案品种权进行审理，并根据鉴定报告做出宣告"羞月4号"品种权无效的复审决定。

品种权无效和品种权终止的法律效果是不同的。被宣告无效的品种权视为自始不存在，根据《条例》的第38条，品种权宣告无效的决定有可能对品种权被宣告无效前已经完成的相关法律行为产生影响。品种权终止是指品种权自终止之日起不再有效，在品种权终止之前仍具有法律效力，不会对品种权终止前已经完成的相关法律行为产生影响。从法律程序上来说，品种权人是否放弃品种权，以及何时放弃品种权，不影响他人行使请求宣告品种权无效的权利。

资料来源：2021年农业植物新品种保护十大典型案例发布〔EB/OL〕. 北大法律信息网，2021 - 7 - 8.

第一节   植物新品种权

一、植物新品种和植物新品种权

（一）植物新品种

《条例》第二条规定，本条例所称植物新品种，是指经过人工培育的或者对发现的野生植物加以开发，具备新颖性、特异性、一致性和稳定性并有适当命名的植物品种。

植物新品种，作为人类智力劳动成果，在农业增产、增效和品质改善中起着至关重要的作用。法律是对社会经济的反映，法律赋予植物新品种权利，保护了权利人的工作成果，使之容易产生商业价值，可以提高权利人的积极性，推动行业的发展。

（二）植物新品种权

植物新品种权，也称"植物育种者权利"，是指完成育种的单位或个人对其授权的品种依法享有的排他的独占权。其基本内涵是任何单位或者个人未经品种权所有人许可，不得为商业目的生产或者销售该授权品种的繁殖材料，不得为商业目的将该授权品种的繁殖材料重复使用于生产另一品种的繁殖材料。

植物新品种权保护目的是鼓励更多的组织和个人向植物育种领域投资，同专利权、商标权、著作权一样，植物新品种权是知识产权保护的一种类型。对植物新品种实施知识产权保护，是当今世界的潮流和人类文明的标志，有利于育成和推广更多的植物新品种，推动种子工程建设，促进农林业生产的不断发展。

1997年3月20日国务院第213号令发布《中华人民共和国植物新品种保护条例》（以下简称《条例》），根据2013年1月31日中华人民共和国国务院令第635号《国务院关于修改〈中华人民共和国植物新品种保护条例〉的决定》修订。《条例》分总则，品种权的内容和归属，授予品种权的条件，品种权的申请和受理，品种权的审查与批准，期限、终止和无效，罚则，附则8章46条。1999年4月23日我国加入了《国际植物新品种保护公约》，标志着植物新品种保护制度在我国的建立和实施。为配合《中华人民共和国植物新品种保护条例》及UPOV公约的实施，我国先后制定了《农业植物新品种保护条例实施细则》《农业部植物新品种复审委员会审理规定》《农业植物新品种权侵权案件处理规定》《农业植物新品种权代理规定》等规章制度；组建了植物新品种保护办公室和复审委员会，绝大多数省级农业、林业行政部门成立了植物新品种保护工作领导小组和办公室；农业农村部植物新品种繁殖材料保藏中心在植物新品种保护办公室内部还制定有《审查指南》等，使我国动植物新品种权审批、品种权案件的查处、品种权中介服务等工作更具可操作性。

二、植物新品种的归属

我国植物新品种保护工作是由国家林业草原局和农业农村部两个部门来进行的。根据两部门在植物新品种保护工作上的分工，国家林业草原局负责林木、竹、木质藤本、木本观赏植物（包括木本花卉）、果树（干果部分）及木本油料、饮料、调料、木本药材等植物新品种保护工作。

目前，我国对植物品种权的保护仅限于植物品种的繁殖材料。对植物育种人权利的保护，保护的对象不是植物品种本身，而是植物育种者应当享有的权利。

（1）个人执行其单位的任务或主要是利用其单位的物质条件，包括资金、设备、场地、繁殖材料及技术资料等所完成的育种属于职务育种，品种权属于其单位。非职务育种的品种权属于完成育种的个人。

（2）委托育种的品种权的归属由委托方与受委托方的合同确定，如没有合同约定，其品种权属于受委托方。也就是说，不直接从事育种工作的单位或个人也可以通过委托育种的形式获得品种权，由此获得经济效益。

（3）合作育种的品种权属于共同完成育种工作的单位和个人。

（4）两个以上的申请人分别就一个植物新品种申请品种权时，品种权授予最先申请的人；同时申请的，品种权授予最先完成的人。

（5）植物新品种的申请权和品种权可以依法转让。在某种意义上讲，品种权是一种商品，可以按照市场交易原则进入市场。

【案例 6 - 1】

植物新品种申请权归属认定案

南京春曦种子研究中心诉季某、河南邯丰种业有限公司植物新品种申请权权属纠纷案

南京春曦种子研究中心（以下简称"春曦研究中心"）成立于 2008 年 6 月 5 日，一般经营项目为从事植物种子选育、引进和相关产品的研究开发。

春曦研究中心诉称，其选育出性状稳定的"宁玉 525"玉米品种，并于 2008 年 8 月 7 日通过第二届农业部国家农作物品种审定委员会第二次会议审定和定名，培育人为季某、孙某。但是被告河南邯丰种业有限公司（以下简称"邯丰公司"）却以自己的名义申请植物新品种权保护，被告季某将自己列为培育人，两被告侵占其科研成果，请求判决"宁玉 525"植物新品种申请权归春曦研究中心所有，确认培育人为季某、孙某。

季某辩称，其为春曦研究中心职工，"宁玉 525"玉米品种系其和孙某共同选育完成的职务成果，相关权利归春曦研究中心所有。此外，其没有和邯丰公司有过联系，也不知晓邯丰公司将涉案玉米品种申请植物新品种权保护并列其为培育人。邯丰公司未出庭应诉，亦未提交答辩意见。审理中，春曦研究中心申请就其选育的"宁玉 525"品种繁殖材料与邯丰公司用于申请的"宁玉 525"繁殖材料进行真实性鉴定，以确定两者是否一致。北京市玉米种子检测中心就法院委托的上述鉴定出具检验报告。报告记载，对两个样品进行 DNA 分析检验，两者为不同品种。

南京中院一审认定：涉案"宁玉 525"植物新品种申请权应归春曦研究中心所有，品种培育人应为季某、孙某。

解析：根据《中华人民共和国种子法》和《中华人民共和国植物新品种保护条例》可以申请植物新品种保护，具有适当的名称。从春曦研究中心提供的品种审定信息和季某的陈述看，"宁玉 525"玉米品种由季某与孙某共同育成，并属于职务技术成果，相关的权利应当归属于季某和孙某所在单位即春曦

研究中心。虽然根据委托鉴定的结果，邯丰公司在申请时提供的"宁玉525"玉米品种繁殖材料与春曦研究中心实际育成的"宁玉525"玉米品种繁殖材料并不相同，但是从上述几个方面的事实看，邯丰公司对申请品种从品种名称到影响和决定申请品种生命信息之因素的描述，与春曦研究中心实际育成的"宁玉525"品种是一致的，而与其实际提交的品种繁殖材料是不同的。

资料来源：徐新. 植物新品种申请权归属的认定［EB/OL］. 中国知识产权律师网，2017－7－20.

三、植物新品种的保护

植物新品种保护也叫"植物育种者权利"，同专利、商标、著作权一样，是知识产权保护的一种形式。完成育种的单位或者个人对其授权品种享有排他的独占权。任何单位或者个人未经品种权所有人许可，不得为商业目的生产或者销售该授权品种的繁殖材料，不得为商业目的将该授权品种的繁殖材料重复使用于生产另一品种的繁殖材料。

（一）保护模式

国际上现行的植物新品种保护模式是1961年通过的第一个《保护植物新品种国际公约》（以下简称《UPOV公约》），《UPOV公约》规定，成员国可以选择对植物种植者提供特殊保护或给予专利保护，但两者不得并用。多数成员国均选择给予植物品种权保护。随着生物技术的发展，植物新品种保护要求用专利法取代该专门法的保护，强化培育者的权利。1991年，《UPOV公约》进行了第三次修订，增加一些条款供成员国选择适用，从而加大了对植物新品种的保护力度。《UPOV公约》修订后规定，如果成员国认为有必要，可以将保护范围扩展至生殖物质以外部分，任何从受保护的品种获得的产品未经权利人同意，均不得进入生产流通。这显然明确许可成员国对植物品种提供专利保护，放弃1978年UPOV禁止双重保护的立场。

我国立法明确植物新品种不属于发明创造，不是人们创造出来的一种全新的产物，不能以工业方法生产出来，不具备专利法意义上的创造性，故《中华人民共和国专利法》明确规定对其不授予发明专利权。依据2013年1月31日修订的《植物新品种保护条例》，对完成育种的单位或个人授权植物新品种权。

（二）保护范围

我国《植物新品种保护条例》第六条规定，完成育种的单位或者个人对其授权品种，享有排他的独占权。任何单位或者个人未经品种权所有人（以下称"品种权人"）许可，不得为商业目的生产或者销售该授权品种的繁殖材料，不得为商业目的将该授权品种的繁殖材料重复使用于生产另一品种的繁殖材料；但是，本条例另有规定的除外。

植物育种人申请保护，应提交相应的申请文件，文件包括：植物新品种权请求书、说明书和照片。申请文件递交后，申请人所申请的保护品种将在国家林业草原局和农业农村部下发的书面公告或网上进行公告，如果在公告期没有任何人对该品种提出质疑，该申请人将获得新品种保护权。

一般来说，木本植物培育的时间较长，因此保护的期限也较长。我国立法规定：藤本植物、林木、果树和观赏树木的品种权保护期限为20年，其他15年。

（三）合理使用与限制

（1）合理使用。利用授权品种进行育种及其他科研活动，农民自繁自用授权品种的繁殖材料，均可以不经品种权人许可，不向其支付使用费，但不得侵犯品种权人的其他权利。

（2）强制许可使用。为了国家利益或者公共利益，审批机关可以作出实施植物新品种强制许可的决定，并予以登记和公告。取得实施强制许可的单位或者个人应当付给品种权人合理的使用费，其数额由双方商定；双方不能达成协议的，由审批机关裁决。品种权人对强制许可或强制许可使用费的裁决不服的，可以自收到通知之日起3个月内向人民法院提起诉讼。

第二节　企业名称权

一、企业名称权的概念和性质

（一）企业名称权的概念

企业名称权指企业依法对其登记注册的名称所享有的权利。由于企业的营利性企业不仅依法享有决定、使用、变更自己名称排除他人非法侵害的权利企业还有依法转让自己名称的权利。

企业名称是企业在营业上所用的名称，即企业在营业上为法律行为时，用以署名，或由代理人使用，与他人交易的名称。企业必须有名称表彰自身并和其他交易主体相区别，否则，企业在经营活动中会有诸多不便，也将给交易秩序带来混乱。因此，企业名称为商业登记法所规范的主要事项之一。当事人应依法将企业名称进行登记，经核准登记注册后，方可使用；如果使用未经核准登记注册的企业名称从事生产经营活动，将被责令其停止经营活动，没收非法所得或者给予罚款。

企业进行名称登记，可以防止他人使用其名称进行不正当竞争，影响其商业信誉，侵害其商业利益。企业名称经核准登记后，该企业即享有使用权，并产生两种法律效力。企业名称经核准登记后，具有排斥他人以同一或相似之名称进行登记的效力。《企业名称登记管理规定》第六条第一款规定："企业只准使用一个名称，在登记主管机关辖区内不得与已登记注册的同行业企业名称相同或者近似。"依据该规定，一个企业名称经核准登记后，在登记主管机关辖区内，同行业的其他企业又以与此相同或者近似的名称申请登记的，主管机关应不予登记。

（二）企业名称权的性质

企业名称权经依法登记而取得，其法律性质如何，学理上有着不同的观点。就公权与私权而言，企业名称权属于私权而非公权；就绝对权与相对权而言，企业名称权属于绝对权，对此并无异议。但是，就企业名称权究竟为人格权，或为财产权，或兼具人格权与财产权，在法学界有着不同的主张。

《中华人民共和国民法典》第一百一十条规定："自然人享有生命权、身体权、健康权、姓名权、肖像权、名誉权、荣誉权、隐私权、婚姻自主权等权利。法人、非法人组织享有名称权、名誉权和荣誉权。"民法典上对姓名权的保护，是在"受侵害"时，始有其适用。企业无论采取何种形式，无论是具有法人资格的企业还是不具有法人资格的企业，都是较公民个人更重要的市场交易主体，为表彰自己并与其他经营者相区别，同样享有名称权。民法关于公民姓名权保护的法理原则，同样适用于企业。也就是说，企业同样具有人格权，名称权是企业人格的象征，法律禁止盗用、假冒、诋毁他人企业的名称。然而，企业的人格权不仅包含精神利益，还包含有物质利益在内，这是企业的盈利性所决定的。这一点与一般公民的人格权又有所差异。

《反不正当竞争法》第六条和第十八条亦有对企业名称或者姓名加以保护的规定。《反不正当竞争法》第六条所规定的名称和姓名因被用作经营者的表征，主要显示商品的主体及来源，具有商业价值，已从单纯的人格权，进入无形财产权的范畴。换句话说，名称和姓名既具有精神上的利益，也具有物质上的利益，《反不正当竞争法》侧重保护后者，立法理由是：当一个主体进入商业运营后，其姓名的精神价值会产生物质利益，二者之和构成独立的商业价值；企业名称表彰商品来源，象征信誉，良好的信誉是企业投入相当的人力、物力、财力后的结果，它会促进企业的发展，增强企业在市场上的竞争力，为企业带来丰厚的利润。对企业名称权的侵犯，会使该企业失掉部分市场份额，利润减少，实质上是对企业财产权的侵犯。《反不正当竞争法》第十八条规定，经营者登记的企业名称违反本法第六条规定的，应当及时办理名称变更登记；名称变更前，由原企业登记机关以统一社会信用代码代替其名称。

二、企业名称权的取得

企业名称选定后，非经登记公示不能取得专有使用权。企业名称登记公示是维护交易安全和交易秩序的需要，目前，大多数国家都要求企业名称只有经法定程序注册登记后，才具有排他性的效力，否则，就不具有对抗第三人的法律效力。《企业名称登记管理规定》第三条、第二十九条做了相应规定。

从国际社会立法的现状来看，对名称专用权的保护范围呈现出更为宽松的趋势，即立法既确认和保护已注册的企业名称，同时也保护未注册的企业名称。《保护工业产权巴黎公约》第 8 条规定："厂商名称应在本联盟一切国家受到保护，没有申请或注册的义务，也不论是否为商标的一部分。"《班吉协定》附件 5 规定商号权可以从两条途径取得：一是使用某个商号，二是就某个商号获得注册。《发展中国家商标、商号和不正当竞争行为示范法》第 48 条规定："尽管任何法律或规章规定了任何登记商号的义务，这种商号即使在登记前或者未登记，仍然受到保护，而可以对抗第三者的非法行为。"

我国对企业名称权有立法规定的主要有《中华人民共和国民法典》《企业法人登记管理条例》《企业名称登记管理规定》等，它们从不同的角度对企业名称权进行保护时，构成了一个完整、全面保护企业名称权的法律体系。《中华人民共和国民法典》从民事主体的人格角度立法，着重保护企业的精神利益。企业名称具有商业价值，对企业名称权的侵犯，一般会造成该企业的财产损失，被侵权人有权要求赔偿，《中华人民共和国民法典》规定，盗用、假冒、诋毁他人的企业名称的，被侵权人有权要求停止侵害、恢复名誉、消除影响。《企业法人登记管理条例》和《企业名称登记管理规定》对企业名称权的保护，主要体现在工商行政管理机关作为企业名称登记主管机关，通过行政手段，处罚侵犯他人企业名称权的行为。行政处罚措施包括：责令停止侵权行为、罚款、没收非法所得、扣缴营业执照等。在保护的途径上，被侵权既可以采取自我救济的方法，也可以采取司法救济的方法，或者在自我救济无效、无力的情况下，再向法院请求保护。

1988 年 5 月 13 日，国务院第四次常务会议通过《企业法人登记管理条例》，根据 2011 年 1 月 8 日《国务院关于废止和修改部分行政法规的决定》第一次修订，根据 2014 年 2 月 19 日《国务院关于废止和修改部分行政法规的决定》第二次修订，根据 2016 年 2 月 6 日国务院 666 号令《国务院关于修改部分行政法规的决定》第三次修订。

《企业名称登记管理规定》于 1991 年 5 月 6 日经国务院批准，1991 年 7 月 22 日国家工商行政管理局令第 7 号公布，根据 2012 年 11 月 9 日中华人民共和国国务院令第 628 号《国务院关于修改和废止部分行政法规的决定》（以下简称《规定》）修订。《规定》共 34 条，自 1991 年 9 月 1 日起施行。

《企业名称登记管理实施办法》已经国家工商行政管理局局务会议审议通过，现予公布，自 2000 年 1 月 1 日起施行。

三、企业名称权保护

（一）受保护的客体

根据《企业名称登记管理规定》第三条、第六条的规定，企业名称权的保护客体是经核准登记注册的法人企业或者非法人企业的名称。

企业名称经核准登记注册后方可使用，在规定的范围内享有专用权。企业应当依法选择自己的名称，并申请登记注册。企业自成立之日起享有名称权。

企业只准使用一个名称，在登记主管机关辖区内不得与已登记注册的同行业企业名称相同或者近似。确有特殊需要的，经省级以上登记主管机关核准，企业可以在规定的范围内使用一个从属名称。

联营企业的企业名称可以使用联营成员的字号，但不得使用联营成员的企业名称。联营企业应当在其企业名称中标明"联营"或者"联合"字词。

（二）非法干涉情形

企业名称权是一种独占使用权，除企业自身外，其他企业未经权利人许可不得使用该名称，否则构成侵权，情形有：

（1）冒用他人企业名称。指冒充他人企业名称，而为自己企业谋取非法利益的行为。

（2）盗用他人企业名称。指未经权利人许可，擅自以他人企业名称进行营利活动，给权利人带来不利的行为。

（3）混同他人企业名称。行为人故意将自己企业名称与他人企业名称相混同，给企业名称权利人造成实际损失的行为也是非法使用他人企业名称的侵权行为。

（三）救济效力

企业名称权因登记而创设，可据以排斥他人使用同一名称经营相同业务。擅自使用他人已经登记注册的企业名称或者有其他侵犯他人企业名称权行为的，被侵权人可以要求侵权人停止侵权，或者请求主管机关责令侵权人停止侵害。如有损害，该企业名称权享有人可以请求赔偿，被侵权人可直接向人民法院起诉。

【案例6-2】

企业名称权纠纷案

原告于1963年在杭州市注册"杭州张A剪刀厂"企业名称，被告于1992年8月24日在江宁县注册"南京张A刀具厂"企业名称。原告菜刀注册商标为"张小泉"，被告在其菜刀产品上使用非注册商标"银小"，被告在产品及包装盒上刻印有"南京张A""银小"字样。为此，原告曾与被告交涉，被告致函原告，称其会终止在剪刀和菜刀上刻印"南京张A""银小"字样。半年后，原、被告再次交涉，原告将被告销售刻印"南京张A""银小"字样菜刀交由有关部门封存，并向南京中院起诉。

原告诉称，被告"南京张A刀具厂"企业字号，及产品刻字"南京张A""银小"商标字样，与原告产品相似，侵犯了原告企业名称权和注册商标专用权，要求判令被告停止侵权，赔偿企业名称侵权损失10万元，商标侵权损失1万元。

被告辩称，"南京张A刀具厂"系经工商注册，不构成对原告企业名称权侵权。至于在产品上刻印"南京张A""银小"字样，是为产品进入市场，便于消费者识别。

问：本案应如何解决？

解析：南京张A刀具厂所用企业名称不构成对原告企业名称权的侵犯；商标不相似，也不构成侵权；但包装装潢足以让人误认。我国现行有关企业名称登记的行政管理规章和法规，所禁止的是在同一行政区划内同行业企业名称混同，而对于不同行政区域的同行业企业名称，其"字号"能否相同的问题，没有予以明文禁止。本案中杭州张A剪刀厂和南京张A刀具厂分别在当地的工商行政管理机关注册登记企业名称。杭州张A剪刀厂的名称专用权在杭州地区充分地享有。换个角度讲，也只有杭州市工商局才有权对原告的名称予以注册登记。这种名称的专用权，亦仅仅是整个企业名称的专用权，并不意味着可以推广之对于名称中的"字号"也具有专用权。

资料来源：侵犯企业名称权纠纷 [EB/OL]. 找法网，2012-12-18.

第三节　地理标志

一、地理标志的概念和特征

（一）地理标志的概念

地理标志，又称原产地标志，地理标志是用于商品上的具有特殊地理来源和与原产地相关的品质或声誉的标记。世界贸易组织在《与贸易有关的知识产权协定》（以下简称"TRIPS 协议"）第 22 条第一款将其定义为："其标志出某商品来源于某成员地域内，或来源于该地域中的地区或某地方，该商品的特定质量、信誉或其他特征主要与该地理来源有关。"

地理标志专用标志，据 2020 年 4 月 3 日发布的《地理标志专用标志使用管理办法（试行）》规定，是指适用在按照相关标准、管理规范或者使用管理规则组织生产的地理标志产品上的官方标志。国家知识产权局负责统一制定发布地理标志专用标志使用管理要求，组织实施地理标志专用标志使用监督管理。地方知识产权管理部门负责地理标志专用标志使用的日常监管。

地理标志是一种新型知识产权，是特定产品来源、产品品质特征和信誉的标志，它可以是国家名称及不会引起误认的行政区划名称和地区、地域名称。自然因素和人文因素是影响地理标志的主要因素，其中，自然因素是指原产地的气候、土壤、水质、天然物种等；人文因素是指原产地特有的产品生产工艺、流程、配方等。

（二）地理标志的性质

地理标志是一个由公权和私权相互融合、相互渗透的内容丰富的权利体系，是一种对国际市场失灵和国家间政府失灵进行双重矫正的产物，是市场调节和国家宏观调控关联耦合的结果。从社会契约的角度来看，地理标志权作为一种介于公权与私权之间的独有权利类型，也是在社会契约二次缔结的理论背景下，由第三调控主体——社会中介组织协调上述两种失灵的最终权属类型。

社会契约法认为，当社会发展至一定程度时，原有的社会控制方式和权力分配方式不再能够满足解决现有的社会纠纷和权利冲突，即在所有权绝对和契约自由的纯私法的环境下，权利之间的矛盾已经不能在原有的法律和社会框架下达到社会资源的最优配置，急迫的期待另外一种控制力量的产生来平衡原有的国家和私人之间的权利失衡，既不能过分地强调国家的权力，那样会淹没并吞噬个体的权利，也不能过分地强调私权，那样不会拥有一个稳定的市场环境和社会环境。因此，社会契约的二次缔结就应运而生，主张将原来由国家享有的部分权力赋予社会一种中间组织，构成国家—社会中间组织—私人这种三足鼎立相互制衡的社会权力结构。

地理标志权的产生及其法律属性的界定，正是基于上述对国家权力和个人私权的追逐经济利益的经济人特性的克服而产生的介于公权和私权之间的权利类型。在国际经济贸易中，由于各个国家享有各自独立的经济自主权和法律制定权，各国必定会从各自的利益出发制定各国对地理标志权的法律。然而，要想达到自己产品所享有的地理标志权得到其他国家的承认，并受到该国的法律保护，就必须克服生产者的纯私的利益目标和国家利用公权力的自我保护，因而在国际范围内形成一种国际社会的中介组织在各国的授权下平衡和协调相互之间的利益关系，达到全球资源的最优配置就非常必要。地理标志权正是在这样的背景下，依赖于国际组织的协调，最终形成了一个拥有独立的法律属性，并独具特色的权利内容。

（三）地理标志的特征

1. 地理标志具有区域性

知识产权都具有区域性，只有一定范围内才受到保护，但地理标志的地域性由显得更为强烈，因为地理标志不仅存在国家对其实施保护的地域限制，而且其所有者同样受到地域的限制，只有商品来源地的生产者才能使用该地理标志。

2. 地理标志具有生态性

享受地理标志保护的特定产品主要取决于特定地区的生态环境因素，再加上当地人民的聪慧，最终形成具有地理标志的特定产品。但自然因素和人为因素之间仍然具有层次性，即自然因素前置于人为因素，并最终决定了人为因素的作用效果。因此，一项地理标志的形成是以自然因素为前提，辅以人为的智力创造。

3. 地理标志具有群体性

地理标志可由商品来源地所有的企业、个人共同使用，只要其生产的商品达到了地理标志所代表的产品的品质，这样在同一地区使用同一地理标志的人就不止一个，使得地理标志的所有者具有群体性。

4. 地理标志具有价值性

地理标志作为一种商品的独有标志，为商品的流通和最终消费提供了一种可供识别的符号，并最终提升商品的市场价值。地理标志价值包含经济价值、社会价值和人文价值等，地理标志的综合价值远远超越其经济价值，经济价值只是地理标志综合价值中非常容易比较的显现部分，地理标志与当地人文相结合，当地人使用地理标志已经成为风俗习惯和社会活动的一部分。

【案例6-3】

地理标志案

2018年6月12日，国家知识产权局发布公告，根据国务院《关于国务院机构改革涉及行政法规规定的行政机关职责调整问题的决定》，依法受理10个地理标志产品保护申请并公示有关信息，这是国家知识产权局受理的首批地理标志产品保护申请。

公告显示，此批受理的10个地理标志产品申请分别为行唐大枣、南陵大米、连江海带、汨罗粽子、溆浦瑶茶、紫金春甜橘、忻城糯玉米、德源大蒜、紫云春茶、且末红枣，系由河北、安徽、福建、湖南、广东、广西、四川、贵州、新疆等省、自治区原产地地理标志行政部门初审推荐。

我国自1996年启动原产地地理标志产品工作以来，保护规模逐年扩大，实施效果日益凸显，形成具有中国特色、与国际通行做法接轨的保护制度，迄今共保护国家地理标志产品2359个，其中国内2298个，国外61个；建设国家地理标志产品保护示范区24个；核准专用标志使用企业8091家，相关产值逾1万亿元，惠及上千万人，在保护民族品牌、传承传统文化、发展特色产业、守护原味品质、助力扶贫攻坚、服务外交外贸等方面发挥了重要作用。

资料来源：王小艳，王珩. 国家知识产权局受理首批地理标志产品保护申请［N］. 中国知识产权报，2018-6-15.

二、地理标志立法

（一）《巴黎公约》和TRIPS协议的规定

国际上对地理标志的保护，最早在1883年《巴黎公约》中有体现，但当时并无清晰的定义，该公约第一条第二项规定，工业产权的保护对象有专利、实用新型、外观设计、商标、服务标记、厂商名称、货源标记和原产地名称及制止不正当竞争。此外，《制止商品来源虚假或欺骗性标记马德里协定》《保护原产地名称及其国际注册里斯本协定》有对地理标志国际注册、许可使用等的规定。

TRIPS协议是迄今为止对地理标志的保护规定的最完善的国际条约，TRIPS

协议第二十二条规定了地理标志的定义："地理标志是指识别某一商品来源于某一成员的地域或该地域中的地区或地点的标识，而该商品粮的特定质量、声誉或其他特征主要产生于该地理来源。"第二款规定，就地理标志而言，成员应当向利害关系人提供法律手段以防止：（1）在商品的标志或者说明中，以任何方式明示或者默示该商品来源于非其真实来源地的地理区域，而在商品的地理来源上误导公众；（2）构成巴黎公约（1967）第十条之二规定的意义上的不正当竞争行为的任何使用。第三款规定："如果一项商标包含的或者作为其组成部分的商品的地理标志并非来源于其所标明的地域，而在该成员之内，在该商标中为此类商品使用该标志会使公众对商品的真实地理来源产生误解，那么成员在其立法允许的情况下应当依职权或者依利害关系人的请求，拒绝该商标注册或宣告其无效。"第四款规定："第一款、第二款、第三款的保护应当适用于虽就商品来源的地域、地区或者地点而言在文字上真实，但虚假地向公众表示该商品来源于另一个地区的地理标志。"表明即使虽然商品来源的标志在文字上真实的，但只要会引起虚假或误导的后果，也在禁止使用之列。由第三款、第四款的规定可以看出这两款规定侧重于对地理标志利害关系人的保护，是从私法的角度进行的保护。从 TRIPS 协议对地理标志保护的规定可以看出，它在从经济法角度对地理标志进行保护的同时，更侧重于从私法的角度对地理标志的保护，这与地理标志的私法属性是相符合的。

（二）我国地理标志立法

我国历史悠久，幅员辽阔，地理资源丰富，造就了一批具有地方特色的农产品和工业品。地理标志是我国在知识产权领域的一项优势，是我国对外贸易的长项。

2005 年 7 月 15 日质量监督检验检疫总局发布生效的《地理标志产品保护规定》，原国家质量技术监督局公布的《原产地域产品保护规定》《原产地标记管理规定》（2005 年 5 月）废止。

2007 年 12 月 25 日农业部令第 11 号公布《农产品地理标志管理办法》，2019 年 4 月 25 日农业农村部令 2019 年第 2 号修订。

为加强我国地理标志保护，统一和规范地理标志专用标志使用，2020 年 4 月 3 日，国家知识产权局公告第 354 号发布《地理标志专用标志使用管理办法（试行）》，原相关地理标志专用标志使用过渡期至 2020 年 12 月 31 日。2017 年 11 月 3 日，原国家工商总局商标局发布《关于简化地理标志商标申请材料、便利申请人的通知》，从五个方面对地理标志商标注册申请材料进行简化。

三、地理标志的申请与保护

（一）地理标志的申请

地理标志产品保护申请人，根据《地理标志产品保护规定》，是由县级以上政府指定的地理标志产品保护申请机构或政府认定的协会和企业提出，并征求相关部门意见。

提交资料：

（1）地理标志产品专用标志使用申请书；

（2）由当地政府主管部门出具的产品产自特定地域的证明；

（3）有关产品质量检验机构出具的检验报告。

上述申请经国家知识产权局审核，注册登记后，发布公告，生产者即可在其产品上使用地理标志产品专用标志，获得地理标志产品保护。

农产品地理标志登记申请人，根据《农产品地理标志管理办法》，是县级以上地方人民政府择优确定的农民专业合作经济组织、行业协会等组织。

条件：

（1）具有监督和管理农产品地理标志及其产品的能力；

（2）具有为地理标志农产品生产、加工、营销提供指导服务的能力；

（3）具有独立承担民事责任的能力。

申请证书使用人：

（1）生产经营的农产品产自登记确定的地域范围；

（2）已取得登记农产品相关的生产经营资质；

（3）能够严格按照规定的质量技术规范组织开展生产经营活动；

（4）具有地理标志农产品市场开发经营能力。

【案例 6-4】

地理标志纠纷案

2018 年 3 月，上海市青浦区市场监督管理局根据"🍎"地理标志证明商标所有人阿克苏地区苹果协会的投诉举报线索，对当事人张某侵犯其地理标志证明商标专用权的行为立案调查。

经查，阿克苏地区苹果协会于 2009 年 1 月 21 日在第 31 类苹果商品上注册"🍎"地理标志证明商标，注册证号为第 5918994 号。当事人张某自 2017 年

9月，在上海市青浦区华新镇西郊国际农产品交易中心从事苹果批发及零售活动，在未经阿克苏地区苹果协会许可的情况下，擅自将其从陕西等地收购来的苹果，装入印有"阿克苏""中国—新疆"等字样的包装箱内，并以每箱50元的价格假冒阿克苏苹果对外销售。执法人员现场查获侵权阿克苏苹果673箱，违法经营额共计为33650元。

青浦区市场监督管理局根据商标法第六十条的规定，对当事人侵犯"〇"地理标志证明商标专用权的行为作出责令立即停止侵权行为、没收侵权商品、罚款5万元的行政处罚。

问：该案的启示？

解析： 阿克苏苹果声名鹊起，成为一个响亮的苹果地域品牌。但如同所有的农产品地域品牌，如五常大米、阳澄湖大闸蟹、赣南脐橙等所遇到的成长烦恼一样，"阿克苏苹果"频繁被假冒，假冒产品损害到正宗产地品牌的声誉，也误导了消费者。维权是此阶段必须面对的现实，也是进一步壮大必须克服的问题。农产品地域公共声誉，坚持法治原则、市场化原则，在一系列综合举措的推动下，以地理标志维权引领地域特色产业发展壮大。

资料来源：2018年度商标行政保护十大典型案例之"阿克苏苹果及图"地理标志证明商标专用权案［EB/OL］. 搜狐网，2019 – 5 – 27.

（二）保护范围

地理标志表示某商品来源于某地区，该商品的特定质量、信誉或者其他特征，主要由该地区的自然因素或者人文因素所决定的标志。至少涉及三个构成要件，即用于标明商品地理来源的标志；与特定地域有关；商品的质量、信誉或其他特性主要归因于特定的自然因素和人文因素。

1. 生产者的权利

生产者的权利，相对于地理标志权来说，既体现在使用地理标志产品的生产过程中，也突出的表现在产品的流通过程中，即销售和消费过程中。

（1）为保证地理标志产品独具特色的自然属性，生产者应当注重产品生产过程的特定生产工艺和技术，尤其是在产品质量和自然特色上做到精益求精，以最终体现给予特别保护的法律价值和社会价值。

（2）当产品投入流通以后，生产者的权利首先就体现在两种权利属性上，即形成权和请求权。所谓生产者地理标志的形成权，就是生产者单方享有的、无须得到相对方特定意思表示的权利，主要体现为销售权、广告宣传权、地理标志保护权等（其中又可分为标识权、警告权、纠纷解决权或称为诉权等）。在形成权之外，生产者还享有地理标志的请求权，从一般意义上来讲，这种请求权以形成权为基础，在形成权的行使不能达到保护地理标志权的目的时予以适用。按照一般的民法理论，形成权具有不可撤销性，其在对方当事人提出形成权抗辩时，形成权的效力即告恢复。在地理标志权情况下，一旦生产者发现自己享有的权利被侵犯而不能在行使形成权的情况下得到解决，就应当赋予生产者相应的请求权，要求其停止侵害、排除妨碍、赔偿损失、保证不再重犯或者赔礼道歉等。

（3）地理标志产品进入消费渠道以后，生产者的权利没有在流通过程中那样明显，也不享有针对消费者的特定权利，最主要也就是一种追偿权的行使，这种权利实现的前提条件就是，消费者在合法权益受到侵害的情况下向生产者主张权利，生产者在承当相应法律责任之后对真实侵权方的追偿权。实际上，这种权利并不是地理标志权的原始权利，而是一种继受权。

2. 消费者的权利

对生产者的权利约束就是对地理标志权的权利客体的相关权益人的保护。地理标志产品不能独立于特定的地理环境和消费者而独立存在，否则该地理标志的保护也就没有任何社会和法律意义。从地理标志权的价值目标来看，其根本宗旨在于维护该独具特色产品的市场信誉和社会信誉，而特定的市场信誉和社会信誉首先必须依赖于该特定地理环境的长久维护，长久地保障消费者对该项产品的青睐，从而最终维护生产者的利益，不可缺少对消费者权利的保护以及下述的公民环境权的保护。

消费者的权利首先体现在消费者自身的生命财产安全权，其次是为保证生命财产安全的各种延伸权利，主要体现在知情权、选择权、人格尊严权等。因此，地理标志权也无一例外的体现消费者权利的合法保护。该权利的基本内容就是在消费者购买地理标志产品并在消费的过程中，保证消费者的生命健康和财产安全，并赋予消费者对地理标志的建议权和监督权。地理标志权中消费者的权利包括但不限于以下几种：生命健康权、财产安全权、知情权、选择权、人格尊严权、建议权和监督权等。

3. 环境权

地理标志权中的环境权是指特定地域的公众享有维护该地域的生态环境质量和保持自身享受优越环境的永久性权利，以及阻止生产者肆无忌惮的攫取环境资源的权利。

一项地理标志的构成与当地特定的自然环境因素是密切相关的。在特定地理地区的商品，尤其是具有地方特色的产品在很大程度上受当地地理条件的约束，即自然因素在地理标志中起着举足轻重的决定因素。一旦特定地域的生态环境遭到破坏，该地域内具有特定自然因素的产品及其地理标志就不再具有给予特别保护的必要。反过来，地理标志的保护过程中应当加强对当地生态环境的保护，或者说地理标志的法律保护本身就蕴含着对特定生态环境的一种间接保护。地理标志权应当包括一定程度的环境权益，意味着地理标志权人负有保护生态环境的义务，维护当地独特生态环境的权利。环境对于特定产品获得法律保护起着非常重要的作用，各种有关地理标志的国际条约中都在强调地理标志的自然属性，生产者在产品制造过程中的智慧创造和成本投入是不可忽视的，若欠缺该地域的环境因素，生产者就不一定能够获得市场的完全认同。

具体来说，地理标志权中的环境权包括：环境资源永久利用权、环境事务参与权、环境状况知情权、环境监督权以及环境利益补偿权等。为保证特定地域产品的永久特性，防止生产者只顾及自身利益而忽视环境利益，在立法上可以专门成立一个地理标志环境委员会，其主要职责在于监督地理标志产品的生产，维护生态环境，做好环境保护宣传。并同时赋予当地政府针对地理标志产品征收一定环境税，以达到地理标志的可持续发展目标。

【案例 6 - 5】

地理标志与注册商标案

浙江火腿是浙江金华地区的传统名特产品，浙江省食品公司于 1982 年获得"金华火腿"注册商标，2002 年 8 月，金华市向国家质检总局申请地理标志产品保护并得到批准，形成了"金华火腿"商标和"金华火腿"地理标志产品两种权利并存的状况。浙江省食品公司将一家使用地理标志的企业告上法庭，认为该公司侵犯了"金华火腿"注册商标专用权。

面对这样的问题，应如何处理？

解析：本案按照依法同等保护原则、尊重历史和权利义务平衡原则、诚实信用三原则，原告浙江省食品公司注册商标专用权受法律保护，但是原告无权禁止他人正当使用，该案允许商标和地理标志并存。

这是在先注册的普通商标权与在后地理标志权的冲突。由于历史原因和客观不可改变的因素，造成在先注册的普通商标权与在后地理标志权的冲突在我国比较普遍。

企业主体先依照《商标法》相关规定，依法登记注册成为普通商标，享有商标专有权，只是此商标上含有相关地域的特色产品名称字样。我国地理标志法律保护工作的逐步开展后，相关地域的生产相同产品的企业或行业协会向当地质监部门申请地理标志产品保护，得到国家质检总局的批准，获得地理标志权。此时，两个不同主体同时享有同一地理标志权，而且地理标志权和商标权都受到法律的保护，金华火腿案是冲突的代表。

资料来源：谢云挺. "金华"火腿商标纷争的是是非非 [J]. 中国质量万里行，2000 (2)：28 - 30.

第四节　域名权

一、域名的概念、特征与功能

（一）域名的概念

依据《互联网域名管理办法》第 55 条规定，域名是指互联网上识别和定位计算机的层次结构式的字符标识，与该计算机的 IP 地址相对应。

全球范围内的电子商务迅猛发展，域名作为一种相对稀缺的资源，在电子商务中发挥着识别网站的重要作用，域名被誉为"企业的网上商标"，通过域名访问企业主页已经成为展示企业信息与进行电子商务的必要窗口。当前有关域名注册引发的矛盾日益激烈，乃至诉讼此起彼伏，与日俱增。然而，从各国现有法律来看，还未有哪一国法律对域名的保护进行单独详尽的立法，法律固有的滞后性使其出现了对域名的规范、调整和保护相对缺失的状态。对于域名的相关法律问题成了近年来世界各国相关理论界和实务界关注的热点话题，也成了整个国际社会共同面对的一项经济与法律的严峻课题。

保护域名，首先要对域名的法律性质进行科学界定。关于域名的法律性质即确定域名背后所享有的法律权利为何种权利的问题，理论界的分歧也较大，有学者认为"域名从本质上讲是一种商标，它不但具有商标的一般功能，还提供 Internet 上进行信息交换和交易的地址"，是"从以物质交换为基础的实体环境下的商标延伸到以信息交换为基础的虚拟环境下的一种商标"。有学者认为"域名可以成为知识产权的客体，处于一种受不正当竞争法控制的状态，应属于商誉的范围。"也有学者认为，"域名是一种应当受到特定法律保护的权利，但不能将域名和传统的知识产权保护的权利相等同"。还有学者认为，域名是一种集商号、商标为一体的全新的知识产权客体，在法律性质上甚至可以称之为"域名权"。

尽管对域名的法律性质有不同的观点，但从总体上说，域名属于一种类似于知识产权的新型民事权益。域名在网络世界起着与传统的商标、商号或原产地名称等同样的区别功能，域名由一串用点分隔的名字组成的 Internet 上某一台计算机或计算机组的名称，用于在数据传输时标识计算机的电子方位（有时也指地理位置），凡是通过合法途径获得的域名普遍受到各国法律的保护。

（二）域名的特征

域名从总体上属于一种标识，与商标、商号等其他标识相比较，域名具有标识性、唯一性、排他性和无限性。

1. 标识性

域名的设计与使用是为了用识别性标记来区分网络上的计算机，以方便网络寻址和信息传输，域名的标识性是计算机识别，只需存在细微差别即可，有较强的技术性特征。

2. 唯一性

域名的唯一性是绝对的、全球性的，这是由网络覆盖的全球性和网络 IP 地址分配的技术性特征所决定的，出于技术的需要，每台电脑接受访问的主机，IP 地址都必须是唯一的，与此类似，每一个域名，不论在何时、何地注册，何种域名，都不可能与别的域名完全相同，一个人可以同时拥有多个域名，但却没有多个人同时共享同一域名的情况。

3. 排他性

域名的排他性是由域名的唯一性决定的，任何人经过注册取得域名后，他人不可能再注册和取得相同的域名，没有法律规定或者注册人的许可，任何人不能使用他人已经注册的域名，否则构成侵权。

4. 无限性

域名在时间和空间上都表现出无限性，域名注册后的使用时间没有任何限制，只要按期交费，一经注册便可无限拥有。域名存在于网络空间，互联网不受国（边）界、地域范围以及商品和服务类别的限制，在使用空间上具有无限性。

（三）域名的功能

域名是互联网上用户在网络中的名称和地址，具有技术性和标识性两方面的功能。

1. 技术性功能

技术性功能指域名是注册人在网络上的地址，这是域名的原始功能。从技术角度来说，域名只是连接到网络上的计算机 IP 地址的外部代码，由它可转换为主机在互联网中的物理位置。按照中国互联网络信息中心（CNNIC）的解释，"域名只是互联网中用于解决地址对应问题的一种方法"而已。域名究其本质，不过是互联网联机通信中具有技术参数功能的标识符，是特定的组织或个人在互联网上的标志。当用户在网页的地址栏中输入某一域名时，计算机便与当地的域名服务器联系，通过域名系统将域名翻译成 IP 地址，进而找到其所标识的计算机。可见，在互联网上定位计算机时起主要作用的是 IP 地址，并不是域名，域名只不过是一个方便人们记忆的 IP 地址的外部代码，没有它，人们直接键入 IP 数码，照样能找到所需要的计算机。

2. 标识性功能

标识性功能指域名是注册人在互联网上代表自己的标志。随着互联网中商业活动的急剧增加，域名的实际意义已经远远超出地址的作用。主机都是有所属单位的，所以域名也就是主机所属单位在网络空间中的永久地址和名称。对于企业来说，它就是企业通过互联网进行销售、宣传等活动的标识，与人们经常使用的企业名称和商标具有类似的作用。实际应用中，许多企业都是以其名称或主要产品的商标作为域名的。人们在互联网中就很容易找到该企业的主页，查询到商业信息，增强企业竞争力。因此，尽管域名尚未被明确赋予法律上的意义，但它实质上是类似于企业名称和商标的一种工业产权，是网络中重要的无形资产，蕴含着商业价值。

二、域名立法

2017 年 8 月 16 日，工业和信息化部第 32 次部务会议审议通过《互联网域名管理办法》（以下简称《办法》），自 2017 年 11 月 1 日起施行。原信息产业部 2004 年 11 月 5 日公布的《中国互联网络域名管理办法》（原信息产业部令第 30 号）同时废止。为促进中国互联网络的健康发展，保障中国互联网络域名系统安全、可靠地运行，规范中国互联网络域名系统管理和域名注册服务，根据国家有关规定，参照国际上互联网络域名管理准则，制定本办法。在中华人民共和国境内从事域名注册服务及相关活动，应当遵守本办法。

1999 年 4 月，世界知识产权组织通过《互联网名称及地址的管理：知识产权议题》（以下简称 "WIPO《最终报告》"）。1998 年，引入竞争机制促进市场竞争和国际协作，并于成立互联网络名称与数字地址分配机构（ICANN），该组织不受任何国家、个人或组织的控制。在 WIPO《最终报告》基础上，ICANN 形成《统一域名争议解决政策》（UDRP），不再将域名争议的处理局限在商标保护的框架之内，且提供了更加操作性的争议解决程序。

三、域名管理

（一）主管机构

工业和信息化部对全国的域名服务实施监督管理，主要职责是制定互联网域名管理规章及政策；制定中国互联网域名体系、域名资源发展规划；管理境内的域名根服务器运行机构和域名注册管理机构；负责域名体系的网络与信息安全管理；依法保护用户个人信息和合法权益；负责与域名有关的国际协调；管理境内的域名解析服务；管理其他与域名服务相关的活动。

各省、自治区、直辖市通信管理局对本行政区域内的域名服务实施监督管理。

（二）业务运行机构

依据《互联网域名管理办法》取得工业和信息化部或者省、自治区、直辖市通信管理局（统称电信管理机构）的相应许可，申请域名根服务器及域名根服务器运行机构、域名注册管理机构、域名注册服务机构，负责域名业务运行。

1. 域名根服务器及域名根服务器运行机构

《互联网域名管理办法》第 10 条规定，申请设立域名根服务器及域名根服务器运行机构的，应当具备以下条件：

（1）域名根服务器设置在境内，并且符合互联网发展相关规划及域名系统安全稳定运行要求；

（2）是依法设立的法人，该法人及其主要出资者、主要经营管理人员具有良好的信用记录；

（3）具有保障域名根服务器安全可靠运行的场地、资金、环境、专业人员和技术能力以及符合电信管理机构要求的信息管理系统；

（4）具有健全的网络与信息安全保障措施，包括管理人员、网络与信息安全管理制度、应急处置预案和相关技术、管理措施等；

（5）具有用户个人信息保护能力、提供长期服务的能力及健全的服务退出机制；

（6）法律、行政法规规定的其他条件。

2. 域名注册管理机构

《互联网域名管理办法》（以下简称《办法》）第 11 条规定，申请设立域名注册管理机构的，应当具备以下条件：

（1）域名管理系统设置在境内，并且持有的顶级域名符合相关法律法规及域名系统安全稳定运行要求；

（2）是依法设立的法人，该法人及其主要出资者、主要经营管理人员具有良好的信用记录；

（3）具有完善的业务发展计划和技术方案以及与从事顶级域名运行管理相适应的场地、资金、专业人员以及符合电信管理机构要求的信息管理系统；

（4）具有健全的网络与信息安全保障措施，包括管理人员、网络与信息安全管理制度、应急处置预案和相关技术、管理措施等；

（5）具有进行真实身份信息核验和用户个人信息保护的能力、提供长期服务的能力及健全的服务退出机制；

（6）具有健全的域名注册服务管理制度和对域名注册服务机构的监督机制；

（7）法律、行政法规规定的其他条件。

3. 域名注册服务机构

申请设立域名注册服务机构的，应当具备以下条件：

（1）在境内设置域名注册服务系统、注册数据库和相应的域名解析系统；

（2）是依法设立的法人，该法人及其主要出资者、主要经营管理人员具有良好的信用记录；

（3）具有与从事域名注册服务相适应的场地、资金和专业人员以及符合电信管理机构要求的信息管理系统；

（4）具有进行真实身份信息核验和用户个人信息保护的能力、提供长期服务的能力及健全的服务退出机制；

（5）具有健全的域名注册服务管理制度和对域名注册代理机构的监督机制；

（6）具有健全的网络与信息安全保障措施，包括管理人员、网络与信息安全管理制度、应急处置预案和相关技术、管理措施等；

（7）法律、行政法规规定的其他条件。

（三）域名注册原则

1. 先申请原则

《办法》第 26 条规定，域名注册服务原则上实行"先申请先注册"，相应域名注册实施细则另有规定的，从其规定。

2. 申请人选择原则

域名不要求具有显著性，但是，依据《办法》第 28 条规定，任何组织或者个人注册、使用的域名中，不得含有下列内容：反对宪法所确定的基本原则的；危害国家安全，泄露国家秘密，颠覆国家政权，破坏国家统一的；损害国家荣誉和利益的；煽动民族仇恨、民族歧视，破坏民族团结的；破坏国家宗教政策，宣扬邪教和封建迷信的；散布谣言，扰乱社会秩序，破坏社会稳定的；散布淫秽、色情、赌博、暴力、凶杀、恐怖或者教唆犯罪的；侮辱或者诽谤他人，侵害他人合法权益的；含有法律、行政法规禁止的其他内容的。

3. 申请人负责原则

《办法》第 30 条规定，域名注册服务机构提供域名注册服务，应当要求域名注册申请者提供域名持有者真实、准确、完整的身份信息等域名注册信息。

（四）域名注销

《办法》第 30 条规定，已注册的域名有下列情形之一的，域名注册服务机构应当予以注销，并通知域名持有者：

（1）域名持有者申请注销域名的；

（2）域名持有者提交虚假域名注册信息的；

（3）依据人民法院的判决、域名争议解决机构的裁决，应当注销的；

（4）法律、行政法规规定予以注销的其他情形。

四、域名纠纷

域名纠纷是指因域名注册使用发生的域名注册人与域名管理机构、域名持有人与其他标识权利人就域名的标识性权利产生的纠纷。域名初期设计目的不具有任何的商业价值，当域名使用于商业目的并且具有了商业标识功能时，即产生与相同或近似商业标志权利人之间利益冲突的现实可能性，从这个意义上说，域名的标识性具有与商标、商号等商业标志的相同的属性。

由于域名全球唯一的技术特点，及现行域名注册制度不实行在先权利审查，域名与其他商业标志，如他人商标、商号等相同或相近似，利益上会有冲突而产生纠纷。

（一）域名纠纷的主要表现

1. 恶意抢注

恶意抢注又称为"抢注类"域名纠纷，是指明知或应知他人的商标、商号及名称具有较高的知名度和影响力，而将与他人商标、商号、姓名，或其翻译文字、汉语拼音等相同或相近似的字符注册为域名并试图出卖牟利的行为，这类域名注册者根本没有正常使用域名的目的，而仅仅是把域名注册作为一个投机牟利的手段。

根据北京市高级人民法院《关于审理因域名注册、使用而引起的知识产权民事纠纷案件的若干指导意见》规定，认定域名注册行为是否构成恶意注册域名，应审查其行为是否同时符合以下三个必备条件：（1）注册的域名与权利人享有的标识相同或足以导致误认地相似；（2）域名持有人对该域名标记不享有任何其他在先的权利；（3）对该域名的注册和使用具有恶意。恶意具体是指：域名持有人提出向权利人出售、出租或以其他方式有偿转让域名；或者为营利目的，以故意混淆域名与权利人商标、商号的方式引诱网络用户进入其网页或其他在线服务；或者专为阻止他人将商标、商号用于域名而注册；或者为损害他人的商誉而注册域名等。

2. 不正当竞争

不正当竞争又称为"盗用类"域名纠纷，是指不仅将他人的商标、商号等商业标识抢先注册为域名，而且进行商业使用，造成公众的混淆。此种域名纠纷与域名抢注情形不同，域名注册人注册并使用的域名核心字符与他人在先的商标、商号等商业标志相同或相近似，注册人自己对该域名核心字符并不享有任何传统的商业标志权利，但注册人并不以向在先权利人出卖牟利为目的，仅有搭乘他人商业标志良好商誉便车之意。

3. 权利冲突

权利冲突是指同一域名的标识部分有数个商标权人，域名以其标识部分作为标识的依据，并具有唯一性。技术上的要求排斥两个完全相同的域名存在，而商标则以所有人或者使用人向市场提供的商品和服务类别为基础，可以由不同的所有人在不同类别或不相近似的商品或服务中分别拥有相同或相似的商标，但该商标仅能由其中一个商标所有人在网上注册为域名，而其他商标权人则只能以其他变通方式注册域名，这样不同商标权人将会对完全以商标名称为识别部分的二级或三级域名的享有产生争议。

4. 反向侵夺

反向侵夺是商标权人对他人域名的抢夺，反向侵夺一词就来源于 ICANN（国际互联网名址分配公司）实行的《统一域名争议解决政策之程序规则》，其定义为"恶意地利用《统一域名争议解决政策》中的有关规定以企图剥夺注册域名持有人持有域名的行为"。反向侵夺现象虽然不如域名抢注频繁，但近年来有上升的趋势，尤其是中文域名的推出，使反向抢注日趋增多。

（二）域名纠纷的解决途径

《办法》第42条规定，任何组织或者个人认为他人注册或者使用的域名侵害其合法权益的，可以向域名争议解决机构申请裁决或者依法向人民法院提起诉讼。

1. 协商解决

当发现域名被抢注后，确认自己的权利可能被恢复时，可以通过与对方协商或者发律师函等方式，要回域名。域名注册信息发生变更的，域名持有者应当在变更后三十日内向域名注册服务机构申请变更注册信息。

2. 仲裁裁决

仲裁，也称公断，是指各方当事人在争议发生前或争议发生后达成协议，自愿将他们之间的争议提交给仲裁机构处理，仲裁机构以第三者的身份对争议的事实和权利义务作出裁决，当事人各方都有义务执行裁决的一种解决争议的方法。

域名争议的双方当事人可以按照其自愿达成的仲裁协议，将域名争议提交给选定的仲裁机构仲裁。机构仲裁裁决具有法律效力，当事人必须履行，否则，另一方当事人有权申请法院强制执行。

3. 诉讼解决

诉讼是指司法机关在当事人和其他诉讼参与人的参加下，为解决案件而依法定程序所进行的全部活动。基于诉讼所要解决的案件的不同性质，可分为刑事诉讼、民事诉讼和行政诉讼三种，而域名纠纷通常属于民事诉讼的范畴。民事诉讼是指人民法院在双方当事人和其他诉讼参与人参加下，审理和解决民事案件的活动，以及处理由这些活动所产生的诉讼关系的活动。

根据《最高人民法院关于审理涉及计算机网络域名民事纠纷案件适用法律若干问题的解释》第二条的规定："涉及域名的侵权纠纷案件，由侵权行为地或者被告住所地的中级人民法院管辖。对难以确定侵权行为地和被告住所地的，原告发现该域名的计算机终端等设备所在地可以视为侵权行为地。"

人民法院审理域名纠纷案件，对符合以下各项条件的，应当认定被告注册、使用域名等行为构成侵权或者不正当竞争：

（1）原告请求保护的民事权益合法有效；

（2）被告域名或其主要部分构成对原告驰名商标的复制、模仿、翻译或音译；或者与原告的注册商标、域名等相同或近似，足以造成相关公众的误认；

（3）被告对该域名或其主要部分不享有权益，也无注册、使用该域名的正当理由；

（4）被告对该域名的注册、使用具有恶意。

被告的行为被证明具有下列情形之一的，人民法院应当认定其具有恶意：①为商业目的将他人驰名商标注册为域名的；②为商业目的注册、使用与原告的注册商标、域名等相同或近似的域名，故意造成与原告提供的产品、服务或者原告网站的混淆，误导网络用户访问其网站或其他在线站点的；③曾要约高价出售、出租或者以其他方式转让该域名获取不正当利益的；④注册域名后自己并不使用也未准备使用，而有意阻止权利人注册该域名的；⑤具有其他恶意情形的。

被告举证证明在纠纷发生前其所持有的域名已经获得一定的知名度，且能与原告的注册商标、域名等相区别，或者具有其他情形足以证明其不具有恶意的，人民法院可以不认定被告具有恶意。

《最高人民法院关于审理涉及计算机网络域名民事纠纷案件适用法律若干问题的解释》第八条规定："人民法院认定域名注册、使用等行为构成侵权或者不正当竞争的，可以判令被告停止侵权、注销域名，或者依原告的请求判令由原告注册使用该域名；给权利人造成实际损害的，可以判令被告赔偿损失。"

第五节　集成电路布图设计权

一、集成电路和集成电路布图设计权

（一）集成电路

集成电路，又称芯片、微电路，是指半导体集成电路，即以半导体材料为基片，将至少一个有源元件的两个以上元件和部分或者全部互联线路集成在基片之中或者基片之上，以执行某种电子功能的中间产品或者最终产品。集成电路是一种常见的微型电子器件，被广泛应用于高铁、汽车、家电、手机、电脑等各种电子系统和电子产品。我国将集成电路的基片限定为半导体材料，随着时代的发展与科技进步，越来越多的材料可以应用到集成电路中，如生物芯片、纳米材料等。

集成电路布图设计是指集成电路中至少有一个是有源元件的两个以上元件和部分或者全部互联线路的三维配置，或者为制造集成电路而准备的上述三维配置。即确定用以制造集成电路的电子元件在一个传导材料中的几何图形排列和连接的布局设计。

（二）集成电路布图设计权

集成电路布图设计权是指通过申请注册后，依法获得的利用集成电路设计布图实现布图设计价值得到商业利益的权利。"中国制造2025"在着力推动突破发展的十大重点领域中将集成电路及专用装备放在第一位，凸显了在新一轮产业和科技变革竞争日趋激烈中，集成电路产业的战略地位。集成电路布图设计权的确立，有利于集成电路产业发展。集成电路布图设计权主要包括复制权和商业利用权。

1. 复制权

对受保护的布图设计的全部或者其中任何具有独创性的部分进行复制。布图设计的复制过程就是其实施过程，实际上是重新制作含有该布图设计的集成电

路。权利人通过复制可以制作相同的集成电路产品，并进行大规模的生产，从而获取收益。同时，也可以通过复制权来阻止他人侵犯自己的合法权益。

2. 商业利用权

将受保护的布图设计、含有该布图设计的集成电路或者含有该集成电路的物品投入商业利用。商业利用权是指专有权人为商业目的而利用布图设计或含有布图设计的集成电路的权利。为了达到充分保护集成电路布图设计的目的，并使法律规定的商业利用权得到充分的使用，商业利用权的保护范围涉及集成电路布图设计本身、包含集成电路布图设计的集成电路芯片、包含集成电路芯片的任何产品三个层次。

2001 年 3 月 28 日，国务院通过《集成电路布图设计保护条例》（以下简称《条例》），于 2001 年 10 月 1 日生效。根据《集成电路布图设计保护条例》制定《集成电路布图设计保护条例实施细则》（以下简称《实施细则》），自 2001 年 10 月 1 日起施行。根据《集成电路科设计保护条例》制定《集成电路布图设计行政执法办法》，自 2001 年 11 月 28 日起实行。

二、集成电路布图设计权取得、转让和许可使用

（一）集成电路布图设计权取得

目前，世界各国集成电路布图设计权主要有三种取得方式：自然取得、登记取得、使用与登记取得，大多数国家采取登记取得制，我国也采取登记制度。

《条例》第三条规定，中国自然人、法人或者其他组织创作的布图设计，依照本条例享有布图设计权；外国人创作的布图设计首先在中国境内投入商业利用的，依照本条例享有布图设计权；外国人创作的布图设计，其创作者所属国同中国签订有关布图设计保护协议或共同参加国际条约的，依照本条例享有布图设计权。

1. 取得的条件

（1）独创性。集成电路布图设计必须具备独创性。《条例》第四条规定，受保护的布图设计应当具有独创性，这也是各国立法和 TRIPS 协定等有关国际条约对集成电路布图设计专有权客体的要求。布图设计不同于著作权意义上的文字艺术作品的实质，即集成电路布图设计由多个电子元件及连线组成，实现某种电子功能，不表现思想。布图设计独创性的部分虽然不属于核心部分或占比很小，但对于实现整体功能不可或缺。

（2）不是公认的常规设计。公认的常规设计是指相关人员可以从相关的技

术词典、教材、通用标准等资料中能够得到的设计，或是根据基本的设计原理可以联想到的设计。要想设计"非常规性"的布图设计就意味着权利人必须投入大量的创造性劳动，设计必须是突破常规的设计或者即使设计者使用常规设计但通过不同的组合方式体现出独创性时，都可以获得法律保护。

2. 取得的程序

（1）申请。向国家知识产权行政部门提交申请文件，集成电路布图设计申请阶段需提交的材料：集成电路布图设计登记申请表；集成电路布图设计的复制件或者图样；集成电路布图设计已投入商业利用的，提交含有该集成电路布图设计的集成电路样品。集成电路布图设计在申请日之前已投入商业利用的，申请登记时应当提交 4 件含有该集成电路布图设计的集成电路样品；国家知识产权局规定的其他材料。

（2）初审。《条例》第十七条规定，布图设计自其在世界任何地方首次商业利用之日起 2 年内，未向国务院知识产权行政部门提出登记申请的，国务院知识产权行政部门不再予以登记。

（3）登记并公告。《条例》第十八条规定，布图设计登记申请经初步审查，未发现驳回理由的，由国务院知识产权行政部门予以登记，发给登记证明文件，并予以公告。

布图设计登记申请人对国务院知识产权行政部门驳回其登记申请的决定不服的，可以自收到通知之日起 3 个月内，向国务院知识产权行政部门请求复审。国务院知识产权行政部门复审后，作出决定，并通知布图设计登记申请人。布图设计登记申请人对国务院知识产权行政部门的复审决定仍不服的，可以自收到通知之日起 3 个月内向人民法院起诉。

布图设计获准登记后，国务院知识产权行政部门发现该登记不符合本条例规定的，应当予以撤销，通知布图设计权利人，并予以公告。布图设计权利人对国务院知识产权行政部门撤销布图设计登记的决定不服的，可以自收到通知之日起 3 个月内向人民法院起诉。

【案例 6 - 6】

"锂电池保护芯片"集成电路布图设计侵权案

苏州赛芯电子科技有限公司（以下简称"赛芯公司"）申请登记了名称为"集成控制器与开关管的单芯片负极保护的锂电池保护芯片"的集成电路布图设计。赛芯公司认为，深圳裕昇科技有限公司（以下简称"裕昇公司"）、户财欢、黄建东、黄赛亮未经许可，复制、销售的芯片与涉案集成电路布图设计实质相同,侵害了涉案集成电路布图设计专有权,故诉至广东省深圳市中级人民法院。一审法院认为,经鉴定,被诉侵权芯片与涉案布图设计具有独创性的部分实质相同,构成侵权,判决裕昇公司赔偿赛芯公司经济损失 50 万元;户财欢、黄建东、黄赛亮对上述赔偿承担连带责任。裕昇公司、户财欢、黄建东、黄赛亮不服,提起上诉称:涉案布图设计图样的纸件不清晰,不应得到保护;不能以芯片样品确定布图设计专有权的保护范围,且涉案布图设计不具有独创性。最高人民法院经审理认为,集成电路布图设计的保护并不以公开布图设计的内容为条件。集成电路布图设计的保护对象是为执行某种电子功能而对于元件、线路所作的具有独创性的三维配置,对于独创性的证明,不能过分加大权利人的举证责任。权利人主张其布图设计的三维配置整体或者部分具有独创性应受保护时,应当对其独创性进行解释或者说明,然后由被诉侵权人提供相反证据,在此基础上综合判断该布图设计的三维配置是否具备独创性。故驳回上诉,维持原判(最高人民法院〔2019〕最高法知民终 490 号民事判决书)。

解析: 本案是一起典型的侵害集成电路布图设计专有权纠纷案。判决厘清了集成电路布图设计登记行为的性质,明确了集成电路布图设计独创性判断的基本思路,对司法实践中的难点问题作出具体指引,有力地维护了集成电路布图设计权利人的利益。充分体现了人民法院加大对关键领域、重点环节知识产权司法保护力度,促进自主创新,提升核心竞争力的使命担当。

资料来源:"锂电池保护芯片"集成电路布图设计侵权案 [EB/OL]. 中国法院网,2021 - 4 - 12.

(二) 布图设计权的转让和使用许可

1. 布图设计权的转让

布图设计权的转让是指权利人将其全部权利转让给受让人所有。根据《条例》第 22 条第一款规定,布图设计权利人可以将其专有权转让或者许可他人使用其布图设计。转让布图设计专有权的,当事人应当订立书面合同,并向国务院知识产权行政部门登记,由国务院知识产权行政部门予以公告。布图设计专有权的转让自登记之日起生效。

许可他人使用其布图设计的,当事人应当订立书面合同。

根据《条例》规定,转让布图设计权的,当事人应当订立书面合同,并向国务院知识产权部门登记并公告。

2. 布图设计权的使用许可

根据《条例》第二十二条第二款规定,布图设计权的使用许可,当事人应当订立书面合同。

集成电路技术更新换代周期越来越短，在促使我国集成电路企业加强研发投入，增强自主创新能力的同时，也对利用他人在先成果的行为提出了更高要求，企业通过购买取得他人的布图设计，或者其他合法途径获得使用许可，合理利用他人创新成果现实意义凸显。

三、集成电路布图设计权的保护和限制

（一）保护期限

《条例》第十二条规定，布图设计专有权的保护期限为 10 年，自布图设计登记申请之日或在世界任何地方首次投入商业使用之日计算，以较前日期为准。但是，无论是否登记或投入商业利用，布图设计自创作完成之日起 15 年后，不再受到保护。

（二）保护的限制

我国对布图设计专有权保护的同时，也有一定的限制，若出现以下五种行为，不视为集成电路布图设计权侵权：

1. 合理使用或利用

社会公众对集成电路布图设计的合理使用权，在一定的条件下，对他人的布图设计进行分析、研究，了解最新的布图设计，复制受保护的集成电路布图设计的行为是合法行为。《条例》第二十三条规定，一定条件有两种情况：一是对布图设计的合理使用或利用，仅限于为个人目的或者单纯为评价、分析、研究、教学等目的而复制受保护的布图设计的，不能对其进行商业利用；二是对自己独立创作的与他人相同的布图设计进行复制或者将其投入商业利用的。这样规定既可以防止权利人在技术上形成垄断，又为设计者提供学习研究最新集成电路布图设计的机会。

2. 反向工程

反向工程是布图设计专有权中特有的一项权利限制，是指行为人可以在合理使用行为获得的布图设计的情况下，以该布图设计为基础创作新的具有独创性的布图设计的行为。之所以做出这样的规定，主要是因为反向工程在集成电路技术发展中起着极其重要的作用。为了解竞争对手的产品状况，以提高自己产品的技术水平，基本上全世界每一个集成电路的厂商都在进行反向工程研究。

创作出新的布图设计是反向工程最主要的特点，也是反向研究行为是否构成

侵权的关键。要构成反向工程还需要满足的条件就是新创作的布图设计应当属于非常规设计，即具有创造性。

3. 权利穷竭

集成电路布图设计的权利用尽，是指产品在第一次投入商业利用后，权利人对该产品的部分控制权消失。《条例》第二十四条规定，集成电路布图设计权人或经其授权的人，将受保护的布图设计或含有该布图设计的半导体集成电路产品投入市场以后，对与该布图设计或该半导体集成电路产品有关的任何商业利用行为，不再享有权利。制定该原则是为了限制专有权人在产品销售后的继续支配产品，方便消费者自由处理自己手中的产品，从而有利于市场中商品的正常流通。

但需要注意以下两点：（1）权利用尽的不是整个集成电路布图设计专有权，仅仅针对已售出产品的部分控制权。权利用尽只限制权利人对该售出产品的再次使用，例如，对布图设计进行权利用尽后，权利人依然继续享有复制权，产品的购买者不能使用复制权，但购买者拥有产品的使用权。（2）没有权利人的授权制造出来的集成电路芯片，不适用权利用尽原则。即若该集成电路芯片本身就是侵权产品，流通、使用侵权产品是侵权行为，不受到法律保护。

4. 善意买主

善意买主是指在获得含有受保护的布图设计的集成电路或者含有该集成电路的物品时，不知道也没有合理理由应知道其中包含有非法复制的布图设计，而将其投入商业使用的行为人。《条例》第三十三条规定，在获得含有受保护的布图设计的集成电路或者含有该集成电路的物品时，不知道也没有合理理由应当知道其中含有非法复制的布图设计，而将其投入商业利用的，不视为侵权。即对善意买主给予豁免。

集成电路以及包含集成电路的产品体积相对较小，并且都安置于产品的内部构造中，普通人通常难以辨别该布图设计或者集成电路是否构成侵权。如果将这类行为也规定为侵权行为，可能会对正常交易活动产生不利的影响，严重时甚至会影响人们的正常生活，因此，世界各国在立法时都将善意买主的行为作为特殊的权利限制。我国规定善意侵权人不需要对其之前的侵权行为承担赔偿责任，降低了行为人在采买过程中的注意义务，行为人不会因为正常的交易行为受到惩罚，符合公平原则。

5. 强制许可

强制许可也称非自愿许可。我国《条例》第二十五条规定在国家出现紧急状态或者非常情况时，或者为了公共利益的目的，或者经人民法院、不正当竞争行为监督检查部门依法认定布图设计权利人有不正当竞争行为而需要给予补救时，国务院知识产权行政部门可以给予使用其布图设计的非自愿许可。

（三）集成电路布图设计的侵权认定

集成电路布图设计因其自身的可复制性、无形性，以及对其技术内容的有限"表达"，使之具备一定的著作权法上的"作品"的特性，其在保护模式中融入了部分著作权法中的因素。布图设计侵权认定，采用与著作权法中类似的"接触＋实质性相似"标准。接触，是指被控侵权人有接触涉案布图设计的机会；实质性相似，是指被控侵权的布图设计所具有的内容与涉案布图设计所具有的内容构成一一对应，并且内容构成实质相似。

设计者在登记布图设计时，无须像专利一样撰写权利要求来限定其保护范围，而只要提交布图设计的复制件或图样即可。在进行侵权认定时，并不采用专利法中的侵权原则，以包含涉案专利中全部技术要素作为侵权标准，而是采用了类似著作权法上的实质性相似或实质相同标准。但是，实质性相似标准相对于著作权法中的实质性相似标准较低，只要第三人抄袭了布图设计中任何具有独创性的部分，就可能构成对集成电路布图设计专有权的侵犯。

【案例6-7】

集成电路布图设计权案

2017年9月12日，国家知识产权局顺利办结首起集成电路布图设计专有权侵权纠纷案件。请求人无锡新硅微电子有限公司（请求人）向国家知识产权局集成电路布图设计行政执法委员会（委员会）请求处理南京日新科技有限公司（被请求人）权案。

请求人诉称，其拥有的布图设计专有权对应的产品型号为WS3080，该项布图设计申请日为2015年10月22日，首次商业利用日为2015年6月10日，布图设计登记号为AS.155508385，2016年1月20日获得布图设计登记证书。

自2017年3月开始，请求人发现被请求人未经允许，在市场上销售高度类似的产品，产品型号为ECH485（芯片代号C16F01）（ECH485），该产品侵犯了AS.155508385号集成电路布图设计（涉案布图设计）的专有权，故向委员会提出纠纷处理请求，请求：（1）认定被请求人的侵权行为成立；（2）责令被请求人永久终止侵权行为，销毁掩模和全部侵权产品。

被请求人辩称：（1）涉案布图设计的权利基础不明确，请求人WS3080芯片不是涉案布图设计合法载体；（2）请求人需要证明被请求人ECH485芯片所使用的布图设计与涉案布图设计全部或部分相同，证明与涉案布图设计相同部分具有独创性；（3）被请求人ECH485和请求人WS3080系列芯片是双方共同技术合作的结果，因此涉案布图设计的专有权归属存在争议。

解析：如何确定集成电路布图设计专有权的载体和保护范围，是此案审理中面临的主要难题。纸质图样呈现的版图，有时并不能清晰地表达布图设计的全部细节，以此为准，将无法进行准确的侵权比对，不利于查明侵权事实。

首次受理该类型案件，专有权载体的确定、鉴定机构的选择、独创性认定、侵权认定等焦点问题，合议组在无经验可循、无先例可依的情况下，都经过审慎考虑。知识产权局最终认为，登记时提交的布图设计的电子版图样为布图设计专有权的载体，无法识别的布图设计细节时，可以参考登记提交的集成电路样品的布图设计。"别看只是短短一句结论，对于相关问题的探讨却伴随案件始终。"合议组主审员说，"正值我国芯片产业的高速发展期，在集成电路布图设计专有权保护方面的积极作为，将丰富我国在芯片知识产权保护方面的内容与措施。集成电路布图设计保护的力度与芯片企业的创新积极性互为表里，相信在保护力度不断加大的情况下，将激励更多芯片企业大胆创新，在'中国芯'时代大展拳脚。"

资料来源：龚霏菲，王珩. 国家知识产权局顺利办结首起集成电路布图设计专有权侵权纠纷案件——强化知识产权保护助推芯片产业腾飞［N］. 中国知识产权报，2018 - 9 - 26.

本章练习题

一、单项选择题

1. 历史悠久、字号驰名的企业名称可以不含（　　）。

A. 行政区域　　　　　　　　　　B. 字号

C. 行业特点　　　　　　　　　　D. 组织形式

2. 我国对企业名称的保护主要依据是（　　）、《反不正当竞争法》和《企业名称登记管理规定》。

A. 《民法典》　　　　　　　　　B. 《商标法》

C. 《专利法》　　　　　　　　　D. 《著作权法》

3. 地理标志可以注册为（　　）。

A. 集体商标或证明商标　　　　　B. 防御商标或证明商标

C. 联合商标或集体商标　　　　　D. 防御商标或联合商标

4. 地理标志的保护不包括（   ）。

A. 地理标志的商标法保护   B. 地理标志的专门立法保护

C. 地理标志的其他法律保护   D. 地理标志的归属法保护

5. 地理标志专用标志合法使用人未按相应标准、管理规范或相关使用管理规则组织生产的，或者在（   ）年内未在地理标志保护产品上使用专用标志的，知识产权管理部门停止其地理标志专用标志使用资格。

A. 1   B. 2   C. 3   D. 4

6. 地理标志产品保护申请，由（   ）指定的地理标志产品保护申请机构或人民政府认定的协会和企业提出，并征求相关部门意见。

A. 国务院   B. 当地市政府

C. 当地县级以上人民政府   D. 当地司法部门

7. 植物新品种，是指经过人工培育的或者对发现的野生植物加以开发，具备（   ）并有适当命名的植物品种。

A. 新颖性、特异性、一致性和稳定性

B. 新颖性、创造性、实用性和稳定性

C. 创造性、实用性、一致性和稳定性

D. 新颖性、创造性、特异性和稳定性

8. 企业网站域名是该企业的（   ）。

A. 网上商标   B. 企业标识

C. 电子地址   D. 网站名称

9. 域名申请实行（   ）原则。

A. 先使用，先注册   B. 先申请，先注册

C. 使用获得   D. 免予注册

10. 集成电路布图设计专有权的保护期为（   ）年，自布图设计申请之日或者在世界任何地方首次投入商业利用之日起计算，以较前日期为准。但是，无论是否登记或者投入商业利用，布图设计自创作完成之日起（   ）年后，不再受本条例保护。

A. 20 10   B. 20 15   C. 10 15   D. 10 5

二、简答题

1. 我国植物新品种的保护模式。

2. 企业名称权的申请和保留程序。

3. 非法干涉企业名称权的情形。

4. 地理标志的概念及特征。

5. 域名注册原则和保护规则。

6. 集成电路布图设计权取得的条件。

三、案例分析题

案例一：企业名称权案

原告于1963年在杭州市注册"杭州张A剪刀厂"企业名称，被告于1992年8月24日在江宁县注册"南京张A刀具厂"企业名称。原告菜刀注册商标为"张小泉"，被告在其菜刀产品上使用非注册商标"银小"，被告在产品及包装盒上刻印有"南京张A""银小"字样。为此，原告曾与被告交涉，被告致函原告，称其会终止在剪刀和菜刀上刻印"南京张A""银小"字样。半年后，原、被告再次交涉，原告将被告销售刻印"南京张A""银小"字样菜刀交由有关部门封存，并向南京中院起诉。

原告诉称，被告"南京张A刀具厂"企业字号，及产品刻字"南京张A""银小"商标字样，与原告产品相似，侵犯了原告企业名称权和注册商标专用权，要求判令被告停止侵权，赔偿企业名称侵权损失10万元，商标侵权损失1万元。

被告辩称，"南京张A刀具厂"系经工商注册，不构成对原告企业名称权侵权。至于在产品上刻印"南京张A""银小"字样，是为产品进入市场，便于消费者识别。

根据上述资料，回答下列问题：

本案应如何解决？

案例二：地理标志案

2018年3月，上海市青浦区市场监督管理局根据"🍎"地理标志证明商标所有人新疆阿克苏地区苹果协会的投诉举报线索，对当事人张某侵犯其地理标志证明商标专用权的行为立案调查。

经查，阿克苏地区苹果协会于2009年1月21日在第31类苹果商品上注册"🍎"地理标志证明商标，注册证号为第5918994号。当事人张某自2017年9月起，在上海市青浦区华新镇西郊国际农产品交易中心从事苹果批发及零售活动，在未经阿克苏地区苹果协会许可的情况下，擅自将其从陕西等地收购来的苹果，装入印有"阿克苏""中国—新疆"等字样的包装箱内，并以每箱50元的价格假冒阿克苏苹果对外销售。执法人员现场查获侵权阿克苏苹果673箱，违法经营额共计为33650元。

上海市青浦区市场监督管理局根据商标法第六十条的规定，对当事人侵犯"🍎"地理标志证明商标专用权的行为作出责令立即停止侵权行为、没收侵权商品、罚款5万元的行政处罚。

根据上述资料，回答下列问题：

该案的启示？

案例三：域名侵权与保护案

蒙牛公司发现"特仑苏"品牌被人用汉语拼音注册了域名，并且链接到竞争对手伊利的网页上，为此，蒙牛公司将该域名注册人王某起诉至法院。

蒙牛公司认为，"特仑苏"2005年上市，应被认定为驰名商标。2006年1月3日，王某注册"telunsu.com"域名，点击后就会访问到主要竞争对手伊利公司的网站，同时，王某还公开在网上出售该域名牟利，请求法院确认王某域名侵权，请求赔偿5万元经济损失，并公开消除影响。

王某辩称，他注册涉案域名时不知道"特仑苏"，只是先想到拼音。现在该域名已无偿赠送给加拿大籍华人，未出售过该域名，也未谋利。王某还称，蒙牛特仑苏2009年因添加OMP（造骨牛奶蛋白）事件受到媒体广泛关注，产生负面影响，不应被认定为驰名商标。

根据上述资料，回答下列问题：

本案的性质？

案例四："锂电池保护芯片"集成电路布图设计侵权案

苏州赛芯电子科技有限公司（以下简称"赛芯公司"）申请登记了名称为"集成控制器与开关管的单芯片负极保护的锂电池保护芯片"的集成电路布图设计。赛芯公司认为，深圳裕昇科技有限公司（以下简称"裕昇公司"）、户财欢、黄建东、黄赛亮未经许可，复制、销售的芯片与涉案集成电路布图设计实质相同，侵害了涉案集成电路布图设计专有权，故诉至广东省深圳市中级人民法院。一审法院认为，经鉴定，被诉侵权芯片与涉案布图设计具有独创性的部分实质相同，构成侵权，判决裕昇公司赔偿赛芯公司经济损失50万元；户财欢、黄建东、黄赛亮对上述赔偿承担连带责任。裕昇公司、户财欢、黄建东、黄赛亮不服，提起上诉称：涉案布图设计图样的纸件不清晰，不应得到保护；不能以芯片样品确定布图设计专有权的保护范围，且涉案布图设计不具有独创性。最高人民法院经审理认为，集成电路布图设计的保护并不以公开布图设计的内容为条件。集成电路布图设计的保护对象是为执行某种电子功能而对于元件、线路所作的具有独创性的三维配置，对于独创性的证明，不能过分加大权利人的举证责任。权利人主张其布图设计的三维配置整体或者部分具有独创性应受保护时，应当对其独创性进行解释或者说明，然后由被诉侵权人提供相反证据，在此基础上综合判断该布图设计的三维配置是否具备独创性。故驳回上诉，维持原判〔最高人民法院（2019）最高法知民终490号民事判决书〕。

根据上述资料，回答下列问题：

本侵害集成电路布图设计专有权纠纷案解决的法律依据？

参考文献

［1］（德）M. 雷炳德，张恩民译 . 著作权法［M］. 北京：法律出版社，2005：1.

［2］（美）保罗·戈登斯坦，王文娟译 . 国际版权原则、法律与惯例［M］. 北京：中国劳动社会保障出版社，2003：1.

［3］崔国斌 . 著作权法：原理与案例［M］. 北京：北京大学出版社，2014：9.

［4］（西）德利娅·利普希克 . 著作权和邻接权［M］. 北京：中国对外翻译出版公司，2000：7.

［5］冯晓青 . 企业知识产权管理［M］. 北京：中国政法大学出版社，2012：5.

［6］冯晓青 . 企业知识产权战略（第4版）［M］. 北京：知识产权出版社，2015：4.

［7］官玉琴，彭强，叶文庆，郑华聪 . 知识产权管理［M］. 福建：厦门大学出版社，2017：1.

［8］洪小鹏 . 中小企业知识产权管理［M］. 北京：知识产权出版社，2014：10.

［9］李明德，闫文军，黄晖，邰中林 . 欧盟知识产权法［M］. 北京：法律出版社，2015：5.

［10］李明德 . 美国知识产权法（第2版）［M］. 北京：法律出版社，2014：4.

［11］李扬 . 著作权法基本原理［M］. 北京：知识产权出版社，2019：8.

［12］刘春田 . 知识产权法学［M］. 北京：高等教育出版社，2019：8.

［13］马一德 . 创新驱动发展与知识产权战略研究［M］. 北京：北京大学出版社，2015：1.

［14］（美）墨杰斯，齐筠译 . 新技术时代的知识产权法［M］. 北京：中国政法大学出版社，2003：10.

［15］乔永忠 . 知识产权管理专题研究［M］. 北京：知识产权出版社，2015：12.

［16］世界知识产权组织编，刘波林译 . 伯尔尼公约指南［M］. 北京：中国人民大学出版社，2002：7.

［17］（美）苏姗．K. 塞尔著，董刚，周超译，王传丽校．私权、公法：知识产权的全球化［M］．北京：中国人民大学出版社，2008：3.

［18］唐珺．企业知识产权战略管理［M］．北京：知识产权出版社，2012：2.

［19］王兵．知识产权基础教程（第3版）［M］．北京：知识产权出版社，2016：3.

［20］王迁．版权法对技术措施的保护与规制研究［M］．北京：中国人民大学出版社，2018：9.

［21］王迁．网络环境中的著作权保护研究［M］．北京：法律出版社，2011：3.

［22］王迁．知识产权法教程（第6版）［M］．北京：中国人民大学出版社，2019：1.

［23］（美）威廉·M. 兰德斯，波斯纳．知识产权法的经济结构（中译本第2版）［M］．北京：北京大学出版社，2016：9.

［24］吴汉东，宋晓明．人民法院知识产权案例裁判要旨通纂［M］．北京：北京大学出版社，2016：7.

［25］吴汉东．知识产权法学（第7版)[M]．北京：北京大学出版社，2019：10.

［26］吴汉东．中国知识产权理论体系研究［M］．北京：商务印书馆，2018：10.

［27］肖延高，范晓波，万小丽，翁治林．知识产权管理：理论与实践［M］．北京：科学出版社，2016：12.

［28］闫文军，唐素琴．知识产权教程［M］．北京：科学出版社，2016：2.

［29］支苏平．企业知识产权管理实务［M］．北京：知识产权出版社，2016：5.

［30］中华全国专利代理人协会编．高质量的专利申请文件［M］．北京：知识产权出版社，2016：11.

［31］朱克电，吕维学，马先征．知识产权管理实务［M］．北京：知识产权出版社，2017：2.

［32］朱雪忠．知识产权管理（第2版）［M］．北京：高等教育出版社，2016：5.

［33］朱宇，支苏平，唐恒．企业知识产权管理规范培训教程［M］．北京：知识产权出版社，2015：1.

［34］最高人民法院案例指导与参考丛书编选组．最高人民法院知识产权案例指导与参考（上下册）［M］．北京：人民法院出版社，2018：8.

学习网站和慕课网

一、学习网站

国家知识产权局：www. sipo. gov. cn.

国家版权局：www. ncac. gov. cn.

中国知识产权网：cnipr. com.

中国知识产权研究网：www. iprcn. com.

中国商标在线：www. 21etm. com.

中国知识产权研究会：www. cnips. org.

北大知识产权学院：www. iplaw. pku. edu. cn.

世界知识产权组织：www. wipo. int.

中国知识产权裁判文书网：ipr. chinacourt. org.

世界贸易组织：www. wto. org.

全球品牌网：www. globrand. com.

二、慕课网

企业知识产权管理（南京理工大学）：https：//www. icourse163. org/course/NJUST – 1001752071.

知识产权法（中南大学）：https://www. icourse163. org/course/CSU–1002527009.

互联网创新创业中知识产权素养培养（福州大学）.

https：//www. icourse163. org/course/FZU – 1002850004.